経済政策と
地方自治の間《はざま》

はじめに

「第二次・平成の大合併」が起きる

日本全国に新合併法による新市町が誕生して二〇一五年（平成二七）に十周年をむかえた。全国では新市町誕生一〇周年を祝う記念式典が開催されたであろうことは想像に難くない。なぜなら「平成の大合併」と称される市町村合併が二〇〇五年（平成一七）を境に一斉に集中して実施されたからだ。それは将に雪崩に例えられるほどの社会現象として発生した。

「平成の大合併」の雪崩現象が発生した要因はなんだったのか。全国の自治体が偶然にも時を同じくして合併の機運が盛り上がった訳ではもちろんない。最大の要因としてあげられるのが政府の「三位一体改革」という国庫補助金と地方交付税の削減策である。いうなれば、地方自治体の税と財源を遮断することで、市町村合併を政府の統制下におきながら実施できたからだ。

そこでは、小泉構造改革といわれる経済財政政策が実行された。小泉構造改革は、破綻寸前の国家財政をスリム化し、国家財政の健全化を図ること、次には「失われた一〇年」ともいわれた長期デフレ不況からの脱却を目的としてした。

だが、二〇一五年の今日においてもなお、国家財政の危機的状況は変わらず、深刻化する国・地方を合わせた長期債務残高はすでに一〇五三兆円（財務省統計／二〇一四年度末）を超えた。巨額な赤字国債の発行なしには国家予算を編成することができない。

二〇一四年に実施された消費税増税も、増大する財政需要を賄いきれず、さらなる増税は必至とされている。正確には消費税増税以降も介護・医療・年金などの各種保険料の負担増が実施され、国民への実質増税は継続されてきた。地方公共団体が将来にわたって長期的、且つ安定的な税・財源を確保できるのかが危惧される。

危機的状況は国・地方の財政問題に止まらない。日本社会の構造変化にも注意を要する。少子高齢化社会の進行による人口減少社会の到来と就労人口の減少、及び日本社会の環境変化である。

例えば、人口減少は中山間地域のみならず、地方都市の中でも限界集落化を進行させ、自治機能の衰退をよび、さらには都市機能を奪ってゆくことが、政府・民間のエコノミストや研究者などによって指摘されている。

中でも二〇一四年八月に発刊された増田寛也編著『地方消滅』（中央公論社）では、地方自治体・関係者および地方自治に関心を寄せる国民に与えた衝撃は大きかった。

増田氏は岩手県知事を経て総務大臣を歴任し、現在は民間シンクタンクの日本創生会議を主宰する政府系と目される言論人である。増田氏は国立社会保障・人口問題研究所の「日本の将来推計人口」から、人口減少を起因として総数八九六自治体が二〇四〇年までに「消滅可能都市」となる大胆な予測を発表し、その都市リストも同時に公表された。現在の一七一八団体から八九六の都市が仮に消滅すれば、「平成の大合併」時に政府・与党が合意した合併目標自治体数一〇〇〇を大幅に下回ることとなって、政府は「平成の大合併」の成功を誇ることになろう。

増田氏は同著の中で、地方都市の衰退は住民の就業・雇用状況の悪化をもたらし消費を低迷させ、ひいては都市間や、都市と地方における税財源の偏りがさらに都市格差を拡大させてゆくことを指摘したうえで、「地方消滅」から逃れる処方箋を若者に魅力ある「地方中核都市」への「新たな集積構造の構築」が不可欠と断じた。国家による選択と集中が自治体に再び求められるというのだ。

就労人口減少による政府の税収不足と、産業構造の変化に伴う税財源の偏在という事実だけをもってしても、国家によるナショナルミニマムの維持はもはや困難であり、基礎自治体の行政サービスも縮小撤退せざるをえないことが、『地方消滅』では国家の現状認識であるとして明確に描かれた。ここに「第二次・平成大合併」が再び政府主導のもと、且つ同様の政治的手法をもって強要される事態が想定される。ただし、政治手法は同様であっても来るべき選択と集中は国民にとってこれまで以上の苦痛を強いられることになろう。

月刊誌『中央公論』二〇一四年七月号は「すべての町は救えない」を特集した。特集の論調として、日本の人口減少は避けられず、都市消滅を避けるためには都市の集約化と連携強化に求めざるを得ず、住民の覚悟が試されるというものであった。

果たして、今の私たちにその用意があるのか。現存する基礎自治体の育成・強化の道を探ることはできないのか。私たちは「平成の大合併」の契機となった小泉内閣の構造改革である「三位一体改革」とはなんだったのかを改めて問う時期に至っている。

小泉内閣が構造改革に至るまでの歴史的経過を概観し、その社会経済的背景を探索することで、小泉構造改革の意味を照射し検証することが可能となる。これによってこそ日本の政治、経済、社会、文化のあるべき未来像が構想されうる。同時に、自らの選択による個性的、伝統的、地域性のある我が町づくりに欠かせない視座が提供されるのではないだろうか。

小泉内閣の成立意義

地方自治改革の方向性を決定づけた三位一体改革の概要に少し触れておきたい。

三位一体改革とは、国と地方公共団体に関する行財政システムのトータルな変換をさした。その特徴は「国庫補助金の廃止・縮減」、「税財源の移譲」、「地方交付税の一体的見直し」の三点について、総合的、且つ同時並行的な改革の実施にある。

三位一体とは、二〇〇二年（平成一四）に小泉純一郎内閣における経済財政諮問会議の答申「骨太の方針2002」（第二弾）を国会の説明に用いられたのが始まりといわれる。

しかし、三位一体改革についての基本的な考え方は、すでに小泉内閣の成立時に示されていた。それが二〇〇一年六月に答申された「経済財政運営と経済社会の構造改革に関する基本方針」である。これが「骨太方針2001」と呼ばれる第一弾である。

同方針の中では、国庫補助金改革・税源移譲による地方分権推進と、地方交付税削減による財政再建は同時的に行なうものとされていた。「経済財政運営と経済社会の構造改革に関する基本方針」は、翌年には「経済財政運営と構造改革に関する基本方針」と改称され、以後は通称「骨太の方針」と呼ばれることになる。

「骨太方針2001」のキーワードは、「創造的破壊」である。同方針では、創造的破壊とは「新しい成長産業・商品が不断に登場する経済の絶え間ない動き」であるとし、経済成長とは創造的破壊を通じて高い成長部門へヒト・モノが移動することだという（さすがに「カネ」とまではいっていないが）。創造的破壊とは「聖域なき構造改革」であると定義づけた。「小泉内閣のスローガンである「聖域なき構造改革」の意味するところであった。

「創造的破壊」は、アメリカの理論経済学者ジョゼフ・A・シュンペーターが一九〇〇年に主著『経済発展の理論』で展開した経済概念である。

資本主義生産の発展を外圧ではない内在する力によって発展する過程を動的形態として捉え、その内在する力をイノベーション（革新あるいは新機軸）と呼んだ。『経済発展の理論』では資本主義生産とは、我々が利用しうる様々な物や力、つまり諸生産用役の結合であり、生産物および生産方法の変化とは、古い諸生産用役の結合が変更されて新結合に到達することを指した。新結合によって、①新しい財・セクターの導入　②新しい生産方法　③新しい市場の開拓　④新しい流通販路　⑤新しい組織の創造といった五種類の新機軸が実現され、発展の核心になると説いた。

小泉構造改革がシュンペーターの説く諸生産用役の結合であり、新機軸であるかはこの論考で証明していきたい。結論を先に述べておけば答えは〝否〟である。もとより、シュンペーターは資本主義が他の経済制度と比較して優れているとも、あるいは経済発展によって国民生活が豊かで幸福になるなどと述べていない。イノベーションが経済を発展させると述べているに過ぎない。

小泉首相も「聖域なき構造改革は、その過程で痛みを伴う」可能性に言及したが、聖域なき構造改革は国民に甚だしい苦痛だけをもたらす元凶であったことをその後の歴史が証明している。

だが、小泉首相が掲げたスローガンである「聖域なき構造改革」や「構造改革なくして経済成長なし」は、国民から強い期待と支持を受けた。小泉首相が日本の構造改革を唱えなければならなかった喫緊の課題、改革の目標とされた日本の古い経済産業構造・制度とは如何なるものだったのか。小泉構造改革に期待した、あるいは期待せざるをえなかった国民を覆っていた閉塞感を理解することは、日本の未来を考察するためにも重要である。

なぜなら、規制緩和・廃止は多くの国民（労働者）にとって苦痛を伴うものであり、通常ならば忌避すべき政策だからである。一例をあげれば、労働市場における労働契約の対等性は労働基準法や労働組合法などの規制による労働者保護でかろうじて守られている。その労働者保護規制を撤廃したらどうなるか。使用者側の一方的な要求によって、賃金をはじめとする労働条件は引き下げられることは必定だろう。それにもかかわらず、構造改革は期待をもって迎えられたのだ。

日本の政治風土では、政党や政治家から発せられる公約やスローガンの多くは実行されずに終わる。仮に実行されたとしてもその内容や精髄は矮小化され、実体がなくなり、本来の意義を失うものが多い。

「増税反対」や「社会保障の充実」を選挙の争点にして訴え、当選勝利した議員や政党が、当選後には一〇〇年安心の社会保障・年金制度を構築するなどの理由をもって、財源確保のために「増税やむなし」などと主張を変えるなどは一例にすぎない。「聖域なき構造改革」、「構造改革なくして経済成長なし」という小泉スローガンも同様の運命をたどった。

だが、キーワードである「構造改革」が国民に与えた期待度や影響力、衝撃は大きかった。「聖域なし」とは日本の経済・産業ばかりではなく、日本社会の各層の至るところにはびこっているコンクリート・岩盤的な既得権益の打破を目指すものと国民に受け止められた。中でも金融機関は打破すべき既得権益を代表するものであった。

金融機関が所有する膨大な不良債務・債権の処理は、金融機関の闇にメスを入れる神聖な外科手術として小泉改革はイメージされ国民に迎い入れられた。

もう一つのキーワードである「経済成長」は、ゼロ成長経済の長期化によって閉塞感をつのらせていた国民に、豊かさを実現する「夢をもう一度」として、日本経済の回復と未来への輝きを取り戻そうとする期待感となって表出した。多くの国民（労働者）にとって所得格差の拡大は望むものではないとしても、経済復興によって所得が増加すれば、越えられない壁ではなかった。

小泉構造改革の新自由主義的な経済政策は、勝ち組と負け組を生み出す社会の二極化現象を招いた。市場原理を基礎とする国内政策（社会保障・医療、介護・年金・税制など）は、低賃金の非正規社員・労働者を大量に生みだすことで社会の貧困化を招き、所得格差の増大のみならず、社会的差別を固定化し増幅することで日本社会を分断化したといわれる。現代社会の混迷は分断化社会の歪みや矛盾の反映であり、この時期に大きく形成されたものであった。ゆえにその始原に遡ることは、その発生プロセスの理解に欠かせない役割をもつ。

この論稿は次の三つの視座から日本の姿を描こうとするものである。一つは、一九八〇年代半ばの「プラザ合意」の時代から小泉構造改革が誕生するまでの日本経済、あるいは経済政策を俯瞰する中で「構造改革」の本質と構造、その果たした役割、そして思想的背景を探ることにある。

二番目として、アメリカの対日貿易・為替要求は日米経済摩擦を生んだが、今日においても我が国の経済政策に影響を及ぼし続けている。構造改革あるいは金融緩和策がそれである。小泉構造改革とアベノミクスはともにアメリカ主導による経済政策であるという共通性を有し、それ故にこそ我が国益にとって第三の道の選択が可能であったことを批判的に論じていきたい。

三番目として、地方改革・分権論議を歴史的に検証することで「平成の大合併」を新しく捉え直し、望ましい地方自治の姿､新しい国の形を未来につなぐことである。

本論考は書店で容易に購入しうる政治経済に関する市販書や政治経済史年表､新聞ファイル・各種のデータブックによって書き上げたものであり、経済学者の先端的研究・分析あるいは経済政策の理論的根拠や思想的背景を概括することによって、一般有権者との仲介を目的としている。

昨今の政治状況は、政治的スローガンを声高に叫ぶことのみが横行し、政策の意図や背景、国民への影響、思想的バックボーンが真摯に論議されることが少なく思われる。もとより、本稿は経済・財政政策や地方自治制度の研究書ではない。むしろ、警世・憂国の書として位置づけている。

しかし、国民に多様な選択肢の存在を見せることも一人の国民としての説明責任であると思われる。なぜならば、二〇年以上にわたりデフレ不況に陥っているのは、戦後世界で唯一､我が国しかない｡世界中が好景気にあっても、日本だけが不況下にあるという驚くべき事実にある。とすれば､原因は経済政策の誤りにほかならならず、過誤が長期化する原因は経済に対する誤った観念が既成概念化していることにあると推定しているからである。

例えば「モノづくりの国」「輸出立国」「円安」「貿易

黒字」「外貨準備高」といった用語は肯定的な概念となっており、その反対用語は否定的概念としてのみ使用されている。ここには「モノづくりの国」以外の国家像は想定されていないし、黒字高は高ければ高いほど、円は安ければ安いほどよく、円高メリットを国民や企業が享受する政策など考えられたこともない。

我が国の国内総生産に占める産業別シェアは、第二次産業は一九五〇年（昭和二五）に三一・八％であったが、一九九五年（平成七）では三三・八％とほぼ停滞していた。逆に第三次産業は同時期に四二・二％から六四・四％と大幅に伸びている。産業構造の変革は着実に進展している。

第三次産業を我が国のリーディング産業として将来のビジョンとして描くことはできないのか。製造業をないがしろにせよというのではない。産業別シェアの推移を見れば、日本の国家ビジョンを第三次産業に描く可能性を否定してはならない。国家像ばかりではなく、日本にはびこる多くの固定化された概念を打破しなければ同様な政策は続き、不況もまた永続してゆくにちがいないと考えるからである。

そこで本論考の構成であるが、「はじめに」では「第二次・平成の大合併」が準備されそうな現在状況への認識と危惧の念を述べ、1章から3章までは一九九〇年代までの日本の経済状況を、日米の経済摩擦の歴史を日米の比較を通じて論じてみたい。小泉構造改革は財政再建を目的とし、財政破綻は一九八〇年代のプラザ合意に原因が求められるからだ。

4章は小泉構造改革・三位一体改革が時を追うごとに経済再建へと傾斜し、地方自治改革の本質から逸れていく過程を論述した。5章以降は小泉構造改革とアベノミクスとの経済財政的な相似性を比較論述することで、小泉構造改革と同様に財政破綻回避策としての自治体再編＝「第二次・平成の大合併」が遠くない将来に起こりうることに警鐘を促し、その解決手法についても明示していきたい。

本稿では数字に表記上の不統一が見受けられるが、原文通りに表記した箇所もありこのような形になったことを御理解いただきたい。

6章　地方分権改革の歴史

7章　小泉構造改革を継承するアベノミクス

終章　「平成の大合併」を検証する

1章　聖域なき構造改革

一九八〇年代、尖鋭化する経済摩擦

一九九〇年代初頭に、我が国はバブル経済の破綻を経験し、平成不況以降に見られる経済の長期停滞を招いた。不況とその長期化の原因は、輸出依存型の経済成長が終焉したこと及び、内需中心型経済への転換政策の失敗にあるといわれる。

日本の経済概況は日米の置かれた経済関係の把握なくしては困難と思われる。そこでまず、一九八〇年代以降の我が国を巡る経済状況を概観し、続いて経済政策の転換を余儀なくされたプラザ合意と日米経済摩擦の背景を探っておきたい。

一九七〇年代後半に始まる日本の集中豪雨的な対米輸出は、一九八〇年代末に深刻な日米経済摩擦を惹起した。日米摩擦は初期においては、個別品目を巡る通商問題から始まった。一九五〇年代においてもワンダラーブラウスに代表される安価な綿製品、陶磁器、金属洋食器、雑貨などの軽工業製品が大量にアメリカへ輸出され、アメリカ国内産業に打撃を与えたとして問題が顕在化した時期があった。

だが、日米間の大きな貿易上の争点となり、次第に政治問題化することで、日米関係を根底から揺り動かす通商摩擦へと発展したのは、一九七二年（昭和四七）に決着した日米繊維交渉が最初である。

一九七〇年代に入ると、貿易摩擦は鉄鋼・カラーテレビ・牛肉・オレンジなどが次々とアメリカによって争点化され、一九八〇年代には自動車・半導体・通信を巡る個別協議の争点として、日本の市場分野別の貿易障壁を除去するための交渉へとエスカレートしていった。一九八〇年代後半に至っても日本の貿易黒字、とりわけ対米黒字は増大するばかりであり、日米間の国際収支不均衡は解消されることはなかった。

一九八六年（昭和六一）五月、ヤイター米国通商代表が関西新空港建設に際し、アメリカ企業参入を目的とした国際入札を要求し、ここに日米建設摩擦が始まる。

摩擦解消を目指した日米建設協議は八八年五月に合意に至ったが、対日制裁条項を盛り込んだ一九八八年度包括通商・競争力強化法（一九八七年）を成立させたアメリカが、通商法三〇一条（不公正貿易慣行に対する制裁条項）の発動をほのめかすなど強圧的な姿勢に終始した。二国間協議では大国のルールを相手国に押しつけがちであり、対等・公正な協議とは言い難い側面が生じやすい。例え自由な通商・貿易の促進をテーマにしたものであっても、その内実は限りなく保護主義に近いものといえた。

日米建設協議はその典型であった。一九八八年の日米建設合意こそが地方衰退の元凶となったという意味で、国民の生活に多大な影響を与えた。

日本政府は建設合意に基づき、日本建設市場へのアメリカ企業参入の促進、独占禁止法の強化、談合排除、指名競争入札をはじめとする入札制度の規制改革などを実施していった。地方建設市場に競争ルールを適用することで資金力に勝るゼネコンは圧倒的に優位となり、その結果は市場メカニズムとは逆に相いれない歪んだ市場が形成されていった。地域には雇用が生まれず、税収の増加も期待できずに、地域の中小企業の疲弊だけが残されたのだ。

日米両国は、貿易不均衡を是正するための次官級会議を八五年から開始していたが、中曽根首相は一九八五年のベーカー財務長官との会談において、個別分野の協議（MOSS協議）での国際収支不均衡対策には限界があり、構造改革を視野に入れた包括的政策の必要性を示唆した。

包括的政策は一九八九年（平成元）にブッシュ大統領から「日米構造協議」（正式名称「日米間の構造的通商障壁に関する交渉」）の提唱として現れ、七月の先進国首脳会議アルシュ・サミットでのブッシュ・宇野会談において合意が成立した。

構造問題協議では、日本の経常黒字削減が強く要求された。アメリカは日本の企業系列や流通制度、排他的取引慣行などをやり玉にあげながら、対日赤字の原因を日本の文化・社会・産業構造及び国内政策にまで求め、その改善を強く要求した。強い要求の背景には米国通商法スーパー301条があった。スーパー301条とは、不公正な取引相手国への制裁措置をさらに強化させた通商法である。

日本に対する当面の経常黒字の削減要求として、市場開放による輸入の拡大、及び大型公共事業への巨額な財政支出が求められた。公共工事への財政支出の具体策として、日本の公共投資を国民総生産の一〇%に引き上げる要求があった。

アメリカの圧力に屈した政府（海部内閣）は、九〇年（平成二）に「一〇年間で四三〇兆円」を示した公共投資基本計画を作成し、その実行に着手した。だが、さらなるアメリカの圧力によって九四年（平成六）に公共投資総額は六三〇兆円にまで拡大される。

日本の市場が閉鎖的であるとして、構造協議においてアメリカが取り上げた象徴的な参入障壁が「大店法」（大規模小売店舗における小売業の事業活動の調整に関する法律）であった。アメリカはWTO（世界貿易機関）に提訴するなど協議は難航した。

日本は数次にわたって緩和措置をとったが、最終的には政府判断によって「大店法」は廃止された。「大店立地法」（大規模小売店舗立地法）が「大店法」に代わり九八年（平成一〇）に成立した。

「大店法」は地元小売業の保護・育成に関して決して充分とはいえない制度ではあったが、「大店立地法」では地元小売業との利害調整や中小小売業の保護・育成、事業分野の確保に関しては目的外とされていた。ゆえに「大店法」廃止に伴って中小小売業への保護政策はまったくなくなり、地元商店街の疲弊化が進み、シャッター通りが全国に蔓延する契機となった。

九三年（平成五）の宮沢・クリントンの日米首脳会談では、日米構造協議に代わり、さらに協議対象を拡大させた「日米包括経済協議」が発足した。

同協議では分野ごとに市場開放に向けた数値目標が設定された。次に日本の内需拡大にも達成目標が設定された。さらには首脳会談におけるクリントン大統領の〝円高容認発言〟によって、一九九三年四月に円相場は一〇九円台にまで達し、円は一ドル＝一〇〇円時代に入っていった。

九五年（平成七）一月には、阪神淡路大震災が発生し国民に多大な犠牲者が出た。同年四月に東京外為市場では一ドル＝七九・七五円という戦後最高値を記録した。

日本経済は九〇年にバブルが崩壊して低迷が続いていたが、この超円高によってさらなる苦境に立たされた。九五年九月に村山内閣は、一四兆二二〇〇億円にのぼる過去最大となる経済対策を決定する。以降、こうした大型の景気対策が頻繁に実施され、財源として赤字国債が大量に発行されてゆき、今や一〇〇〇兆円を超える財政赤字が累積する事態に陥ったのである。

以上、一九八〇年代以降の日米の経済状況の概括を述べたが、日米の貿易・通商摩擦が産業・構造問題にまで発展・深化する契機とされたのがプラザ合意である。プラザ合意こそが、今日にまで至る日本の経済的苦境の原点だといえる。そこでプラザ合意にまで至る日米両国の経済・社会背景とその基本的要因を見てゆきたい。

プラザ合意

日米摩擦は一九八〇年代から一九九〇年代にかけて個別製品から個別産業へ、個別産業から戦略的・国防産業へと広がり、さらにはすべての産業分野を含む経済・産業構造問題にまで進展した交渉論議となったことは前章でふれた。だが、一九八〇年代における当初の対日要求は、為替レート調整によるアメリカの貿易赤字の解消を目的としていた。

最初の契機となった為替レート調整策とは、一九八五年（昭和六〇）九月二二日、ニューヨークのプラザ・ホテルにおいてG五（アメリカ、イギリス、フランス、西ドイツ、日本の先進五か国蔵相・中央銀行総裁会議）によって合意されたドル高是正策を指す。これがプラザ合意である。

同合意では「ドル以外の主要通貨がドルに対して秩序

立ってさらに上昇することが望ましい」として、各国通貨当局が協調して為替介入を実行し、行き過ぎたドル高を適正な水準に修正するものとなった。合意された協調介入の総額は一八〇億ドル（四兆三〇〇〇億円超）に達した。

　協調介入によってドルは一〇～一二％ほど下方修正され、日本円は一ドル＝二四〇円前後から二二〇円程度に円高誘導された。しかし、その後も円の対ドル相場は上昇し、プラザ合意前には一ドル＝二四〇円台だったものが、その年末（一九八五年一二月）には二〇〇円をきるまでとなった。円高は八八年（昭和六三）には一二一円六五銭を記録する。急激な円高によって日本経済は円高不況に陥った。不況は八六年（昭和六一）の一一月まで続いた。

　プラザ合意はドル安・円高をもたらした。円高は輸出産業を衰退させ、円高不況対策として膨大な赤字国債発行による財政・経済政策を余儀なくされ、ドル下支えのための大胆な金融緩和策もとられた。これはやがてバブル経済を発生させる最大の要因となっていく。

　日本の産業構造の転換・調整は長らく先送りにされてきた国内問題だった。世界貿易の不均衡は、日本の円安誘導による輸出型貿易構造に原因があるとする国際批判を避けたい政府にとって、産業構造の転換・調整は避けられない国際的な課題となった。構造不況は、産業構造の転換・調整の失敗を原因として引き起こされた。いわばプラザ合意とは、円高不況から現在へと続く日本の長期衰退の原点だといってよい。では、なぜ日本はプラザ合意という協調介入の途を選択したのだろうか。

衰退するアメリカ

　一九四四年、アメリカ・ニューハンプシャー州ブレトンウッズで連合諸国が集まり、第二次世界大戦後の国際通貨体制について協議が行なわれ、ブレトンウッズ協定が締結された。この協定が基礎となった戦後の国際通貨制度が、アメリカの豊富な金保有を基礎とした金・ドル交換制度（金兌換《きんだんかん》制度・金一オンス＝三五ドルの交換比率）と、ドルを基軸通貨としたドルとの固定レートである。固定為替相場制度を基軸に運営された。これがブレトンウッズ体制である。

　ドルとの固定レートであるから、各国は輸入代金や借入金返済といった国際決済の手段として、あるいはインフレ不況による外貨不足に備えてドルを備蓄した。これを外貨準備高といい、ドルもしくは米国債があてられた。外貨準備が不足し、通貨危機に陥った国にドルを融資する機関がＩＭＦ（国際通貨基金）である。こうしたドルの発行量の増大が世界経済をインフレ化させる要因となった。

ＩＭＦ、ＧＡＴＴ（関税・貿易一般協定）は、ブレトンウッズ体制を支える二大機構として多国間主義・無差別主義・相互主義を理念にもちながら、貿易ルールの平等化によって世界貿易の促進を図り、世界銀行による為替安定と途上国援助を通じた世界経済の発展を推進した。ＩＭＦ・ＧＡＴＴ体制ともいわれる。

だが、アメリカの金保有量は大幅に減少し、一九六〇年代末には金兌換が不可能になる。といっても、ドルと金との交換を申し込む国はなく、いわば形骸化していたが、制度自体は存続していた。さらには、国際収支と財政収支の赤字に伴うドルの超過投資は、ドルの信認を低下させていった。

一九七一年（昭和四六）八月一五日、ニクソン大統領は、金・ドル交換の一時停止、一〇％の輸入課徴金実施を中心としたドル防衛策を発表した。ニクソン・ショックである。これによってブレトンウッズ体制は崩壊する。

一ドル＝三六〇円という固定相場制の円・ドルレートは、ブレトンウッズ体制の崩壊とともに終焉した。為替相場は変動相場制の時代となった。ドルは変動相場制の下で暴落の懸念が高い通貨として低迷した。一九七四年（昭和四九）に発生した第一次オイルショックは、スタグフレーション、世界同時不況となってさらなるドルの低下を招いていた。一九七八年（昭和五十三）、ドルは一八〇円を切るまでとなった。

無意味となった外貨準備

ニクソン・ショックによって金兌換制度は崩壊し、各国はドルの固定為替制度から変動相場制への移行を余議なくされたが、外貨準備も必要のない制度となった。二〇一四年（平成二六）九月末の日本の外貨準備高は一兆二六四〇億ドルに達する。二〇一〇年（平成二二）一月では一兆五三〇億ドルであったから、四年間でおよそ日本円で二一〇〇億ドルも増加した。毎年五二五億ドル超（現在の円・ドルレート一一〇円で換算約五兆八〇〇〇億円）の積み増しである。

日本円にして一四〇兆円もの外貨準備金は、その九五％が米国債（米国財務省証券）で、ニューヨーク連銀に保管されている。米国債の購入がさらに続けられているが、その購入資金は短期国債で賄われている。

外貨準備制度は固定為替制度の下でドル不足に対応する制度であり、現在では不要な制度と化している。実際には各国とも少額ではあるが、外貨準備金を保有している。各国政府自身が市場に参加することもあるからだ。しかし、理論上は外貨準備高はゼロでもよく、日本の巨額な外貨準備高は異常でさえある。

一九九七年（平成九）六月二三日、橋本龍太郎首相（当時）は、訪米先のニューヨーク・コロンビア大学で講演し、「日本政府がもっている米国債を大量に売りたいとの誘惑に何回もかられた」とその心情を吐露し、アメリカ側を驚愕させた。貿易黒字によって得たドルは、日本政府が米国債を購入することで再びアメリカに還流され、アメリカの貿易・財政赤字をファイナンスしてきた。いわばアメリカの強大な経済、軍事力は日本のファイナンスの上に成り立ってきた。

米国債の購入を停止する経済効果は大きい。毎年次の積み増しを停止するだけで国債の増発を抑制するだけでなく、消費税増税（三%増税で年間七兆円程度）も不必要となる。一四〇兆円の外貨準備金の一部だけでも国内に還元し、国内投資に向ければ財政再建の第一歩としてプライマリーバランスの回復も可能となり、日本再生の途が開かれるのだ。政治家、とりわけ国会議員がこの問題に言及しないことは理解に苦しむ。

基軸通貨のドルは世界中に供給されたが、アメリカ経済のインフレ体質をもたらした。一九七〇年代後半に入ると、アメリカは不況下にあってもインフレーションが昂進し、物価高騰と高い失業率が続くスタグフレーション（インフレと不況が同時進行すること）に悩まされた。さらには、財政出動による財政赤字の拡大に歯止めをかけることができなかった。ケインズ経済学の有効需要理論は、新しい経済現象であるスタグフレーションに対して有効な政策を提示しえなかったばかりか、財政赤字の元凶と見られた。ケインズ経済学に代わって経済理論の主流となったのが、「反ケインズ経済学」であるM・フリードマンのマネタリズムである。

レーガノミックスの誕生と失敗

一九七八年（昭和五三）一二月、イランの首都テヘランで反国王のデモをきっかけに市街戦に発展し、翌年にはイスラム教指導者ホメイニ師によるイラン革命が成立した。世界の原油生産の一〇%を占めるイランは、原油生産を全面的に停止した。

原油価格が高騰し、一九七八年一一月に一バーレル＝一二・七ドルの原油価格は、一九八〇年（昭和五五）五月には二八ドル、同年一二月には三二ドルに高騰した。第二次オイルショックが勃発した。

ロナルド・レーガンは、世界経済が第二次オイルショックから冷めやらぬ、いまだにスタグフレーションが深刻化しドル暴落が懸念される中、「偉大なアメリカの再生」を掲げて、八一年にアメリカ大統領に就任した。

レーガン大統領は、伝統的な経済政策とは異なる経済手法をもって米国の再生を図った。レーガノミックスである。レーガノミックスとは、マネタリズム（固定的貨幣供給学説）やサプライサイド・エコノミー（供給重視の経済学）を基礎として市場原理主義に基づき、政府による規制の撤廃、緩和、マネーサプライ増加率を経済成長率以下とする通貨供給量の抑制、大幅な減税、小さな政府の実現、スタグフレーションの克服を図る経済政策であり、強いアメリカの再生を目的とした。マネタリズムやサプライサイド・エコノミーについては後の章で論述する。

レーガン大統領の経済政策とはどのようなものだったのか。インフレは需要が供給を上回ることによって発生する。景気が上昇し需要が高いと、物の価格が高くても売れるため物価高となり、通貨の供給・流通は高くなる。通貨供給量が増えれば、通貨価値が下がりインフレになる。従って、インフレを抑制するには、需要を抑制すればよいことになる。

だが、レーガノミックスはアメリカの供給力強化＝「サプライサイド減税」（レーガン減税とも称される）を選択した。つまり、企業減税によって企業の租税負担を軽減し、企業投資を刺激することで産業の活性化を図った。そして供給力強化のために、歳出削減とインフレ抑制を目的として、ＦＲＢ（連邦準備制度理事会）によって金融引き締め策が展開された。

レーガン減税は国内需要を喚起し、生産性は上昇した。景気も次第に上昇し、低迷していたドルも反転上昇してゆく。レーガノミックスは成功を収めたかのように見えた。だが、減税政策は財政赤字を大幅に拡大させ、金融引き締め策は長期金利の高騰をもたらし、高金利によって海外資本のアメリカへの流入が常態化してゆく。

やがて、長期金利はドルの高騰をもたらした。製造業や輸出産業の衰退・空洞化を招くことで、経常収支赤字も拡大していった。かくして財政赤字と貿易赤字の双子の赤字が誕生し、アメリカは着実に経済力を後退させ、その相対的地位を低下させていった。

アメリカとは逆に、同時期において著しい経済成長を遂げたのが日本だった。一九八五年（昭和六〇）末に日本は世界最大の債権国となった。一九八五年末の日本の対外資産は四三七七億ドル、債務を差し引いた対外純資産は一二九八億ドルとなった。何よりも日本人を熱狂させたのは、一九八七年（昭和六二）に日本の一人あたりＧＮＰは一万五四〇〇ドルとなり、アメリカの一万五〇二六ドルを超えて世界第五位となった。

アメリカは、輸入課徴金法案など保護主義法案を次々と議会に上程するが、貿易収支の赤字は増大していった。一九八五年の貿易収支の赤字額は一一七七億ドル、一九八六年には一三八三億ドル、そして一九八七年にはついに一五〇〇億ドルを超えた。

対日貿易では、一九八〇年に一二二億ドルだった貿易赤字は、八五年には四六二億ドルとなって、貿易赤字全体に対する対日赤字比率は四割を占めた。八六年、八七年の対日貿易赤字はそれぞれ五五〇億ドル（対日赤字比率三九％）、五六三億ドル（同三七％）となった。

日本の貿易黒字は八九年から九二年にかけて減少するが、九三年には五九三億ドルに達し再び上昇に転じてゆく。日本の経常収支は八五年には黒字額四九二億ドルだったものが、九二年には一一七六億ドルとなり、初めて一〇〇〇億ドルを超えた。（貿易収支の数字は『ゼミナール日本経済入門99年度版』日本経済新聞社を参照）

アメリカの矛盾、新通商政策

アメリカがプラザ合意に見られるようなドル高是正（ドル安政策）に転換した背景には、アメリカの通商・通貨戦略の変化があった。その変化は一九八五年前後から始まっている。

アメリカの対日経済政策は、常に通商戦略と通貨戦略の二本柱から成り立つ。アメリカの競争力が優位にある産業分野では日本市場の開放が要求され（通商戦略）、アメリカが劣位にある産業分野においては、日本の輸出を阻止するために円高を要求（通貨戦略）するのである。この交互の繰り返しが日米経済摩擦の歴史なのだ。

アメリカは自由主義経済の強化発展を基本原則として標榜しながら、国内の企業・産業や議会を中心とした保護主義の台頭を受けると、貿易相手国に対して管理貿易（つまり自由貿易ではない）を要求してきた。その典型的なダブルスタンダードの事例が一九八一年（昭和五六）に決着した対米乗用車輸出自主規制である。

日米自動車摩擦は一九七五年（昭和五〇）、全米自動車労組（UAW）が日本車のダンピングを提訴したことが発火点となった。一九八〇年（昭和五五）には日本の乗用車生産台数は、七〇三万台を超え世界一となった。そのうち三九五万台が輸出されたが、アメリカへの輸出台数は二四一万台に及び、日本の全輸出台数の実に六割に達する。アメリカ国内における日本車のシェアも二一％を超えた。

アメリカ車のシェア低下の背景として、アメリカ車が一九七三年のオイルショック以後も大型化と高級化が追求され、消費者のガソリン節約志向に目を向けた小型車生産への投資を怠ったことに原因がある。だが、自動車産業は半導体と同じく先端産業であり、且つアメリカの安全保障に関わる産業問題として、日本の自主的な輸出規制が要請された。

日本側の自主規制は初年度、一九八一年（昭和五六）の一六八万台（後に枠は拡大された）から一九九四年までの一三年間にわたり、アメリカの自動車産業が復活するまで続けられた。自国の自動車産業の保護は、アメリカ自身が行なうべき政策なのに、日本の犠牲による対米配慮が要請されたのだ。ここにアメリカの矛盾がある。

アメリカの通商・通貨戦略の変化とは、アメリカン・ダブルスタンダードの深化・強化を意味する。それが「新通商政策」として一九八五年（昭和六〇）九月にレーガン政権が決定したものである。だが、実際的な運用は新政策の決定前から開始されていた。それが一九八五年に開始されたＭＯＳＳ協議（市場重視型個別協議）と、一九八六年に妥結をみた日米半導体協定である。

「新通商政策」発表の直前となる一九八五年（昭和六〇）一月に、レーガン政権は対日市場開放の強化策であるＭＯＳＳ協議を決定し、同協議方式は一九八五年から日米間で実施された。

ＭＯＳＳ協議とは、これまでのように多分野にわたる開放要求品目を一括して協議するのではなく、アメリカの比較優位にある分野（電気通信、エレクトロニクス、医薬品・医療機器、林産物の四分野）について集中的に討議を行なうものであった。

日米の半導体紛争は、一九七〇年代後半から一九八〇年代前半にかけて「産業のコメ」といわれた半導体を巡り争われた。八五年六月にアメリカの半導体協会は、日本メーカーの不当なダンピングは通商法三〇一条（貿易相手国の不公正貿易慣行に対する対抗措置を求める規定）違反にあたるとして、アメリカのＵＳＴＲ（通商代表部）に提訴したことで、第二次日米半導体摩擦として再燃した。

アメリカ政府は、日本政府及び日本の半導体企業との間に二種類の協定を結ぶことに成功した。半導体企業との間で八六年七月に締結されたのが反ダンピング法適用停止協定である。その合意の特徴は、アメリカ商務省が公正価格を算出し、協定企業に事前通告すること。さらに、半導体企業はアメリカ商務省に対して、生産コスト実績、利益データ、量産規模などの報告が義務づけられたことである。驚くべきことに、アメリカ政府だけが我が国の企業秘密までも入手ができ、なにが公正価格なのかを決定しうる唯一の主体なのだ。

日本政府とは同時期に日米半導体協定が結ばれた。同協定は国内市場におけるアメリカ製品の推奨のみならず、日本企業の第三国への輸出についてもコスト・数量などにつき、日本政府が監視責任を負うとされた。まさに管理貿易の極みといえた。

レーガン政権は、プラザ合意と同時期の八五年九月に「新通商政策」を決定した。

新政策では、貿易相手国の不公正な慣行に対して、通商法３０１条の積極的な強化活用を謳い、保護主義を制裁と報復の下に力でもって封じ込めようとしたのだ。新政策によって、日米貿易摩擦は新しい局面を迎える。つまり、日本は一層の困難に直面したのだ。

八六年一一月には、工作機械の対米自主規制、八七年四月、アメリカによる半導体対日制裁発動、八七年七月、東芝機械のココム違反事件など、日米摩擦は日本経済の発展と新通商政策とともに激化していった。

新通商政策は、レーガン政権の末期に「一九八八年包括通商法」が制定されたことにより、アメリカの通商戦略は明確となり、完成の域に近づいたとされる。その目的はブレトンウッズ体制の再来にあった。

ブレトンウッズ体制とは、第二次大戦後の世界経済をアメリカが主導したＩＭＦ・ＧＡＴＴ体制をいう。新通商政策の目的は、新たな自由貿易経済圏の構築をアメリカの理念と主導の下に、制裁と報復という物理力によって実現することにあった。

ＧＡＴＴは「パックス・アメリカーナ」（アメリカによる平和＝軍事支配体制）の重要な柱であったが、協議参加国は平等な主権をもち、また参加国が非常に多いため協議はしばしば難航し、各国の合意を得ることが困難な状況にあった。ウルグアイ・ラウンドがその典型である。

アメリカはＧＡＴＴに対する優先度を改め、自らが主導する自由貿易経済圏構想の実現を図った。これはアメリカの〝二国間主義〟といわれる。ＧＡＴＴの理念・精神からの明白な逸脱であった。

レーガン政権はイスラエルとの間に自由貿易協定を締結したのを皮切りに、一九八七年（昭和六二）一一月にはメキシコ、一九八八年一月にはカナダとの間で自由貿易協定の大筋の合意に達した。

一九九二年（平成四）一〇月にアメリカ、カナダ、メキシコの三か国は、北米自由貿易協定（ＮＡＦＴＡ＝ナフタ）が成立（一九九四年一月正式発効）する。さらに九四年一二月には、北米・中南米の三四か国が「米州自由貿易圏」（ＦＴＡＡ＝エフタ）構築のための原則宣言を採択し、実現に向けた行動計画も採択された。

北米自由貿易協定は、米加自由貿易協定がモデルとなっている。北米自由貿易協定の目的は、すべての産業分野において、地域内の関税障壁及び非関税障壁を段階的に撤廃し、金融・通信などのサービスや投資の自由化、政府間調達の自由化、競争化の推進と知的財産権の保護、貿易紛争解決のための特別機関の設置、協定の拡大・強化のために地域間・各国間の枠組みの確立などである。

ここには、現代におけるＴＰＰ（環太平洋経済連携協定）との類似性が明瞭に示されている。我が国のＴＰＰ加盟問題とは、アメリカの自由貿易経済圏構想に加盟するか否かであり、加盟は戦後における日米経済紛争・摩擦の最終決着、つまり日本の敗北を意味する。なぜならば、ＴＰＰにはこれまでの対日要求のすべてが網羅されており、その受諾とはこれまでの日本の抵抗と主張が無意味になることである。アメリカが主張する通商・貿易政策の公正性・平等性を認めるに等しいからである。だが、ＴＰＰ問題については章を改めて論じてみたい。

貿易・通商摩擦への対応

アメリカは一九八五年の「新通商政策」とプラザ合意の二つの方策（プラザ戦略とも呼ばれる）によって、円高誘導・ドル高是正に一時的な成功を収めた。だが、ドルは予想を超えて暴落し続けた。二年後の八七年二月には、G7（これまでの五か国にカナダとイタリアを加えた七か国で構成）はパリのルーブルにおいて、ドル安定化に向けた協調政策が合意された。ルーブル合意である。

日本に求められた協調政策は、内需拡大と貿易黒字削減のための財政金融政策の実行であった。公定歩合は史上最低の二・五%に引き下げられ、金融緩和策も強化された。金利はドルの引き下げよりもさらに低い水準で定められた。アメリカの強い要請があったからである。

日本の超低金利・金融緩和政策は、景気が上昇傾向にあって、土地や建物などの不動産価格や株式価格も上昇傾向を示す状況下で実施された。超低金利・金融緩和政策は一九八九年（平成元年）五月まで、すなわちバブル崩壊の直前まで続けられたのである。

株価・地価上昇時における低金利資金は、投機資金となって株価・地価をさらに押し上げる投機活動となることは経済の常識である。政府・日銀の政策はバブルを大きくし、バブル崩壊の傷を深く大きなものにしたといえよう。G7による協調政策といっても、日本と同様に世界経済の牽引車と期待された西ドイツは、ルーブル合意に従って金利の引き下げに応じはしたが、合意後数か月もたたずに、自国のインフレ傾向が高まったとして金利引き上げに転じている。

ドイツは一九九〇年一〇月に東ドイツを併合し、さらに九二年二月にはマーストリヒト条約を締結してユーロを誕生させるに至り、EUの実質的な盟主の座に座った。ドイツの外交・経済戦略の勝利であった。ここに国益重視か対米追随なのかといった政治家、及び金融政策担当者の彼我のちがいが明瞭に現されている。

G7各国の協調為替介入は、プラザ合意とは逆にドル暴落阻止・ドル安定化を目的とした。しかし、ルーブル合意以降もドルの低落は続き、基軸通貨としてのドルへの信認は揺らいでいった。

日本とアメリカとの貿易及び通商関係の拡大と相互依存関係が日米経済摩擦を生じさせ、やがて摩擦の激化・深刻化するにつれ、経済交渉も時代とともに激化・進展を遂げていった。だが、日米間のすべての経済貿易交渉に通底するアメリカの歴史的・経済的要求が二つ存在する。

一つは対日貿易赤字解消＝対日輸出の増加である。これはドルの基軸通貨維持を目的とした為替戦略や、通商政策で対応が図られてきた。二番目は、不公正相手国の内需拡大や排他的慣行の是正、産業構造の転換、市場開放、各種規制の撤廃・縮小など、相手国の国内政策に関するものである。レーガン大統領の新通商政策が代表的なものであるが、一方的制裁措置を振りかざしながら、不公正・保護主義的相手国からの譲歩を引き出してきた。

不公正・保護主義的相手国として名指しされたのはほかならぬ我が日本だ。とはいえ、自由経済社会世界第二位の経済大国でもある我が国にとっても、公正貿易の維持発展は自由主義経済に欠くべからざるシステムであり、日本が果たすべき国際的責任であった。

日本の対応はいかになされるべきか

日本政府がこれまでに実施してきた日米摩擦問題への対応策は次の二点にあると思われる。

一点目はアメリカとの個別協議のこれまでの合意事項を忠実に履行すること、及び現在進行中の協議を妥結すべく誠実に努力することとである。二点目はＧＡＴＴ「関税・貿易一般協定」ウルグアイ・ラウンドの積極的推進である。ＧＡＴＴが掲げる自由貿易、公正貿易のための国際条約やルールづくりに、日本が果たす役割と積極姿勢を国際的に認めさせる為である。

二点について若干の注釈が必要となる。日本の対応策は、いずれも常識的な正論のようであるが、実際には甚だ困難な問題であった。

日本の選択肢は、日米協議のような個別の協議方式をこれ以上広げることなく、個別協議方式による貿易摩擦の解決手法に終止符を打つことにある。なぜなら、日米間の貿易摩擦は日米政治摩擦でもあり、個別協議による解決手法を一般的・普遍的な貿易ルールとすることは元々不適当であった。

ＧＡＴＴは多国間・無差別・相互主義を基本理念とし、多国間交渉による関税引き下げを通じた自由貿易の進展を主眼としている。貿易政策においては特定の国を差別せず、すべての国に対して同率の関税を課すのである。

アメリカが日本に対し輸出制限を課し、それが実現されなければ厳しい制裁措置をとることは、市場開放・競争市場原理に反し、また明白なＧＡＴＴ違反でもあった。日本にとって多国間協議であり、世界貿易ルールであるＧＡＴＴの推進こそが自由・公正貿易を実現させ、世界経済を発展させる唯一の協議機関であったといえる。

日本政府は新ラウンド（多角的貿易交渉）による自由貿易体制の構築を企図する。一九八二（昭和五七）年三月に発表された「新・東京ラウンド」構想だ。同構想は八三年一一月の日米首脳会談において、中曽根首相がレーガン大統領に提唱し、日米主導の新ラウンド構想の推進が合意された。

新・東京ラウンドは、日米主導を警戒するＥＣや新興国の反対によって実現をみなかったが、日本のＧＡＴＴへの熱意と努力はウルグアイのプンタ・デルエステにおいて八六年九月に新ラウンド（ウルグアイ・ラウンド）を成立させた。そして九四年四月にウルグアイ・ラウンドは最終合意に達し、世界貿易の自由化と国際新秩序を推進する、ＷＴＯ（世界貿易機関一九九五年一月正式発足）の設立署名をもって歴史的使命を終えた。ウルグアイ・ラウンドの妥結とＷＴＯの成立に日本の果たした役割と功績は大きい。

二〇〇三年（平成一五）にWTOの新ラウンドは決裂し、協議は今日に至るまで停滞を続けている。世界では二国間協定や地域ブロック協定への拍車がかかったように見受けられる。二国間協定や地域ブロック協定は決して否定するものではないが、あくまでWTOの補完・補強のための協議システムであると考えるべきである。

二〇一六年（平成二八）九月五日、中国・杭州で開かれたG20首脳会談では「あらゆる形態の保護主義への反対」を再確認し、WTOを中心に多角的貿易体制を堅持する方針を採択して閉幕した。WTO・新ラウンドが停滞している現在、二〇〇近いFTA（自由貿易協定）が世界で締結され、あるいは締結に向けた協議が進行している。EPA（経済連携協定）も広がりを見せている。

我が国においても、二〇〇〇年（平成一二）にシンガポールとの経済連携協定を締結する交渉に入って以降、GATT・WTO体制重視の姿勢を転換したかのように見受けられる。もとより、FTAやEPAの進展はWTOの補完・補強を促進し、世界貿易・経済の発展につながるものとして評価すべき点が多いが、今日においてなお、保護主義の台頭が後を絶たないのはなぜであろうか。結論をいえば、二国間協議や地域協定は地域外への差別的関税を認めるものであったり、アメリカのように協定国以外へのシェールガスの取引を禁じたりするなど、差別主義・排他主義を排除できないことにある。

最も望むべきは、アメリカ一国主義に立たず、排他的ではない無差別な参加ルールの下での貿易・通商・投資・関税・知的財産などについて、多角的な交渉ルールを構築することである。これからも日本の果たすべき役割と戦略とは、国際間における世界共通ルール・統一基準や国際条約づくりに、WTOを通じた世界貿易・経済の発展を我が国の積極的なリーダーシップにより実現すべきと考える。

個別協議の合意事項への誠実な履行が、アメリカとの政治摩擦の解決に適切な対応策であることを述べた。アメリカの対日要求は、日本市場開放と対日貿易赤字の解消が要求の大きなものとしてあった。

日本政府（鈴木善行内閣）は要求に応え、一九八一年（昭和五六）一二月の経済対策閣僚会議において、貿易黒字削減と内需拡大を柱とする第一次の対外政策を決定した。以来、八四年までに第六次の対外政策を実行してきた。だが、六次にわたる対外政策は、アメリカ、ECをはじめ、諸外国からの評価は高くなかった。政策が広範囲且つ多岐にわたり、各省庁からの積み上げ方式であったために項目ばかり多く、その実効性が疑問視されたからである。

そこで政府は一九八五年（昭和六〇）に日本経済の一層の国際化を進めるとした第七次の対外政策として「市

場アクセス改善のためのアクション・プログラム」を作成し、その実効性を保障するフォローアップ体制が整備された。

「アクション・プログラム」は、対外経済問題諮問委員会（座長大来佐武郎氏）の報告書をもとに、一九八五年から三年間にわたる短期的な市場開放策として策定された。その内容は、①関税　②輸入制限　③基準・認証、輸入プロセス　④政府調達　⑤金融・資本市場　⑥サービス・輸入促進の六分野から成った。

実施機関として政府・与党対外経済対策推進本部を設置、中曽根首相自らが本部長に就任した。さらに内閣の中に「アクション・プログラム実行推進委員会」が設けられ、内閣官房長官を委員長とし、各省トップの事務次官が委員となることで、強力なリーダーシップのもとに確実な履行と責任体制の構築を図ったのだ。

前川レポート、国民のための内需拡大

中長期的な貿易黒字削減策となったのが、産業構造調整と内需拡大である。「調整過程が中長期に及ぶため、息長く努力を継続」（前川レポート）する必要があるからである。この目的遂行のため、日本の経済構造の転換を提言したのが『前川レポート』だった。

『前川レポート』とは、総理大臣の諮問機関である「国際協調のための経済構造調整委員会」が、一九八六年（昭和六一）四月に中曽根首相に提出された報告書をいう。座長である前川春男・日銀総裁の名前から称された。

『前川レポート』では提言の前文において、次の基本認識が示された。まず我が国経済の置かれた現状が、国際収支面で経常収支不均衡によって我が国の経済運営のみならず、世界経済の調和的発展にとって危機的状況があること。そして我が国の経済政策及び国民生活のあり様が歴史的転換の時期にいたっており、「かかる転換なくして、我が国の発展はありえない」と断じた。この目標は「国民的課題として全力を傾注して取り組んでいくことが不可欠である」として、その重要性を位置づけた。

このような現状への危機意識から我が国の目指すべき目標が次のように描き出された。

「経常収支の大幅黒字は、基本的には、我が国経済の輸出指向等経済構造に根ざすものであり、今後、我が国の構造調整という画期的な施策を実施し、国際協調型経済への変革を図ることが急務である。この目標を実現してゆく過程を通じ、国民生活の質の向上を目指すべきであり、また、この変革の成否は、世界の中の我が国の将来を左右するとの認識が必要である」

前文の意味するところは、我が国の大幅な貿易黒字が世界経済の混乱要因であることを率直に認め、大企業中心の輸出主導型経済を形成する国内産業構造と産業優先の経済政策から、内需主導型経済への転換なくして我が

国の将来はないと結論づけたことにある。

その提言は、第一義的には経常収支の調整（黒字削減）に主眼が置かれ、国民生活の質の向上は産業構造の調整過程から二次的に派生するものと捉えられていた。ここに不満は残るが、内需主導型経済への転換と国民生活の質の向上が初めて提言されたことは評価してよい。

レポートでは目標実現のために次の提言を掲げた。

「国際協調型経済を実現し、国際国家日本を指向していくためには、内需主導型の経済成長を図るとともに、輸出入・産業構造の抜本的な転換を推進していくことが不可欠である。

同時に、適切な為替相場の実現及びその安定に努め、また、金融資本市場の自由化・国際化を一段とおし進めていく必要がある。さらに、国際協力により世界へ積極的に貢献していくことも重要である。これらの実施に当たっては、税制を含む財政・金融政策の役割も重要であり、特に貯蓄優遇税制については、抜本的に見直す必要がある」

そして目標実現に向けた施策として次の七項目が掲げられた。

①内需拡大（市街地再開発、新住宅都市の建設、所得税減税による個人消費の振興、労働時間短縮、地方における社会資本整備の推進）

②国際的に調和のとれた産業構造への転換（海外直接投資の促進、市場メカニズムを活用した農業政策、農業の合理化・効率化）

③市場アクセスの一層の改善と製品輸入の促進（アクション・プログラムの完全実施、海外投資の促進、流通構造の合理化、独禁法の厳格運用）

④国際通貨価値の安定化と金融の自由化・国際化（為替市場の安定化、金融・資本市場の自由化と円の国際化）

⑤国際協力の推進と国際的地位と世界経済への貢献（開発途上国からの輸入拡大、金利水準低下の推進、累積債務への対応、経済・技術協力、新ラウンドの推進とＧＡＴＴ体制の強化）

⑥財政・金融政策の運用の改善（赤字国債依存体質からの早期脱却、貯蓄優遇税制の廃止）

⑦フォローアップ体制整備

内需拡大は、国際収支不均衡を生み出す輸出依存型経済からの脱却を主眼としたものであるが、国民生活の質の向上についても多くの項で提言された。

一項では、住宅政策の抜本的見直し、住宅減税の拡充強化、職住近接の居住スペースの創出、地価の抑制、経済成長の成果を賃金に適切に配分、欧米先進国なみの年間総労働時間の実現と週休二日制の実現、地方単独事業の拡大による資本形成・インフラ整備である。

二項では、自由時間の増大と消費構造の多様化に伴うサービス産業の発展があげられた。そして六項では再び内需主導型経済の実現に触れながら、財源の効率的・重点的配分を図るとして増税の可能性を否定した。

税制についても※マル優廃止を含め、公正・公平・簡素・活力・選択・国際的見地から抜本的な見直しが提言されている。社会保障制度の不備を主因とする国民の老後の不安からくる貯蓄性向の高さを助長する税制を改め、国民貯蓄が生活向上に直結せずに資本投資され輸出依存型経済を支える産業構造の転換が図られたのである。

公正・公平・簡素な税制とは、昭和二四年にシャウプ勧告によって日本にもたらされた近代的税制の根幹であるが、以後の我が国の税制改革は、シャウプ勧告の否定の繰り返しであった。抜本的な見直しとはシャウプ勧告に立ち返ることで、歪んだ税制を修正し近代的税制の根幹を取り戻すことにあった。

※マル優＝少額貯蓄非課税制度。老人に対する少額貯蓄への非課税や郵便貯金への非課税。あるいは勤労者の財産形成を目的とする財形貯蓄への非課税制度の総称。

新前川レポート、実践に向けた施策

『前川レポート』の早急な具体化に向けた作業が開始された。円高不況の一層の深刻化が進んだばかりか、前川レポートでは数値目標が示されておらず、抽象的で具体性に欠けるという批判に応えるためである。

政府・自民党は一九八六年（昭和六一）四月に経済構造調整推進会議を発足させた。同会議は、「経済構造調整推進要綱」を決定したが、その内容は『前川レポート』が踏襲されている。八月には中曽根首相を本部長とする経済構造調整推進本部を設置し、さらに首相の諮問機関である、経済審議会に経済構造調整特別部会（前川春男・部会長）を新たに設置することで、『前川レポート』を公的にフォローアップする体制が整備された。

経済審議会・経済構造調整特別部会は、国民生活の向上を強調した中間報告を八六年一二月に発表した。八七年四月には最終報告『新前川レポート』を出している。『新前川レポート』では住宅の質的改善、民活による都市リフォーム、市街化地域内農地の宅地並み課税の強化、食料品の内外価格差縮小、年間労働時間一八〇〇時間、週休二日制の推進などが提言された。

前文にある、「国内に目を転じると、低い居住水準、高い生計費、長い労働時間に象徴されるように、必ずしもこれまでの経済成長の成果が生活の質の向上に反映されているとは言い難い状況にある」とした問題意識に応える内容となっている。

一九八七年（昭和六二）には、日本の国民一人あたりGNPは一万五四〇〇ドルとなり、アメリカを抜いて世界第五位となったが、国民は生活の豊かさを実感できないでいた。

レポートでは「円高の下で、現実の為替レートと我々

の生活実感から見た円の値打ちとのギャップが拡大している。このため、国民は強い円が生活の質を高めたのかといった疑問を強めている」と述べ、為替レートが円高による所得の押し上げ効果に原因を求めていた。

だが、国民が生活の豊かさを実感できない理由は、著しく貧弱な生活インフラ・ストックにある。中でも住宅環境は極めて劣悪であり、先進国とは評されないレベルであった。

一九八五年（昭和六〇）は、住宅建設計画法に基づいた第三期住宅建設五か年計画（一九七六～一九八〇年度）において、「すべての国民に確保すべき水準」とされた最低居住水準未満世帯解消の達成目標年となっていた。

最低居住水準は、単身者の住戸専用面積が一六㎡、二人世帯では二九㎡、四人標準世帯で五〇㎡であり、水準設定後の七八年度では、最低居住水準未満世帯率は一四・八％、最低居住水準～平均居住水準までの世帯率は四三・七％だった。この目標は達成されないばかりか、ほとんど実現不可能な状況に陥っていた。アーバン・ルネッサンス計画が田中角栄時代を上回る土地の高騰とミニ開発の乱立を招いたからだ。

国民の土地取得は著しく困難となり、取得できたとしても狭小・過密・廉価な住宅取得とならざるをえず、ローン返済の負担が重くのしかかった。また借家階層における高い家賃は家計費を圧迫した。

ちなみに居住水準は第五期計画（一九八六～一九九〇年度）において改定され、現在では最低居住水準（数値は変わらず）と誘導居住水準（四人世帯で、都市居住型：九一㎡、一般形：一二三㎡）の二つの指標が設定されているが、二〇〇三年（平成一五）においても、最低居住水準未満世帯率は四・二％、最低居住水準～誘導居住水準までの世帯率は依然として四三・五％の高率を維持しており、誘導居住水準の達成世帯率は五割台の五二・三％に過ぎない。

『前川レポート』はこうした国民の不安や不満、疑惑を認めたうえで、経済構造調整の意義を「それが究極的には国民生活の向上につながるとの国民の理解が不可欠である」と記述した。このように『新前川レポート』は『前川レポート』に比べて対外摩擦解消、国際収支不均衡是正のための構造調整＝内需拡大だけではなく、むしろ内需主導型経済への移行は国民生活の改善、質の向上にあると強調していた。

前川・新前川レポートの評価

日本経済史から見た『前川レポート』は異論・異説はあるにしても、今日では画期的な経済報告書として評価されている。だが、提言の中心的課題である国際収支不均衡を生み出す日本の外需依存型経済から、内需依存型経済への脱却は現在も実現を見ていない。円安誘導による輸出構造は今日においても維持され続け、円高を活かした資本蓄積や、円高差益の国内投資によって国民が質の高い多様な消費ライフを満喫し、あるいは新規産業や新企業が創設され、且つ育成する産業構造調整や内需型経済への転換の機会は失われたままとなっている。

「消費者・生活者本位」、「生活者大国」のスローガンは色失せてしまった。内需型経済を支えるはずの年金、医療・介護を含む社会保障改革、税制改革は遠ざけられ、国民の将来不安に根ざす高い貯蓄性向は変わることができない。むしろ、高い貯蓄率に支えられた高い企業投資が輸出増につながり、再び円高となって日本経済を襲うことが繰り返されている。

円高は輸出産業に不利に働く側面をもつ。だが、消費者側、つまり多くの国民にとっては実質所得が増加し、さらに国内物価、とりわけ食料品やガソリン代などの日常必需品が抑制されることで消費力の向上をもたらすという二つの側面をもつ。政府は円高不況を恐れるあまり、金利引き下げを繰り返してきた。円高差益を国民福祉向上や生活向上に還元する構造改革は、具体的な政策に結実しなかった。

日本経済は、G5・プラザ合意による円高不況が一九八六年（昭和六一）一一月に底を打ってから上昇に転じ、好景気は一九八九年（昭和六三）末まで長期にわたり継続した。バブル景気（平成景気ともいわれる）である。

国民生活の質の向上を目指した二つの『前川レポート』は、バブルの熱狂の中で幕を閉じた。従って、両『前川レポート』が残した功績とは、内需主導型経済の実現が国民生活の質の向上にとって最重要な課題であることを国民に知らしめ、内需拡大政策を経済摩擦解消の手段としてではなく、国内経済の政策的合意として形成したことに求められる。『前川レポート』が指し示し、『新前川レポート』で歩もうとした道は、日本型の福祉国家への道にほかならない。

日本型福祉国家とは、新自由主義者が唱える「小さな政府」、「グローバリゼーション」、「市場原理」、「規制緩和」、「構造改革」論には立っていない。あるいは政府が唱導する北欧型の「高福祉・高負担」の大きな政府論にも立たない。現代の日本において、北欧型モデルは大増税の口実にしか使われないからだである。むろん大きな政府だけを目的とするものではなく、むしろ「中央と地方」、「官と民」の役割と機能が合理的に分かたれた国家像を対置できよう。

経済・財政政策では、外需に対して「内需」を、産業投資に対して「国民消費」を、生産者に対して「生活者」を対抗軸とした政策転換に止まらない。なぜなら、国民本位の政策は医療、介護、保健、労働、福祉、年金、教育、文化、税制、財政のすべての領域、いいかえれば国家構造の変革と同義だからである。日本型福祉国家についてはで後ふれたい。

2章　バブルの時代
一九八七〜一九九〇

円高不況からバブル景気へ

プラザ合意による為替相場への協調介入は、為替相場を円高・ドル安の創出に成功したが、調整された為替相場は安定せず、円の高騰は続いた。プラザ合意直前に一ドル＝二四三円だった円・ドル交換レートは、合意直後の一九八五年（昭和六〇）秋には一ドル＝二〇〇円を突破し、八七年の竹下内閣成立直後の一二月四日には一二一円八五銭、さらに八八年には一ドル＝一二〇円四五銭にまで急騰し、G7によるドル買いの協調介入が実施された。

国内では円高不況への不安や危機感から、悲観的な円高デフレ論や産業空洞化論が台頭した。政府は一九八五年（昭和六〇）一〇月の経済対策閣僚会議において、総合経済対策として過去最大となる三兆一二〇〇億円の内需拡大策を決定した。その一か月後の一一月二六日には円は一ドル＝一九九円八〇銭を記録、ついに二〇〇円を突破した。

政府は『前川レポート』発表の翌日である一九八六年（昭和六一）四月八日に追加的な総合経済対策を実施したが、同年九月にはさらに公共投資三兆円の追加対策を余儀なくされた。

政府・日銀は円高不況対策として、低金利政策を矢継ぎ早に実施した。プラザ合意直前に年五％だった公定歩合は、一九八六年（昭和六一）一月に〇・五％引き下げられ年四・五％となり、三月にはさらに〇・五％引き下げられて四％になった。その一か月後の四月にも〇・五％引き下げられ年三・五％となった。そして同年一一月に年三％となり、翌一九八七年（昭和六二）二月二三日に公定歩合は史上最低の年二・五％まで引き下げられた。

一九八六年（昭和六一）三月一七日に東京外為市場において一ドル＝一七四円八〇銭の最高値をつけたことを契機に、日銀はニューヨーク市場において円高抑制のために大量の円売り・ドル買いを実施し、通貨供給量を増加させた。ドル買い介入資金は、「外国為替資金証券」を政府が発行し､その発行額を日銀が引き受けることで、つまり日銀の通貨増発によって賄われた。バブルの膨張は一九八七年に始まったが、その大きな原因のひとつは政府・日銀によって何度も実施された低金利・金融緩和政策と通貨供給量増加策があったといえる。

バブルをつくり、バブルに踊ったもう一つの責任主体が日本の巨大企業、とりわけ株式上場企業だった。

巨大企業は一九七〇年代以降にコスト削減、減量経営を進め、借入金依存からの脱却、自己金融比重を高めてきた。一九八〇年代に入ってからは国内経済の発展、輸出の拡大、対外投資収益の増加によって企業収益が増大し、設備投資資金はキャッシュフロー（設備投資の減価償却と内部留保）で賄えるようになった。

にもかかわらず、巨大企業は特金（特定金銭信託）、ファントラ（ファンドトラスト／投資家が投資対象や投資方針などを選択できる金銭信託以外の金銭の信託＝金外信託）の運用緩和を機に、エクイティファイナンスでの資金調達を大々的に行ない、それによって得た設備投資額を上回る巨額な余剰資金が株式市場に流れることで株価上昇を促し、さらに低コストでエクイティファイナンスからの資金調達を可能にした。エクイティファイナンスとは、エクイティ資本といわれる企業に投下された長期的、あるいは永久的資本による新株発行を伴う資金調達をいう。

エクイティファイナンスには増資（株式の直接発行）、株式転換社債（社債として発行されるが、株式に転換することができる証券）、新株引受権付社債（ワラント債・新株引受権を表示する証券）の三種類がある。

株価の大幅な上昇が期待される経済状況下で低価格で発行し、株価の上昇時に株式市場において時価で転換・売却することで、買い手は大きな利益（キャピタルゲイン）を得て、売り手は極めて低いコストでの資金調達によって、双方が膨大な資金・収益の取得が可能となった。

これを現代の「錬金術」『昭和経済史下』三橋規宏・内田茂男著（日本経済新聞社）と形容した。

前掲書『昭和経済史下』によれば、一九八五〜一九八九年の五年間でエクイティファイナンスによる資金調達額は約六七兆円に上った。同時期における特金・ファントラの累計残高は一三七兆円強であった。一九八九年（平成元）度だけでも企業の設備投資額一六兆円に対し、キャッシュフローが約一四兆円あり、投資額にわずかに足りないものの、特金・ファントラが四三兆円発行され、エクイティファイナンスからは二六兆円が資金調達されている。つまり、キャッシュフローも含めた資金調達額が八三兆円に対し、設備投資に費やされたのは一六兆円に過ぎず、残りの六七兆円は余剰資金として土地投機や株式投機に流用されたことになる。

エクイティファイナンスで思い起こされるのは、二〇〇八（平成二〇）年九月の米証券大手リーマン・ブラザース破綻に始まる一〇〇年に一度の世界金融危機、いわゆるサブプライム恐慌だ。サブプライムとはプライム（優良）に対するサブ（準ずる）、つまり低価値の金融商品の総称であるが、アメリカの不動産バブルを引き起こしたサブプライム証券は「ホーム・エクイティ・ローン」という住宅ローンだった。

低所得者層への住宅購入を促進させるため、将来の住宅価格の上昇を見込んだ低金利（当初のみ）と、ローン残高を差し引いた資産価値上昇分を再担保して借入を増額できる仕組みであった。これを住宅錬金術といった。

債務・借金に依存する過剰消費はアメリカの住宅バブルの発生原因となった。そして、リスクの高いサブプライム証券を再保証させる証券（債務破綻補償証券）によってリスク回避を計り、ローリスク・ハイリターンの金融商品として世界中で販売された。これが証券バブルの発生原因である。サブプライム恐慌とは、ホーム・エクイティローンによる住宅バブルと、金融証券バブルが二重に崩壊した経済破綻だった。

バブルとは『経済辞典』（有斐閣）によれば「資産価格が、投資家の期待によってファンダメンタルズの価値から乖離することをいう。投資家の多くが資産価格の値上がりを予想するならば、その投機による買いによって資産価格は実際に上昇する。投資家の上昇期待が招く資産価格の上昇はファンダメンタルズと無関係に起こりうるため、実体のない価格上昇としてバブル（泡）と称される」と定義される。

ファンダメンタルズとは、経済の基礎・基本的要因をいう。従って、バブル経済とは「株式、土地などの資産価格が経済の実体（ファンダメンタルズ）からは説明できない大きさで大幅、且つ長期にわたって上昇し、それが経済活動や資産取引を活発化させる状況をさす」『経済辞典』のである。いいかえれば、カネ余り現象が膨れ上がり、土地・建物の不動産、株式などの有価証券、貴金属や宝飾品などに余剰資金が投機されることで、実物・金融資産の投機的インフレに国中がフィーバーしたのである。

資産価格暴騰の中核はやはり土地である。また、いくら投機的資金が潤沢であっても、投機対象がなければ投資はされない。中曽根内閣は田中角栄元首相の日本列島改造論を上回る投資対象を用意した。

裏切られた内需拡大（1）民活法

プラザ合意後の一九八〇年代後半には多くの内需拡大政策が立案され、あるいは促進政策が強化された。外国（欧米や発展途上国）から、国際収支不均衡の是正のための内需拡大、市場開放、産業構造改革、規制改革・商慣習をはじめとする法制度改革が日本に求められたからだ。さらに『前川・新前川レポート』を契機に国民生活向上を目的とする内需拡大政策の重要性が国民世論として高まっていた。

政府は財政再建を進めつつ、財政負担を抑制し並行して内需拡大を図るため、大企業を中心に高まりつつあった「民間活力活用」に政策の方向性を求めた。民間企業のもつノウハウ、あるいはプロジェクトを官が政策的にバックアップする官民共同とすることで、大企業・金融機関は余剰資金の新たな投資先として、自らが手がける民間プロジェクトへの政府の財政・税制支援が期待できた。

一九八三年（昭和五八）には、建設・不動産業を中心に大企業一四七社が「社団法人　日本プロジェクト産業協議会」（会長・斎藤英四郎経団連会長）を結成し、「公共的事業分野への民間活力導入方策に関する提言」を行なった。

一九八五年（昭和六〇）に入ると、建設省、通産省、運輸省、郵政省の各省から民活プロジェクト推進を図る特別措置法案がそれぞれに準備された。地方自治体も一府二二県の知事が「新産業インフラ整備推進協議会」（会長・山本壮一郎宮城県知事）を結成し、同年一一月には「民間活力による新産業基盤の整備に関する法律」の制定を求める決議を採択した。

政府は各省毎に作成された民活特別措置法案を一本化し、一九八六年（昭和六一）五月に「民間事業者の能力の活用による特定施設の整備の促進に関する臨時措置法」（民活法）が成立した。

民活法の目的は、第一条「経済社会の基盤の充実に資する特定施設の整備を民間事業者の能力を活用して促進するための措置を講ずることにより、国民経済及び地域社会の健全な発展を図り、あわせて国際経済交流等の促進に寄与する」ことであった。

特定施設とは第二条で定義された一七種類の施設を指し、民間事業者が作成する施設整備の事業計画が、主務大臣の認定を受けたものであった。対象施設として、研究開発・企業化基盤施設（リサーチ・コア）、電気通信研究開発促進施設（テレコム・リサーチパーク）、情報化基盤施設（ニューメディア・センター）、電気通信高度化基盤施設、国際経済交流等促進施設（国際見本市・国際会議場）、港湾利用高度化施設（旅客ターミナル）、大規模都市鉄道新線多目的旅客ターミナル、特定大規模スタジアムなどがあげられた。

施設整備に対しては、民活補助金、政策投資銀行などからの出資・融資、ＮＴＴ無利子融資、税制減免措置、債務保証など各種の支援措置が講じられた。いずれも政策的意義が高く公共事業的な性格をもち、且つ初期投資に巨額な資金を必要とし、投資回収に長期間を要する、大企業にとってさえもリスクが高い事業に対し、公的支援を手厚くすることで事業促進への誘導策としたのだ。

これを民活法の第一の特徴とすれば、第二の特徴は第七条・八条にある。

民活法第七条は、「都道府県知事は、基本方針に基づき、土地区画整理法による土地区画整理事業、都市再開発法による市街地再開発事業そのほか、市街地の計画的な開発整備を図るための建築物若しくはその敷地の整備又は宅地の造成及びこれらと併せて整備されるべき公共施設（道路、公園そのほかの公共の用に供する施設をいう）の整備に関する事業が行われる相当規模の土地の区域のうち、特定施設の整備により、経済社会の発展に即応した都市活動を確保するための拠点として、特にその開発整備を図ることが適当と認められる地区を特定都市開発地区として指定し、当該特定都市開発地区の開発整備の方針を定めることができる」とした。

八条は特定港湾開発地区の指定と開発整備方針について第七条と同様の規定がされた。この主旨は地方公共団体の本来の業務事業である、土地区画整理事業や市街地再開発事業などの公共事業に対し民活法の網を二重にかけることで、地域開発が公共事業から公共・民間事業への転換を法律上で保証したことである。

第三の特徴として、第七条で地域の開発整備事業への民間参入が保証されたことで、実施主体も官民共同の企業体が想定された。これが第三セクターである。

第三セクターは民活方式ともいわれ、公的信用と民間創造力との相乗効果を最大限に発揮するものと考えられ喧伝された。しかし、期待された相乗効果は発揮されず、むしろ官民が癒着する不効率と無責任体制を生み出し、乱開発を招く誘因ともなり、極端な場合には汚職の温床ともなった。

以上は民活法が主に想定した地方公共団体による地域開発の主旨であるが、この時期には中央政府が主導した巨大な民活プロジェクトが数多く策定され、そのすべてに第三セクター方式が活用された。東京駅周辺開発、東京湾臨海部開発、汐留国鉄貨物駅跡地開発、東京湾岸道路、横浜港・みなとみらい21、明石海峡大橋、伊勢湾岸道路、幕張新都心整備、成田・明石台ニュータウン、新鶴見新都市拠点、東京港・竹芝地区再開発、六甲アイランド都市機能整備などである。

一九八六年（昭和六一）五月には「国有財産法の一部を改正する法律」を成立させた。その目的は土地信託制度を国有地に導入し、未利用地の有効活用を図るためである。信託制度では土地売買と異なるため、地価高騰を招かない利点があるとされた。さらに同法改正に伴って地方自治法も改正され、市街地再開発事業の予定区域にある国有地の信託によって、再開発事業の進展が見込まれた。

巨大民活プロジェクトの開発事例を東京湾臨海部開発で見てみよう。

民活プロジェクトの中でも首都圏のプロジェクトは、構想段階から主導権をめぐる激しい競争が関連する省庁間、地方自治体、民間企業の間で演じられた。

東京湾臨海部開発は、一九八〇年代の中頃に東京都港湾局を中心として作成された東京テレポート構想が最初である。東京湾の遊休埋立地を有効活用し、港湾、倉庫、ゴミ処理場といった低・未利用地から高度情報通信ネットワークの拠点への転換が構想されたが、まだ計画も小規模なものであった。

構想が発表された翌年の一九八六年（昭和六一）には、東京都の主要プロジェクトと位置づけられ、同年九月、鈴木俊一都知事を議長とする臨海部副都心開発計画会議が設置された。これによって当初のテレポート構想は、臨海部副都心構想へと大きく発展し、事業規模・対象区域ともに大規模化する契機となる。

東京湾臨海部開発への関心は産業界ばかりではなく、自民党や関連中央省庁においても高いものがあった。

自民党は一九八六年四月に、「民間活力導入プロジェクト推進についての緊急提言」を発表した。提言では、東京都心の深刻な用地不足と地価高騰を抑制するために、都心機能の業務核都市への分散配置とともに、東京臨海部、東京駅周辺、汐留ヤード地区の三地域を指定し大規模再開発の早急な具体化を迫った。

一一月には金丸信副総理の諮問機関である「民間活力活用懇談会」（座長・斎藤英四郎経団連会長）が「大都市圏中心部の臨海部等の再開発のための民間活力活用方策について」を発表した。その内容は、東京湾臨海部開発が抱える巨大な潜在的開発利益を指摘したうえで、国、地方自治体、関連企業による開発推進協議会を設置、その統一的な基本方針の下で官民の役割分担を明確にして相互の意思疎通を図ることが肝要とされた。

一九八六年（昭和六一）一二月に政府の関係七省庁（国土・建設・通産・運輸・郵政・自治・内閣府）は、東京臨海部、東京駅周辺、汐留ヤード地区の三プロジェクトに対する見解を共同提案し、ここに事実上の東京都・政府主導型開発が定まった。

一九八七年六月に東京都は、臨海部副都心開発基本構想を決定した。一九八五年（昭和六〇）に開発面積四〇haから始まった東京テレポート構想（就業・居住人口は想定されていない）は、三年後の一九八八年（昭和六三）には東京臨海部副都心基本計画としてさらに格上げされ、全体面積は四四八ha、想定就業人口一一万人、居住人口六万人、総事業費は四兆円を超える巨大事業と化していた。

一〇倍以上となった開発面積の有効活用には、土地信託制度が最大限に生かされた。一九八八年に基本計画に昇格して以降、臨海部開発を目的とする第三セクターがいくつも設立された。東京臨海副都心建設株式会社、東京臨海交通株式会社、東京臨海高速鉄道株式会社など多数に上るが、いずれの第三セクターも設立出資団体は同一の大企業・金融機関だけで構成されている。

裏切られた内需拡大（2）四全総

政府は「内需主導」「内需拡大」を、社会・産業インフラ整備のための「公共事業投資拡大」「建設投資拡大」

「社会資本整備」として次々と政策化していった。民活法に続いて政策化された法制度・計画が「リゾート法」、「四全総」である。「民活法」、「リゾート法」、「四全総《よんぜんそう》」は、中曽根政権（在任一九八二〜一九八七）の経済政策の三本柱だといえる。

アーバン・ルネッサンスと自ら命名した民間活力導入による大規模都市開発や地方開発、リゾート開発、およびその開発実施のための土地利用規制の緩和、撤廃措置、そして開発実施組織・主体の構成や開発手法までもが策定され、民間資金や民間事業者の能力を国家の経済政策の中核に据えたのである。佐藤誠・熊本大学教授はリゾート法・四全総を次のように規定してみせた。

「リゾート法と四全総はリゾート元年生まれの一卵性双生児であるが、その父は民活論の政府であり、その母は金余り企業であった」（『リゾート列島』岩波新書）

リゾート法（総合保養地域整備法）は一九八七年（昭和六二）五月二二日に成立、六月九日に公布施行された。リゾート法施行直後の六月三〇日に閣議決定されたのが四全総（第四次全国総合開発計画）である。成立時がほとんど同時であり、四全総がリゾート法の支援・補助を目的としたことが一卵性双生児といわれる所以である。最初に四全総の成立の経過とその基本理念、目標とされた計画概要を見てみたい。

四全総は、中曽根内閣時の一九八七年（昭和六二）に成立した西暦二〇〇〇年を目標年次とする第四次全国総合開発計画の呼称である。

第四次全国総合開発計画（四全総）の策定作業は、第三次全国総合開発計画（三全総）の反省を踏まえ、一九八三年（昭和五八）から国土審議会において始まった。三全総への反省とは、三全総の基本理念である定住圏構想の実現及び東京一極集中の抑制、地方振興と地域間格差の是正、過密過疎問題の解決に顕著な政策効果が見られなかったことである。従って、四全総では改めて残された課題の克服が重点とされた。しかし、プラザ合意から始まる円高不況は、東京がもつ高次の行政機能、経済産業・情報、社会インフラの集積への重要性を逆に再認識させた。

そこで四全総の策定方針は、地域の産業構造転換を促進し多様な産業施策の展開を図る、地方主要都市間を結ぶ全国的なネットワークの早期完成、定住圏構想のさらなる発展などを掲げ、円高不況脱出の色彩が濃いものとなった。そのうえに「さらに近年の東京を中心とした世界都市機能の集中や本格的な国際化の進展に適切に対処していく必要がある」（四全総第一節・計画策定の意義）として、東京の都市再開発を強く示唆した。この記述は四全総のもつ、東京一極集中排除の理念を曖昧にするものと、多くの自治体や地方自治団体から批判を浴びた。

四全総のキーコンセプトは「多極分散型国土の形成」

である。多極分散型国土とは、「安全でうるおいのある国土の上に、特色ある機能を有する多くの極が成立し、特定の地域への人口や経済機能、行政機能などの過度の集中がなく、地域間、国際間で相互に補完、触発しあいながら交流」する国土と定義された（第二節・基本目標）。そして、多極分散型国土は次のように構成されるとした。「生活の圏域（定住圏）を基礎的な単位とし、さらに、中心となる都市の規模、機能に応じて定住圏を超えて広がる広域的な圏域で構成され、それらは重層的に重なりあった構造をもち、それぞれの圏域が全国的に連携することによりネットワークを形成する」。ネットワークの実現によって東京圏、関西圏、名古屋圏だけでなく、「地方中枢・中核都市を中心とする広域的な圏域が全国的に連携する」（第二節・基本目標）ものとされた。

次節（第三節）では、上記基本目標を交流ネットワーク構想として、開発方式の方向性が示された。この方向性は以下の三点に要約される。

①地域主導による地域づくりを推進するため、定住圏整備を基礎として、産業構造の転換や産業の融業化も踏まえた地域整備事業を展開する。これによって、中枢的都市機能の集積拠点、先端技術産業の集積拠点、特色ある農林水産業の拠点、国際交流拠点等、多様な独自性のある地域形成。

②人流、物流、情報流のための、基幹的交通、情報・通信の整備。交通は高速交通体系の全国整備によって地方中枢・中核都市間、あるいは全国主要都市間で日帰り可能な一日交通圏の構築。情報・通信については、高度な情報・通信体系を全国展開し、長距離通信コストの低減により、全国での情報アクセスの自由度を高める。

③交流の活性化による地域づくりにはソフト面の施策が重要となる。文化、スポーツ、産業、経済など各般にわたる多様な交流の機会を国、地方、民間諸団体の連携により形成する。このため都市と農山漁村との交流、特色ある産業集積、技術集積相互間のネットワークなど、各地域の特性を生かした多様な交流を推進する。

第二章では「多極分散型国土の姿とその実現」と題して、交流ネットワーク構想の実現に向けた戦略的、重点的な整備施策が以下のように提示された。

（ア）地方中枢・中核都市を中心とする、新素材、バイオテクノロジー等の研究開発拠点の整備、拠点整備に伴う業務用ゾーン等の整備によるソフトウェア・情報サービス産業の誘致、育成の促進

（イ）研究開発機能や国際交流機能、業務機能を地方中枢・中核都市等に育成、誘致のため中心市街地の再開発、高規格幹線道路の建設

（ウ）圃場の大区画化、一・五次産業の育成、海洋・沿岸域・森林・農村等の特性を生かした長期滞在型大規模

リゾートの整備、余暇を活かしたマルチハビテーション（複数地域居住）の促進

以上、四全総の成立の経過、理念と目標、及び開発概要を述べた。だが四全総は一読して不可解で、奇妙な違和感を受ける。その理由は、定住圏構想への言及がないことだ。四全総は三全総の反省のうえに策定されたはずである。ならば四全総の理念と目標は、三全総の理念である定住圏構想の再構築を如何に図るかであり、再構築のための開発手法や施策が具体的に、且つ優先的に提示されなければならないはずだ。だが、四全総にはその記述が見あたらない。

三全総における定住圏構想とは「歴史的、伝統的文化に根ざし、自然環境、生活環境、生産環境の調和のとれた人間居住の総合的環境の形成を図り」、同時に「大都市への人口と産業の集中を抑制し、地域振興と過疎対策に対処しながら新しい生活圏を確立すること」（『三全総』第三章）とされた。

定住圏の圏域は、生活圏の基本的単位でおよそ五〇〜一〇〇程度の世帯で形成される居住区、居住区が複数となり、小学校区を単位とする広がりをもつコミュニティ形成される定住区、この定住区が複合して定住圏となる。居住区は全国で三〇万〜五〇万、定住区では二万〜三万から構成される。そして全国は二〇〇〜三〇〇の定住圏で構成されるとする。

だが、定住圏に代わって四全総でより多く登場するのが地方中枢・中核都市なる地域圏だ。文脈からすると県庁所在都市及び人口二〇万〜三〇万人程度の圏域が想定され、地域中核都市・中核市制度とも同様な地域概念だと思われるが、四全総では正確な定義づけはされていない。定義づけがないにも関わらず、主要な開発対象圏域とされるのが地方中枢・中核都市である。むしろ定住圏の実現は、地方中枢・中核都市の整備を待って到達される二次的な対象地域に後退している。このことは第二節・基本目標や第三節交流ネットワーク構想①②、及び第二章戦略的・重点的な整備施策（ア）（イ）の記述からも明白である。

『中央公論』二〇一四年七月号特集〝すべての町は救えない〟という論文「全国の中枢拠点都市に集中投資せよ」（辻琢也・一橋大学教授）は、二〇一四年（平成二六）度から安倍内閣がスタートさせた「地方中枢拠点都市圏構想」に全面的な賛意を示したうえで、政府の意図する地方都市像及び、選択と集中を明解に論じている。

地方中枢拠点都市とは、三大都市圏を除いた政令指定都市と、中核市（人口二〇万人以上）のうち、昼夜間人口比率一以上で圏域を支える六一都市を対象に、近隣市町村と連携協約を結んだ都市を指定したものを指す。四全総の都市概念とほぼ同一であり、三〇年を経て再び

蘇ってきたのだ。いずれにしても「選択と集中」論の理解には欠かせない論文といえる。

さらにいえば、定住圏とは地域概念だけで成立するものではない。自然環境、生活環境、生産環境の調和のとれた人間居住の総合的環境の概念でもある。

三全総は、高度経済成長や産業優先の経済政策がもたらした社会への負の遺産ともいえる。国民の狭い居住空間、通勤困難、地価の高騰、土地利用の混乱、農林水産業の衰退とそれに伴う農産漁村の衰退、大都市への人口抑制と過密過疎問題、火災・震災・自然災害などの問題の是正、解消をも視野に入れた総合計画であり、その性格を三全総では、「国民福祉の向上という究極の目標に向かう」（三全総第一章二節　計画の性格）施策の一つであると位置づけていた。

一九八八年（昭和六三）六月、政府は四全総の目的である多極分散型国土の実現に向け、「多極分散型国土形成促進法」（以下形成促進法）を公布施行した。

同法は独特な位置づけをもった法律である。四全総も含め、国土総合開発法に基づくこれまでの全国総合開発計画は、我が国の国土開発の方向性や全体像を示す総合計画であって、独自の実施計画をもたなかった。四全総だけがフォローアップを伴う実施計画が策定されたのだ。

その目的は、日米経済交渉の中で明らかになった公共投資額四三〇兆円の対日要求を、民活型内需拡大策として第四次全国総合開発計画の下で迅速、且つ確実に実行することにあった。

形成促進法では、大都市地域の秩序ある整備を推進するため、国の行政機関などの東京都区部からの移転、業務核都市の整備を掲げた。業務核都市とは、「東京圏における東京都区部以外の地域においてその周辺の相当程度広範囲の地域の中核となるべき都市の区域」を指す。この区域に事務所、営業所などの業務施設を集積させ、大都市機能の分散を図ろうとしたのである。

形成促進法における地域振興策の特徴は、国と地方が一体として地域社会の中心となる地方都市の育成を図るため振興拠点を地域指定し、産業の高度化、経済社会の情報化などの都市機能の増進を企図したことにある。そして、都道府県が全体構想である「振興拠点地域基本構想」を作成し、相当程度広範囲の地域振興が可能な拠点区域を「振興拠点地域」として指定し、同地域の中でも施設整備が特に必要とされる区域を「重点整備地区」として優先的な開発指定区域としたのだ。

この施策の意図は民活法の拡充と、民活プロジェクト手法の活用にあった。一九八六年（昭和六一）に成立した民活法は、電気通信・情報などの高度化施設や、研究・開発施設、国際見本市といった大規模・高度化施設の整備を主な対象としており、大都市においては相応な需要もあって採算性も高く、民活法は有効な開発手法となったが、地方の広域圏の開発手法としては不向きな面もあった。

一九八七年（昭和六二）に入っても民活法による地方プロジェクトは低迷を続け、具体化に至らないケースが続出した。自治体や経済団体、そして産業界、金融業界からは民活法改正や新法制定の要求が高まった。形成促進法はかような声に応え、地方自治体が企画立案・開発構想から実施計画まで策定し、さらには用地取得から地権者の権利関係の調整、官民の役割分担に至るまで主導できる法律として成立した。

国は地方自治体の全体構想に同意し支援するため、関係行政機関の長との協議会を設け、地方債・交付税の優遇措置、日本開発銀行の出資・融資やＮＴＴ売却益の無利子融資、道路などの関連公共事業整備など広範な支援・開発促進措置を協議するとされた。

四全総と形成促進法において共通して伺えるのは、経済発展・開発至上主義であり、これを支える国の「選択と集中」の思想である。国家の「選択と集中」の思想は重大な懸念を生じさせてきた。それは国家が地域を選別することで生ずる地域間の生活、文化、伝統、精神的な一体感を断絶し、喪失させるばかりに止まらない。選択された地域への集中的な資本の投下は、地域間に社会インフラ蓄積の格差を生み、選択されない地域住民の一層の負担増や生活圏を維持する困難性は、これまでにも「限界集落」問題として語られてきた。これは現在に通ずる古くて新しい問題といえる。

増田寛也氏（岩手県知事、総務大臣を歴任）が主宰する日本創生会議が『中央公論』二〇一三年一二月号、一四年六月号、七月号に掲載された。一連の論文（後に一冊にまとめられた。増田寛也編著『地方消滅』中央公論社）は、人口減少社会に向かう日本の「選択と集中」を現代が捉えるべき新しい課題として国民に突きつけている。

四全総成立の経過と結果への批判的分析と考察は、現代の課題を考えるうえで欠くことができない日本の経済的・歴史的な足跡としてである。とりわけ、投資規模一〇〇〇兆円といわれた四全総の巨大プロジェクトが国土と環境の破壊をもたらし、巨額の財政赤字を累積させた歴史的時事実は消すことができない。

裏切られた内需拡大（3）リゾート法

四全総と同時期に、四全総と同じ目的をもって策定されたのがリゾート法（総合保養地整備法・昭和六二年六月九日法律第七十一号）である。英語ｒｅｓｏｒｔとは、「しばしば行く、出入りする、より集まる」の意味だが、日本では遊覧地、行楽地、避暑地、保養地、観光地などと訳される滞在型の施設や場所の総称として多く使用されている。

リゾート法はリゾートを日本全国につくり、「国民福祉の向上並びに国土及び国民経済の均衡ある発展に寄与することを目的」（第一条）として策定された。

四全総と同目的とされる理由とは、リゾート法がその成立過程、大企業・金融機関本位、民活及び第三セクターの活用手法と政府支援、地域開発と地方自治体への勧誘策などにおいて共通するからである。リゾート法成立五か月後の一九八七年（昭和六二）一一月に中曽根首相は退陣し、同法は中曽根民活路線最後の法律となった。

とはいえ、リゾート法は希代の悪法として名を残すことになった。一九八七年（昭和六二）一〇月、総合保養地域整備に関するガイドラインである「総合保養地域整備法第一条に規定する整備に関する基本方針」（以下「基本方針」）が定められた。そこで、民活法や四全総との共通点を記述する中で、リゾート法及び基本方針が国民生活や国土に及ぼした影響を探っていきたい。

（一）リゾート法に群がる政治家・官僚

リゾート法及び基本方針の性格を述べるに先立ち、リゾート法成立における中央省庁の主導権争いと、関連する地方自治体及び財界・産業界からの支援を受けた団体、政治家からの関与について触れておきたい。

内需拡大を掲げる政府方針を受け、余剰資金を抱えた大企業や金融機関の新たな投資先として、中央省庁はリゾート構想を華々しく展開させた。

一九八六年（昭和六一）八月に建設省は「複合リゾートカントリー整備促進法案」を公表。続いて九月には運輸省が「観光地関連施設整備促進法案」、農林水産省は「農産漁村リゾート地域整備法」をまとめた。さらに通産省「余暇開発基盤施設整備事業構想」、自治省「大規模広域リゾートゾーン整備法」、国土庁「広域リゾート地域整備法案」、環境庁「国立、国定公園利用促進事業法案」など、構想や法案を準備した省庁は七省庁にのぼった。従って、最終的に一本化された「総合保養地整備法」（リゾート法）には、七省庁の構想や法案の中身はすべて網羅された。各省庁が構想を競い合う中で構想自体を膨張させ、それに伴って省庁の所管範囲・権限も広げていく構図は民活法、四全総と同様である。

所管範囲と権限を拡大したのが官僚ならば、官僚と二人三脚を演じたのが地方自治体と国会議員だった。

自由社会フォーラム（代表幹事・浜田卓二郎国会議員）は「グリーンサンシャイン構想」を一九八五年（昭和六〇）七月に発表し、リゾートによる国土開発に先鞭をつけた。一九八六年（昭和六一）一〇月には、一五五名の国会議員によって「大規模リゾート建設促進議員連盟」（会長・小渕恵三／事務局長・浜田卓二郎）が設立された。一一月には四七都道府県のすべてが参加した「大規模リゾート地域整備協議会」が設立され、「リゾート法」

の成立支援と、法案成立後における地方自治体の推進体制が準備された。

政府内では金丸信副総理の私的諮問機関「民間活力活用推進懇談会」（座長・斎藤英四郎経団連会長）が、一九八六年（昭和六一）一二月に「地方における民間活力の推進方策」としてリゾート開発推進を提言した。いずれもリゾート法成立に大きな伏線として働いた。

だが、リゾート法成立の最大の功労者は、一卵性双生児といわれる第四次全国総合開発計画（四全総）である。四全総（成立時はこちらがわずかに遅い）は、第二章第一節「一極集中の是正と各圏域の役割」において、「山岳地域や海洋・沿岸域などにおける大規模なリゾート地域の整備」が国土開発の重要な施策であることを指摘。その重点的整備方法として、「都市住民の自然とのふれあいのニーズを充足するとともに、交流を生かした農山漁村の活性化を図るため、海洋・沿岸域・森林・農村などでその特性を生かした多目的、長期滞在型の大規模なリゾート地域などの整備を行う」ことが明記された。この記述によってリゾート法は四全総の実施計画の役割を担ったものといえよう。

（二）リゾート法への財政支援

政官財が三位一体としてリゾート開発を推進する理由は、リゾート開発が金のなる木だからにほかならない。リゾート法とは、金のなる木が条文の中に埋められている法律だといってよい。その中で代表的な直接的支援措置が財政的支援である。リゾート法に基づく財政支援措置には、①課税の特例　②地方税の不均一課税に伴う措置　③政策金融措置　④地方債の特例措置の四種類がある。

①の課税の特例は、国税である法人税、所得税について一定の特定民間施設（第二条一号～四号、スポーツ・レクリエーション施設、教養文化施設、休養施設、集会施設であって、民間事業者が設置及び運営を行なうもの）への特別償却が認められ、地方税では特別土地保有税の非課税、事業所税では資産割の軽減措置がとられた。

②の地方税の不均一課税に伴う措置とは、地方自治体が一定の特定民間施設に対して不動産取得税及び固定資産税の不均一課税を行なった場合、その減収額を地方交付税で補てんする措置をいう。

③は、特定民間施設に対して政府系金融機関（日本開発銀行、国民金融公庫、中小企業金融金庫）からの低利融資、ＮＴＴ無利子融資が受けられる。

④の地方債の特例措置とは、地方自治体が民間事業者に対して出資などの助成をした場合に、それに要する経費を地方債の対象経費とすることである。以上、財政支援措置をかんたんに要約したが、その内容は先述した民活法や四全総と同様なものとなっている。

(三) リゾート法の優先的効力

リゾート法の最大の特徴は、ほかの法律に優先する効力にある。優先的な法的効力は大企業による国土の開発を優先させ、あるいは開発企業への財政・金融的支援に向けられた。その結果は大規模な土地買い占めによって地価高騰を招き、乱開発による自然破壊や環境破壊が進行し、国民負担の増大など国民生活に及ぼした影響は見過ごすことができない。条文内容を検討する中でこのことを明らかにしていきたい。

リゾート法は(目的)および(地域)を、第一条と第三条で次のように規定している。

第一条 (目的) この法律は、良好な自然条件を有する土地を含む相当規模の地域である等の要件を備えた地域について、国民が余暇等を利用して滞在しつつ行うスポーツ、レクリエーション、教養文化活動、休養、集会等の多様な活動に資するための総合的な機能の整備を民間事業者の能力の活用に重点を置きつつ促進する措置を講ずることにより、ゆとりのある国民生活の利便の増進並びに当該地域及びその周辺の地域の振興を図り、もって国民の福祉の向上並びに国土及び国民経済の均衡ある発展に寄与することを目的とする。

第三条 (地域) この法律による第一条に規定する整備を促進するための措置は、次の各号に掲げる要件に該当する地域について講じられるものとする。

一 良好な自然条件を有する土地を含み、且つ特定施設の総合的な整備を行うことができる相当規模の地域であること。

二 自然的経済的社会的条件からみて一体として第一条に規定する整備を図ることが相当と認められる地域であること。

三 特定施設の用に供する土地の確保が容易であること。

四 (略)

五 特定民間施設の整備の状況及び見込み並びに国民の利用上必要な立地条件からみて相当程度の特定民間施設の整備が確実と見込まれる地域であること。

以上から、第一条「良好な自然条件を有する相当規模の土地」の定義として、第三条一号、三条二号、三条三号によって、リゾート法による地域要件が規定された。

この要件を満たす圏域を基本方針では「原則としておおむね一五万ヘクタール」、これを正方形とするならば四〇キロ四方の広大な面積を指定している。この「良好な自然条件」を有する一五万ヘクタールの中に複数の重点整備地区が設けられ、重点整備地区は相互に通常の交通機関(自動車)ならば一時間程度で結ばれるとした。

重点整備地区とは、特定地域(リゾート法での指定が予定されている地域）のうち、特定施設の整備を特に促進すべき地区をいう。特定施設とは、総合保養地域内に建設されるスポーツ・レクリエーション施設、教養文化施設、集会施設、宿泊施設、交通施設などの各種施設である。

リゾート法制定後、都道府県が策定した基本構想によるリゾート指定地域（特定地域）は、一九八九年（平成元）末までに一七地域が指定され、最終的には四二地域が指定を受けた。国土交通省「総合保養地域の整備――リゾート法の今日的考察」によれば、四二地域の総面積は六五九万ヘクタール、日本の国土面積の一七％におよんだ。

四二地域の面積別による内訳では、特定面積一五万ヘクタール以下が一六構想、一五万～一八万ヘクタールでは二三構想、一八万ヘクタールを超えるものが三構想であった。三構想はとりわけて広大であり、北海道富良野・大雪リゾート地域整備構想では三三万四千ヘクタール、北海道ニセコ・羊蹄・洞爺周辺リゾート地域整備構想で三二万八千ヘクタール、沖縄トロピカルリゾート構想二二万六千ヘクタールであった。

国土の一七％をも占めた「良好な自然条件を有する」特定地域は、古来より白砂青松と讃えられた日本の景観地であり、今日ではその多くが「自然公園法」「森林法」によって、貴重ですぐれた自然を保護すべき国立公園や国定公園、都道府県立自然公園・森林公園の対象区域と重なっていた。

法案の審議過程で環境庁は大規模な開発による環境破壊への懸念を表明した。民間のリゾート計画による乱開発がすでに多く発生しており、ゴルフ場での農薬散布も社会問題化していたからである。主管官庁との協議によって法案に盛り込まれたのが第四条第四項である。

第四条（基本方針）　総務大臣、農林水産大臣、経済産業大臣及び国土交通大臣（以下「主務大臣」という。）は、前条各号に掲げる要件に該当する地域についての第一条に規定する整備に関する基本方針（以下「基本方針」という。）を定めなければならない。
2　基本方針においては、次の各号に掲げる事項につき、次条第一項の基本構想の指針となるべきものを定めるものとする。（一号～七号は省略）
3　主務大臣は、基本方針を作成するに当たっては、あらかじめ、第一条に規定する整備に関し、スポーツ及び文化の振興並びに社会教育に係る学習活動の推進を図る見地からの文部科学大臣の意見を聴かなければならない。
4　主務大臣は、基本方針を定めようとするときは、環境大臣その他関係行政機関の長に協議しなければならない。
5　主務大臣は、基本方針を定めたときは、遅滞なく、これを公表しなければならない。

だが、環境庁は主務官庁ではなく、第四項は開発の追認形式にほかならない。基本構想に抜本的な大幅修正を加えられる条文になってはない。環境庁の諮問機関である「自然環境保全審議会の「自然公園の利用のあり方検討小委員会」は一九八九年（平成元）五月に見解を発表した。

その中では、自然公園が四類型に分けられ、「自然地保養型」公園として分類された農業投資効果の低い地域は保護より開発を重視すべきとされた。そのうえ、自然公園での施設建設は二〇ヘクタールの上限規制が撤廃され、「統一的な計画の下に良好な環境整備が図られる」ならば巨大開発も許されるとした。

また、リゾート法関連の事務処理の迅速化も義務化された。建設、運輸、通産、自治、農林水産省などの巨大官庁に追随する環境庁に環境保護行政などないことが理解されよう。

さらには「良好な自然条件を有する」地域は、優良な農地でもあった。日本の農業の衰退が叫ばれて久しいが、その原因のひとつに農業・農家の育成や農地の涵養保護、環境保全を謳う農業各法は地域開発・振興を謳う各種の振興計画・産業法令に劣後したことにある。

例えばリゾート法では、第一条（目的）においてリゾート法による自然開発は自然保護に優先すると解釈されてきた。従って、「自然公園法」にも優先されるとされ、国立・国定公園などの開発が許可されてきた。リゾート法第一四条、一五条では開発優先の思想が法文で明確に示されている。同法の第一四条、一五条を見ていただきたい。

第一四条（農地法等による処分についての配慮）　国の行政機関の長又は都道府県知事は、重点整備地区内の土地を同意基本構想に定める特定民間施設の用に供するため、農地法その他の法律の規定による許可その他の処分を求められたときは、当該重点整備地区における当該施設の設置の促進が図られるよう適切な配慮をするものとする。

第一五条（国有林野の活用等）　国は、同意基本構想の実施を促進するため、国有林野の活用について適切な配慮をするものとする。

二　港湾管理者（港湾法第五六条第一項に規定する都道府県知事を含む。）は、重点整備地区に係る港湾において同意基本構想に定める特定施設の設置の促進が図れるよう当該港湾に係る水域の利用について適切な配慮をするものとする。

三条二号では、「自然的経済的社会的条件からみて一体として整備を図ることが相当と認められる地域」であることを保養地域の第二の要件として上げている。つまり、リゾート地域の開発・整備とその後の利・活用は一体的でなければならず、農地などによる地域の分断はあってはならないものとしている。これを達成するため一体的整備を阻害する要因のすべてにリゾート法は優先するとした。三条第三号は、「土地の確保が容易であること」を指定要件に加えることで、大規模な土地の買い占めを容易にさせ、第二号を補完するものとなっている。

第一四条及び一五条の目的は、第三条で規定した開発優先・規制緩和措置を、農地や国有林にまで拡大し適用させたことにある。一九八九年（平成元）三月には、農林水産省通達「農地転用許可基準の改正及び運用の改善」が出され、農業以外の転用が困難であった農地の転用基準が大幅に緩和された。例えば、農地法関係では地方農政局との協議を整えた施設用地について、宅地造成に係る農地転用が許可され、農振法関係では特定施設の立地に係る農用地区域の除外が認められた。

水源涵養林や防潮林などの保安林として指定され、手つかずの自然林として残されていた国有林は活性化の対象となった。林野庁はリゾート法第一五条を受けて、「森林の保健機能の増進に関する特別措置法」（以下特措法）を一九八九年（平成元）に成立させ、林地開発の許可制度及び保安林解除要件の緩和を実施した。

特措法の成立によって、保安林の解除なしに開発申請が可能となり、保安林伐採後の植え戻しも解除された。津波や洪水から国民の生命や安全、財産を守る防災よりも、企業の経済的利益が優先された。

一五条二号は公共マリーナ、コースタル・リゾート、マリンタウンプロジェクトなどの海洋性レクリエーション施設整備のために、水域の占有、工作物の設置についての許可基準の緩和を図ったものである。一四条及び一五条一号・二号の申請許可手続きは、都道府県知事の主管となっている。農地法、港湾法、自然公園法、森林法の緩和手続きを自治体に負わせたことで、開発事業者のメリットは限りなく大きなものになった。

（四）大企業に奉仕する法律

リゾート法が金のなる木である二つ目の理由は、同法が大企業本位・優先の法律だということである。第一条では同法の目的を遂行するために、開発主体は誰なのかを次のように定めた。「民間事業者の能力の活用に重点を置きつつ促進する措置を講ずる」と、まことに赤裸々で直截的な表現となっている。そもそも会社とは、営利の目的をもって業をなす者（商法第四条）であり、このような収益性の重視は「国民の福祉の向上」（同法第一条後段）という公益性と一見矛盾するようであるが、リゾート法のほかの条文からは公益性重視はまったく伺うことができない。やはり「公益性」と「収益性」とは両立できるはずもない。

前出の総務省レポート「総合保養地域の整備」によると、北海道ニセコ・羊蹄洞爺周辺リゾート地域整備構想を除いた（事業構想が遅れたため未集計）地域構想の総事業費は一一兆三千億円、一構想あたりの平均では二七六〇億円であった。

事業費見通しの中で最も低額だったのが熊本県・天草海洋リゾート基地建設構想の九一一億円、次いで埼玉県・秩父リゾート地域整備構想の九三八億円だった。逆に最も高かったのは千葉県・房総リゾート地域整備構想の九五〇〇億円、次いで和歌山県・〝燦〟黒潮リゾート構想の六〇七〇億円となっていた。小さな構想でも一〇〇〇億円に近く、平均でも二七六〇億円の事業費といえば、初期投資だけで数百億円にも達しよう。

一兆円近い大構想ともなれば天文学的な数字となる。関東あるいは関西圏の大資本でなければ出資できる金額ではないし、資本回収期間も長期に及ぶものとなる。開発構想に地方の中小建設企業や不動産コンサルティング会社が参入する余地はまったくないといってよい。

もちろん、地方自治体も同様である。都道府県にあっては構想協議への参加対象となっていても事実上は構想作成の主体ではなく、法文上では規制の解除・撤廃の義務を負ったにすぎない。そこで後述する第三条第五号とも関連するのでリゾート法実施の流れを概観しておきたい。リゾート法は以下の順で進むことになる。

1　法第四条に基づき関係六省庁は基本方針を作成し、公表する。基本方針は都道府県に通知される。基本方針の作成においては文部科学大臣の意見、環境大臣との協議が必要とされる。（法第四条第三項、四項）

2　特定施設について民間事業者（第三セクターを含む）によってフィージビリティ・スタディが実施される。これは民間業者が作成する整備計画の実現可能性を探る立地可能性調査である。

3　立地可能性調査は都道府県に送られ審査されるが、審査結果は自治体が作成した基礎調査資料となる。

4　基礎調査資料は、主務官庁（事務局　国土庁）で構成される承認機関である「総合保養地域整備推進連絡会議」（以下　推進連絡会議）において事前審査を受け、並行的に地方農政局などの関係地方局、港湾管理者等の事前協議が実施される。事前審査・協議によって検討された結果は都道府県に送られ、これを基礎として知事が作成義務者となる基本構想が作成される。

5　基本構想は法第五条第三項によって都道府県知事と関係市町村との協議を経て推進連絡会議に申請される。これを申請基本構想という。

6　推進連絡会議において申請基本構想は法第五条五項による関係行政機関との協議を経て承認申請構想として公表される。

以上が基本構想作成から承認までの流れである。少々わかりづらいが、要は民間会社が作成した整備計画を自らが調査して、推進連絡会議の審査や関係行政機関の協議を経ることで、名称が変わり公的な性格を付与されて基本構想へと転換されてゆく過程となっている。まさに法律の錬金術である。

リゾート法指定地域内には複数の市町村が存在するが、地元住民が抱える構想への不安、懸念、疑惑、あるいは開発に伴う事故、紛争、対応策、諸要求について地元住民との協議の下に解決する法的枠組みはつくられなかった。法第五条三項の協議は、民間事業者との直接協議ではなく都道府県知事との協議なのである。しかも推進連絡会議の事前審査によって、基本構想の大枠が決定した後の協議であり、関係市町村や地元住民の声がどこまで届くか疑問が残る。

大企業優先はこれだけではない。法第三条第五号に「立地条件からみて相当程度の特定民間施設の整備が確実と見込まれる地域であること」とある。「整備が確実と見込まれる」とは「構想の成熟度」を指すのだという。都道府県が作成した基本構想は、推進連絡会議で事前審査を受け、承認されなければならない。その承認の要件として「構想の成熟度」があり、民間開発事業者の開発段階での実現可能性、構想の整合性、採算性、事業者の明確な意思などが検討されるという。要するに構想は申請されれば承認され、承認された時点で即着工できるほどの迅速性を法律で要求している。条文に書き込んでまでの大企業への配慮には唖然とするばかりだが、いずれにしても承認の前後を問わず、時間とコストを要する地元住民との協議を、早期に資本回収を望む事業者も中央政府も受け入れるはずがなかったのである。

(五) リゾート法の終焉

政府は二〇〇四年（平成一六）二月に基本方針を変更し、各都道府県は政策評価を行なったうえで基本構想の抜本的な見直しを行なうよう要請した。これに応じて各都道府県は「リゾート構想」に関する政策評価を行ない、同構想の事実上の廃止が定まった。結局リゾート構想は一つのプロジェクトの完成を見ることなく、政府の主導で始まり、政府の主導によって終わった。

同構想が法第一条にみる、「ゆとりある国民生活の利便の増進」をもって「国民福祉の向上」に努めることにあるならば、プロジェクトをいくつかに絞り事業を継続することも、あるいは期間延長をはかりながら、計画の縮小を含めた現実的な事業計画への再編を進めるなど選択肢はあったはずである。

リゾート法成立の過程では、労働時間の短縮が強い国民世論として起こった。時短が実現できなければリゾートは絵に描いた餅に過ぎないからである。さらに、バブル経済における異常な長時間労働に由来する「過労死問題」の発生から、政府は一九八八年（昭和六三）に「年間一八〇〇労働時間の実現」を政策目標に掲げた。

一九八五年（昭和六〇）の日本の製造業生産労働者の年間総実労働時間は二一六八時間に達していた。フランスや西ドイツでは一六〇〇時間労働をすでに達成しており、アメリカやイギリスの一九〇〇時間台と比較しても長時間であった。

総務省の二〇〇六年（平成一八）の「労働力調査」によれば、一人あたり平均年間労働時間は二二〇〇時間となっているが、フルタイム労働者である一般・常雇では二二八八時間、さらに男性一般常雇となると二四八六時間、男性の正規雇用者に限れば年間二三五二時間となっている。現代において「長時間労働」「サービス残業」「過労死」問題はさらに深刻化しているが、政府は三〇年前の公約すら実現できないでいる。

リゾート法が想定した「国民の福祉の向上」の目的・意義と、その法的な運用の実際とのかい離は、日本人にとって「法とはなにか」を考える時期に至らせている。

3章　バブルの膨張と崩壊

円高不況からバブルの発生へ

プラザ合意後に一七か月続いた円高不況は、一九八六年（昭和六一）後半になってようやく終息し、以降には日本経済は自律的な回復と上昇に転じて内需主導型の大型景気を迎えた。これが平成景気である。平成景気が上昇期に入ったのは昭和であったが、終焉期が平成であったため平成景気と呼ばれる。

景気の山は一九八六年（昭和六一）一一月に始まり、ここからユーフォリア（陶酔的熱病）と呼ばれるバブル急上昇期となる。日本経済はこの後に一九九一年（平成三）四月まで五三か月に及ぶ景気拡大を持続した。この平成景気は株価や地価といった資産価値の異常な高騰（バブル）を伴っていたため、別名をバブル景気とも呼ばれた。だが、膾炙されているのはバブル景気であるので、ここではバブル景気で統一していく。

バブルとは、株式や土地などの資産価格が、経済の実体よりも異常に高く評価され、大幅且つ長期的にわたって上昇する経済現象であり、バブルの崩壊とは、その異常に上昇した資産価格が急落する現象である。資産価格が急落すれば、銀行は資本を増強するために貸出を減らさざるを得なく、ここに貸し渋りや貸しはがしが発生する。また企業や消費者は、投資や消費を抑制せざるを得ない。バブル期に土地や株式の値上がり益や含み益に酔った「花見酒経済」が、バブル崩壊によって急速にしぼんで「逆資産効果」を生む。つまり「需要不足＝供給過剰」の状態となる。

金融市場におけるバブルの崩壊（資産デフレ）は、タイムラグをおきながら、実体経済に波及することでデフレ不況を引き起こす原因となった。供給に対して有効需要が不足するため物価は低下し生産物も売れずに、生産と雇用の低下を生むため賃金水準も低下した。デフレはスパイラルを描きながら必ずデフレ不況を招来させる。デフレスパイラルである。

現在のデフレ不況は、一九九一年（平成三）に始まるデフレ不況にその源を発した。そして一九九〇年代の「失われた一〇年」を経過した後、二〇〇〇年代に入っても「失われた二〇年」ともいわれる長期デフレ不況が続き、現在に至ってもその解決の糸口すらつかめていない。

我が国の異常な経済状況をアベノミクスと称される安倍晋三政権の経済政策が克服するのか否かの判断は、過去の歴史からの教訓をいかにくみ上げるかを常に問いかけながら、一九八〇年代以降における政府・日銀の経済・財政・金融政策を歴史的に俯瞰し、比較考量することで可能になると考えている。

円高不況の克服は公定歩合が五回にわたり引き下げら

れていたために、低金利に刺激された住宅建設投資から回復がいち早く始まった。一九八七年（昭和六二）の異常な景気過熱の特徴が住宅、建設業に見出せる。

一九八〇年代前半に一二〇万戸を上下していた新設住宅着工件数は、低金利を受けた住宅ローンによって一九八六年（昭和六一）度の一四〇万戸から、一九八七年度には一七三万万戸と前年比二三・五％増という一四年ぶりの高い水準（一九七三年度の一九〇万戸がピーク）を示した。建設業就業者数は一九八七年（昭和六二）に五三三万人だったものが、一九九〇年（平成二）には五八八万人、そして一九九五年（平成七）には六六三万人に達した。

政府は、内需拡大と円高不況対策を基本とする総合経済対策の柱に住宅建設の促進を掲げ、第5期住宅建設5か年計画（一九八六～一九九〇年度）では、建設目標戸数六七〇万戸が予定された。建設省が一九八五年にまとめた「21世紀に向けての住宅・社会資本整備構想」、続いて一九八六年に発表された「国土建設の長期構想」では、二〇〇〇年までに達成すべき住宅・社会資本への総投資額は官民合わせて九三四兆円と試算された。

産業構造の積極的転換と内需拡大を柱とする前川レポートが発表された翌日の一九八六年（昭和六一）四月八日に、政府は内需拡大を目的とした総合経済対策を決定し、続いて九月一九日に公共投資三兆円の追加的経済対策を決定した。一九八七年（昭和六二）五月一四日には経済審議会の最終報告書『新前川レポート』が提出されたが、同年五月二九日には総額六兆円を上回る緊急経済対策が組まれ、公共投資は一九八六～一九八七年の二年間だけでも一六兆円に達し景気を押し上げていった。

（二）バブル期における地価・株価の上昇率、およびキャピタルゲインの変化

プラザ合意直後の一九八五年（昭和六〇）九月二四日に一万二七五五円だった日経平均株価は、一年半後の一九八七年（昭和六二年）一月三〇日に二万五千円台に突入した。一九八九年（平成元年）一二月二九日には史上最高値の三万八九一五円を記録した。

株価は一九八五年（昭和六〇）から一九八九年（平成元）までの五年間で約三倍の伸びとなった。一九八九年（平成元年）の東証一部上場株式の時価総額は、五月二日に初めて五〇〇兆円を突破した。

さらに地価・株価の上昇に伴い、多額のキャピタルゲインが発生した。キャピタルゲインとは資本利得と訳され、一般的には資産の価格変動に伴う利益を指すが、土地・株式・公社債などの価格変動に基づく譲渡益を指すこともある。従って、厳密な意味でのキャピタルゲインの統計は存在しないし、課税対策として過少申告されるために推定された数値は実際上の数値を下回る。だが、

キャピタルゲインの中核を占めたのは土地と株式にほかならない。ここでは一般に市販されている経済書の数値を参照したい。

一九八六年（昭和六一）にはキャピタルゲインは年間三〇〇兆円を超え、名目ＧＤＰを上回った。八九年（平成元）に入ってからは五〇〇兆円を超え、ＧＤＰの一・二七倍となった。『検証バブル・犯意なき過ち』（日本経済新聞社）では、八六年（昭和六一）から八九年（平成元年）までの四年間にキャピタルゲインの総額は一四五二兆円に達したと記述されている。とりわけ、土地保有量が高く、遊休保有地を大量にもつ大企業や不動産業の上昇が顕著だった。

地価や株価が高騰した理由は、八〇年代に入ってから経常収支が黒字となり、その累積によって日本経済が資金余剰時代に転換したことである。

経常収支は八一年（昭和五六）から黒字基調となり、八一年～八五年（昭和六〇）の黒字累積は一一六四億ドルに達した。経常収支が黒字ということは、国内の貯蓄・投資構造が貯蓄超過型になっていることを意味するから、資金需要は緩和されており、金利水準が低下する。株式市場や不動産市場に資金が流れやすい環境が整っていった。

八五年（昭和六〇）に日本はイギリスを抜いて世界最大の債権国となった。八五年（昭和六〇）末の日本の対外資産は四三七七億ドル、対外負債を除いた対外純資産は一二九八億ドルに上った。逆にアメリカの八五年度の財政赤字は二一一九億ドルに達し、七一年ぶりに債務国に転落している。

だが経常収支の黒字は、円に換金され日本国内で流通することなくアメリカ国債が購入され、ドル建て外貨準備が積み上がることでアメリカに還流され、アメリカ国内のドル資産として運用されている。

アメリカは財政赤字・貿易赤字という双子の赤字を抱え、国内の資金需要を自国で賄うことができない。その資金需要を日本がファイナンスすることで、ドルの信用は成立しているといってよい。基軸通貨としてのドルの価値は日本の存在抜きには考えられないのだ。つまり、アメリカの豊かさは日本の黒字によって支えられてきたし、今でも支えられているのだ。

アメリカ国債の購入は容易であるが、売却は極めて困難な国債である。ドルの売却はドルへの不信となり、ドル暴落の危険性が高まり、アメリカが許可しないからだ。とりわけ、日本のような大量のドル国債保有国がドルを大量に売却することは事実上不可能に近い。その困難さは一章『無意味となった外貨準備』で触れたとおりであり、現在においても同様である。

経常収支の黒字を国内経済の活性化に利用し、日本人の生活向上に役立させる経済政策の転換と、新たな貿易システムの構築は現代日本が早急に求めている課題である。

（二）日銀の政策ミスと国際的要因（ブラックマンデーとＢＩＳ規制）

バブル経済の発生原因はいくつかの要因が複合的に重なり合っていた。そして、これら複合的要因に対する政府・日銀の政策ミスが、バブルを膨張させ日本経済の苦境・深刻化を招いたと考えられている。

通説では次の四点がバブルの重大な要因だと指摘されている。第一には長期にわたる金融緩和、第二には八一年（昭和五六）から本格的に始まる金融自由化、第三にはプラザ合意後の急激な円高不況、第四にはエクイティファイナンスの隆盛、これらをバブル発生・膨張の原因とするのが通説となっている。

こうしたバブルの要因はなぜ起こったのだろうか。結論からすれば、いずれも政策的要因がもたらしたものだった。いわばプラザ合意に伴う円高不況の克服及び低インフレの持続を目的としてとられた三つの政策手段がその原因である。

一つには、経常収支不均衡是正のため市場開放および規制緩和という政策手段がとられた。二つ目として円高是正・安定化と低インフレの持続のために政策金利引き下げが選択され、三つ目には円高不況のために拡張的な財政政策および内需拡大が実施されたのである。エクイティの隆盛をバブル発生の原因の一つにあげる論者も多いが、政府の膨張的な金融・経済・財政政策の結果として活動の幅を広げた金融機関が、自らの利潤を最大限に求めたことにあり、原因としては本源的なものではないと考える。

いずれにせよ、バブルの発生・膨張は政府・日銀の政策の深い関与なしには存在しえなかったのである。そのうえで日銀の政策ミス・判断の誤りがさらに加えられた。プラザ合意の円高急進展を深刻視しすぎ、また財政再建を優先したため金融引き締めのタイミングを見誤ったこと、八七年一〇月のブラックマンデーに株価の世界同時暴落の波乱が起こり、超低金利（公定歩合二・五％）の据え置き期間の延長を計ったこと、さらに日米協調によってドル暴落を阻止するために、国内のマネーサプライ（通貨供給量）を四か年にわたって二ケタ台に増大させたことだ。

そしてこの三点に海外的要因として、ＢＩＳ規制は日本の金融機関を自己資本増強に走らせて、さらなる融資拡大につなげていったことが加えられる。複数の要因が株式や土地への投機を一段と活発化させ、要因がさらに重層的に重なることでバブルが形成されたといえる。

その直接的且つ初期的な契機は、円高不況とドル急落をにらんだ日銀の金融緩和策と、八六年（昭和六一）三月以降の円売り・ドル買いによる通貨供給量（マネーサプライ）の急増にみられた日銀の誤りにあった。

さらにつけ加えれば、バブルをより深刻化させ長期化させたことにも政府・日銀の判断の遅れ、対応の遅れが原因となったといえる。政府が公式にバブルに言及したのは平成三年度版経済白書である。つまり、平成二年（一九九〇）度の日本経済の分析が初めてとなる。すでに平成景気は、九〇年（平成二）には地価上昇も鎮静化し、日経平均株価も二万円台となってバブル崩壊は明らかとなっていたにもかかわらずである。まして、日本経済は九一年（平成三）五月には景気減速に転じていた。

平成三年版経済白書では平成景気の長さを推定し、今後も適度の緩やかな成長を続け「いざなぎ景気」（五七か月）を超える可能性が高いと判断している。さらに経済企画庁は九一年（平成三）九月二四日、景気の動向（月例報告）を発表したが、「いざなぎ景気」超えは確実との認識を示していた。

さらには経済白書では、土地・株式の資産価値の下落については景気への影響を認めつつ、「過度に恐れる必要はない」と楽観論を展開した。設備投資と株価への影響については、「株価上昇局面においてエクイティファイナンスで調達された資金のかなりの部分が手元流動性として積み上がり、最近になって取り崩されるという形で遅れてそのプラスの効果がでている」として問題視しなかった。政府・日銀にバブルに対する正確な知識がなく、危機感も欠如していたことを経済白書は如実に物語っている。従って、当然ながらバブル対策もありようもなかった。

元日銀理事で、バブルの時代に政府の物価安定政策会議の委員だった吉野俊彦氏は『これがデフレだ！』（日本経済新聞社）の中でこのように述懐する。「バブルはやがて必ず大きな反動を生ずるおそれがあるから、一刻も早く低金利政策をやめるとともに、不動産担保の貸出の急増を抑制しなければならないということを、昭和62年の夏以来主張したのですが、政府も日銀も、卸売物価指数や消費者物価指数が安定しているのだからその必要はないといって聞いてくれず、――中略―― 日本の通貨当局がバブル退治にのりだしたのは明らかに手遅れでした」。まさに「バブル認識の遅れ」（吉野前掲書）は今日から見れば犯罪的な過失であるといえた。

（三）バブル膨張期における政府・日銀の判断・政策の誤り

円が一気に一ドル＝一七五円を超えて七年半ぶりの高値をつけたことを契機として、八六年（昭和六一）三月一六日に日銀はニューヨーク市場で〝円売り・ドル買い〟の市場介入に踏み切った。これまでの〝ドル売り・円買い〟介入を逆転させたものだ。日本（日銀）の介入理由として、各国通貨当局による市場介入によってもドル下落に歯止めがかからず、むしろドル暴落の懸念が出てきたためとされた。しかし円急騰も止まらず、景気の悪化も予測された中での市場介入であった。

続いて四月一日には〝円売り・ドル買い〟介入を東京市場でも実施した。これ以降、八八年（昭和六三）一月四日に一二一円をつけるまで日銀は断続的に〝円売り・ドル買い〟介入を行なう。これによる国内への円の供給額は、八六年（昭和六一）度四兆三五〇〇億円、八七年度三兆三八〇〇億円にのぼった。

八六年から八八年において、日銀が円暴騰抑制・ドル下落阻止のために実施した大量のドル買いは、日本国内の通貨供給量を急増させた。〝円売り・ドル買い〟の介入によって外貨準備が急増し、それに見合う円資金が国内金融市場に大量に流入したのだ。なぜならば、ドル買い介入のための資金は「外国為替資金証券」発行額の全額を日銀が引き受けることによって、つまり日銀の通貨増発によって捻出されたからである。

これがマネーサプライの増大である。マネーサプライは通貨供給量と説明されるが、民間非金融部門（家計や企業など）が所有する現金や定期性預金、当座性預金などの総額を指す。

政府の金融政策とは、マネーサプライの増減を計ることによって、金利を調整し、物価を安定させ、経済の持続的発展を図ろうとする政策である。マネーサプライを急激に増加すれば、物価の上昇と不安定化を招くことは明らかであったし、何よりも物価安定という日銀の使命の放棄といえた。

プラザ合意前には七〜八％だったマネーサプライの伸びは八六年（昭和六一）度に入り急速に増え、八七年六月から八八年二月まで連続して一〇％を上回った。マネーサプライ残高の対前年増加率は一九八七年以降四年にわたって約一〇％にのぼる高い伸びを続けた。

結論としてはカネ余り現象の慢性化は、日銀の金融政策によって招かれたのだ。一般的に投機的活動は、低コスト資金の供給によって活発化するといわれる。いうなれば、土地・株式投機は円高抑制のためのドル買い介入が産み落としたものだった。

カネ余り現象と超低金利を日銀が政策的に招いたとすれば、それを犯罪的にまで増幅させたのが金融機関である。金融機関はノンバンク（預金などを受け入れず与信業務を営む会社、具体的には住宅金融専門会社、消費者信用会社、リース会社など）をつくりながら、審査チェックやリスク管理が不十分なままに、競って土地担保とした不動産業融資に走った。そのため地価が高騰すれば、土地を担保にした融資額が増大し、それがさらに地価上昇をまねく相互循環が形成されていった。

ブラックマンデーによる挫折

G7はプラザ合意後に初めての協調介入を八六年（昭和六一）三月六日に実施し、日米欧はいっせいに公定歩合を引き下げた。日本、西ドイツ、アメリカはそれぞれ〇・五％を引き下げた。日銀は公定歩合を〇・五％引き下げ年四％とした。この間にも円の上昇は続いた。

三月一七日には円相場は一七〇円を突破し、さらに四月には、一ドル＝一七四円八〇銭と過去最高値を更新した。日米欧の協調利下げが再び実施された。政府は内需拡大のために、大型補正予算を組んで総合経済対策を決定し、日銀はこれに呼応してさらに〇・五％下げ、年三％とした。

八七年（昭和六二）二月二二日、フランスのパリにおいてG7が開かれ、「これ以上の変動は、経済成長を阻害するため、各国の為替レートを最近の水準に安定させるように各国は緊密に協力すること」で一致した。プラザ合意にかかわらず「行き過ぎたドル安」に歯止めがかからないためである。これがドル安定化への協調体制強化を目的としたルーブル合意である。

日銀は同合意に基づき、翌日の二月二三日に公定歩合を〇・五％下げ、年二・五％の史上最低の水準においた。国内景気は早くも回復に転じていたのにかかわらず、超低金利を維持してドル相場を支えようとしたのだ。

だが、ルーブル合意によっても協調各国においては新たな通貨安定策は打ち出すことができなかった。ルーブル合意は市場から無視されたからだ。

経済のファンダメンタルズを考慮しない市場介入の無意味さが国際的に示されたものといえる。結論からいえば、通貨安定のために内需拡大や市場開放を公約させられ、大型補正予算を組まざるをえなかった日本の外交敗戦と無力さだけが印象づけられた。

八七年（昭和六二）九月、アメリカは三年半ぶりに公定歩合を引き上げた。理由はインフレ防止とドル急落への防止策だった。日本においても日銀の澄田登総裁が公定歩合引き上げを示唆する記者会見を行なうなど、引き上げの準備は整っていた。卸売物価が上昇し、インフレ懸念が高まっていたからだ。特に住宅建設が好調なため建設資材の高騰が顕著だった。

アメリカは日本と西ドイツの利上げを警戒し、いらだちと否定的な見解を示していた。日独の利上げはアメリカとの金利差が縮小して、ドル暴落の危険性が増すからだ。日本はアメリカに協調して金融緩和を行ない、超低金利を維持した。だが、西ドイツ連邦準備銀行は、最低金利を三・五％から〇・一％引き上げて三・六〇％とした。アメリカのベーカー財務長官は、西ドイツの利上げに対しテレビのインタビュー番組の中で不快感を表明し、「西ドイツの金融引き締め策はルーブル合意違反だ。アメリカは西ドイツに追随して金利引き上げはしない」「ドルがどうなるかわからない。世界経済が深刻な打撃を受けても、アメリカの責任ではない」と述べた。この発言はドイツマルク高・ドル安の一層の容認及び、国際的協調介入策の失敗と世界の投資家に受け取られた。

このベーカー財務長官の発言がきっかけとなり、翌週の月曜日である八七年（昭和六二）一〇月一九日にニューヨーク市場で株が大暴落した。いわゆる「ブラックマンデー」（暗黒の月曜日）が起こるのである。

ニューヨーク・ダウ平均は、前週末に比べ下げ幅は五〇八ドル三二セントの下げ、その下落率は前日比二二・六％となって、下げ幅・下落率ともに一九二九年の世界大恐慌を上回る史上最大の暴落となった。

影響は日本市場にまで及んだ。一〇月二〇日の日経平均株価は二万一九一〇円八銭となり、下落高は三八三六円四八銭となった。下落率が一四・九％となって戦後最大の記録となった。ドイツの利上げ拒否を、ドル安抑止の各国協調の乱れと見た投機マネーが暴落を誘発したからだといわれる。

ドル暴落による世界の損害額はわずか一週間分で一・四兆ドル（一九三・六兆円）に及んだ。しかし、日本の投資家は大量の国債を売りさばき、それを円に転換するためドル売り円買いを行なったので、対ドル円レートは高騰した。日本はわずか一か月ほどでドル暴落による損害を克服した。ブラックマンデーによる株式暴落は世界の実体経済に影響を与えることはなく、一過性の経済的事件として世界恐慌には至らずに終息した。この年の日本の国民資産の総額は四三兆七千億ドルを記録した。

宮崎義一氏が主著『ドルと円』で指摘するように、世界経済が実体経済からマネー経済へと構造転換する過程の中で、財政赤字と貿易赤字の「双子の赤字」と抱えるドルの基軸通貨としての信用低下は、国際的協調介入をもってしても支えきれず、さらなる不安定化を招いたというのがブラックマンデーの背景といえるだろう。

しかし、ブラックマンデーの発生は日本の金融政策に重大な爪痕を残した。日銀は公定歩合引き上げのきっかけを失い、「歴史的に経験したことがない」（宮崎義一著『複合不況』中央公論社）史上最低の金利年二・五％を八九年（平成元）五月まで持続させることになったのである。日本がドル暴落＝世界恐慌の引き金を引くことへの恐れが、政府・日銀の金融政策の判断の誤りを招いたのである。

バブルをもたらした大きな要因は、日本政府が国内経済より対米協調を重視し、アメリカの要請に応えた協調的な金融緩和策を積極的にとり、超低金利を維持してドル相場を支えようとすることで低金利政策を長く続け過ぎたことに求められる。

ＢＩＳ規制の罠

ブラックマンデーから二か月もたたない一九八七年（昭和六二）一二月七日、スイスのバーゼルにある国際決済銀行（ＢＩＳ）は、国際業務を行なう銀行に対して自己資本比率規制の強化を求めること合意決定し、その詳細を八八年（昭和六三）七月一一日に発表した。

規制内容は、自己資本の定義と資産の信用（融資など）リスクの測定方法を明示し、資産に対する自己資本の最低比率を国際業務が八％、国内業務を四％と定め、この規制は九三年（平成五）三月以降に適用されるとした。

ＢＩＳ規制は国際金融システムの安定化や、銀行間競争の不平等の是正を目的とした国際統一基準と謳われた。銀行が過少な資本で過大な貸出を行なえば、健全な金融制度が保てないという理屈だ。だが、本音は日本への制裁にあった。

自由化の波に乗った日本の金融機関は、相対的に低利な資金を大量調達し、海外市場において融資を積極的に拡大したが、自己資本率は株式のもち合いという日本的慣習に支えられ低いままであった。邦銀の海外事業の膨張ぶりは、海外から「薄利多売の資金拡大路線」と批判されていた。ＢＩＳ規制の背景は、日本の野放図な融資拡大を抑え込むための自己資本率の規制である。

自己資本の最低比率八％をクリアするためには、現在の自己資本の一二・五倍以内まで融資額を抑制するか、現在の融資額の一二・五分の一以上に資本増資するかの二つの選択しかなかった。ＢＩＳ規制の欧米の思惑に従えば、自己資本増強のための融資内容の見直し、つまり過大な融資が縮小されるはずであった。

ＢＩＳ八％規制を、貸し出し側である金融機関から見れば、貸し出し原則は「貸出純増分を八％前後のリターンを期待できる先に投資できなければ、国際基準を達成できない」ことになる。

そのような投資は長期貸付しかないが、企業は設備投資資金を銀行の長期貸付ではなく、エクイティファイナンスで賄った。

とりわけ、八一年（昭和五六）に発効が認められたワラント債や転換社債の発行条件の緩和が進み、八五年（昭和六〇）一一月には分離型ワラント債が認められ、さらに八九年（平成元）からは発効の適債基準（純資産や利益率などを基準として発行企業を決める）が格付け基準に変更されたことから、企業の資金調達として本格的に利用され出した。

八七年（昭和六二）七月には、銀行による転換社債の発行が認められた。ＢＩＳ規制によって自己資本の増強を迫られていた邦銀は、一斉に転換社債の発行に踏み切り資本拡大路線に動いたのだ。日本の銀行はＢＩＳ規制を見越して一九八七年中に一兆二〇〇〇億円、八八年（昭和六三）に二兆二〇〇〇億円の新株や転換社債を発行して自己資本率を高めていた。

　企業はエクイティによる資金調達により株式市場でかんたんに資金調達できるため、調達した資金の多くは土地・株式投資に向かった。ＢＩＳ規制を回避して自己資本を増強させた銀行も企業の銀行離れに直面し、新たな融資先を模索せざるを得なかった。間接金融から直接金融への転換が始まっていた。

　ＢＩＳ規制が日本の金融制度にとって重い足かせとなるのは九〇年代以降となる。一九九〇年代後半に橋本龍太郎首相が提唱した〝日本版ビッグバン〟による金融システム改革による影響を被り、長期信用銀行法に基づく長期資金の供給を目的とした日債銀、長銀は九九年（平成一一）に破綻し、同年に日本興業銀行も統合された。

　すでに株式・土地は値下がりしていたため、企業はエクイティによる設備投資資金の調達が困難になっていた。普通銀行には長期社債の発行が認められたが、ＢＩＳ規制がかかるため旧長期信用銀行ほど安定的な長期貸出制度とはなっていない。さらにいえば、阪神淡路大震災の復興支援融資に果たした役割も注目に値する。あの迅速な復興は長銀融資があってこそ可能だったのだ。長銀なき後の東日本大震災の復興の遅れと比較すればその差は歴然である。

　日本企業が将来を見据えた長期戦略をもって事業遂行を為すためには、旧長期信用銀行法に代わる、そして計画経済的な官僚統制を排除した安定的な長期的貸付の法制度、及び専門的金融機関の再構築が必要とされている。また、日本潰しであるＢＩＳ規制の見直し・撤廃も視野にいれた国際決済銀行の機構改革も我が国の課題としなければならない。

　さて、邦銀がＢＩＳ規制によって苦しむ中、欧米では証券会社と銀行との業務の垣根を撤廃し、ＢＩＳ規制にかからない様々なデリバティブ（金融派生商品）などを開発し大量に販売した。金融派生商品は融資ではないので、自己資本規制が適用されないからだ。

　金融派生商品には先物・オプション・スワップなどがあるが、取引だけではなく、デリバティブ保証のように損害補償といった分野にも利用された。サブプライムローンもデリバティブである。欧米の証券化商品であるＲＥＩＴ（リート／不動産投資信託）やＣＤＳ（クレジット・デフォルト・スワップ）はＢＩＳ規制逃れに利用されている。

　日本のマネーサプライは日銀の専権事項であるが、政府も重大な責務を負っている。その金融政策、例えば通貨量の調整は民間の金融機関を介して実施される。しかし、銀行にはＢＩＳ規制が適用されるため個人・企業向け融資は、自己資本を増強する必要が出るので、マネーサプライを増加させるには、銀行は企業や個人への貸し出しではなく、日本国債の購入しかない。これは政府の歳入になり、国民は税金を払っていると同じ機能を果たすことになる。

本来であれば、国民は高いリターンが期待できる金融商品を選択できるはずなのに、国民の意思と無関係に国債が購入されているからだ。利率がゼロに近く、外国の金融機関が見向きもしない日本国債が国内で大量に消化される理由である。これは国民から政府への所得移転だといえる。国民が豊かさを実感できない理由の一端でもある。

日本経済はブラックマンデーの株価暴落によって一時的に頓挫した。さらには八八年（昭和六三）一月四日に対ドル円レートが一ドル＝一二一円六五銭の円高となるなど、為替差損により大きな経済困難に直面した。

八八年にはリクルート疑惑事件や明電工脱税事件が発生するなど政治・経済的スキャンダルが相次ぎ、政治的・経済的な困難に直面した。昭和六四年初頭には昭和天皇が崩御され、昭和から平成へと元号が変わった。

こうした荒波に翻弄されながらも、八八年四月になると株価は底打ちし、その後に日本経済は上昇に転じて実質成長率を五〜六％まで回復させてゆく。この時期から史上最高の株価を更新した八九年（平成元）末の二年間までがバブルの最膨張時期となる。同時にそれは金利安、ドル安、原油安のトリプル安という経済メリットによって実体経済も拡大して行く時期でもあった。

暴騰する地価

地価の上昇は東京の商業地から一九八四年（昭和五九）頃に始まった。八六年（昭和六一）になると地価は全面的に上昇した。

地価上昇の要因は、八六年一一月二八日に成立した国鉄の分割・民営化関連八法にある。政府は分割・民営化に先立ち八四年（昭和五九）から国鉄用地の大量売却を始めていた。八四年の東京品川駅の国鉄用地を皮切りに、東京紀尾井町の旧司法研修所跡地、港区六本木の林野庁職員宿舎跡地などが次々に売却された。いずれも公示価格（国土交通省が地価公示法に基づいて行なう調査）の三〜四倍での売却価格であった。

商業地の地価は市場における単なる需給関係で決まるわけではない。その土地が将来に生み出すであろう利潤期待によって定まる。中曽根政権によって「国際金融都市」と謳われた東京商業地の地価がオフィスビルの逼迫によって高騰に転じ、全国に波及した地価高騰の直接の契機は、国鉄用地の大量払い下げに端を発した中曽根民活路線にあった。

公示地価は九一年（平成三）まで上昇を続けた。八七年（昭和六二）に入ると、狂乱地価と呼ばれる状態になった。昭和四八年の列島改造ブームでは年間三〇〜四〇％だった上昇率をはるかに上回る、三倍あるいは四倍といった上昇事例が見られるほどの暴騰が始まる。

八七（昭和六二）年一月二一日、国税庁が発表した最高路線価格（固定資産税・相続税などの基準となる）は、四七都道府県庁所在地の平均で対前年一九・六%の上昇を示した。〝狂乱地価〟と呼ばれた七一年（昭和四六）の対前年比二八%、七二年同二四%、七三年（昭和四八）の同二〇%に迫る暴騰となった。都心部の地価上昇率は東京七九%、大阪六七%、横浜六〇%、京都五六%、名古屋五三%と軒並みに五〇%を超えた。

八七年の地価公示（国土交通省が地価公示法に基づいて行なう調査）によると、八六年の全国平均は七・七%と急激な上昇となり、中でも東京・商業地四八・二%、東京・住宅地で二一・五%と高騰する。列島改造論ブーム期の七三年、七四年以来の上昇を記録した。

八八年（昭和六三年）はさらに強烈だった。東京・商業地は六一・一%、同・住宅地で六八・六%という記録的な上昇だった。八八年の地価水準を八五年当初と比べると、首都圏・商業地は二・七倍、東京都・商業地は二・九倍となった。土地の高騰は他の地方都市、リゾート地にも及んでいった。

急激な地価上昇の結果、八七年末の日本全体の地価総額は一六八五兆円に達した。バブル直前の八五年末の七四七兆円に比べ約九四〇兆円も増え、日本の国土の二六倍の面積をもつアメリカの二・九倍となった。八九年（平成元）に発表された国民経済計算によれば、日本の土地資産総額は二一〇六兆円にのぼり、アメリカ国土の四倍という驚くべき金額にまで達した。八九年の土地の時価総額はGNPの五・四倍（八五年末は三・一倍）となった。株式の時価総額も六三〇兆円と八五年末の三倍以上になり、GNPを六割も上回った。

地価高騰は土地売却益や含み益による担保価値の増大、あるいは期待利潤を手にすることができない国民や地方自治体を直撃した。それは大都市における住宅問題や都心部の人口空洞化、スプロール現象といった都市問題から地方へと拡散した。個人にとっては不動産取得税や固定資産税、相続税などの増税に止まらない。個人の新規住宅取得が困難となり、土地売却による住宅の再取得の場合でもその多くが従来水準を下回った。仮に取得できても極めて狭小な宅地にとどまれば、生活・住宅環境の劣悪さを招くことになる。各地にみられたミニ開発、乱開発はその典型例といえよう。

地方自治体においては学校・幼稚園・保育園・病院・公共住宅・道路・公園・上下水道などの公共施設整備、都市計画の進捗や土地利用規制（ゾーニング）、都市再開発などに重大な支障を来した。地域の生活に欠かせない公的施設が未整備となれば、地域コミュニティは成立できず、あるいは分断されることで衰退を招いた地域の事例も多発した。

地価高騰が全国に波及するスピードに比べ、政府の対応はあまりにも遅く、且つ適正さを欠いた不透明な行政手法がとられた。八五年（昭和六〇）一二月に政府（中曽根内閣）は「地価高騰対策連絡会議」を設置した。これは不動産投機による土地高騰をすでにこの段階で懸念していたことを示すものである。

しかし、それ以降は八七年に至るまで何らの方策も立てられていない。八七年七月に大蔵省は不動産融資に関する特別ヒアリングを金融機関に対して行なった。以後、不動産向け融資の伸び率を総貸出しの伸び率以下にする総量規制（九〇年三月実施）までに実施されたことは、「第二次特別ヒアリング」（八九年二月実施）と二度の通達が出されたのみであった。

八七年（昭和六二）九月三〇日、国土庁は基準地価（国土利用計画法に基づく都道府県地価調査）を発表したが、東京圏では住宅地が前年比五七・一％、同商業地で七六・一％、そして東京都では八五・七％の高騰を示した。この発表直後である八七年（昭和六二）一〇月一六日、中曽根内閣は新行革審の答申を受けて「緊急土地対策要綱」を閣議決定し、この決定を受けた大蔵省が土地関連融資の厳正化についての最初の通達を出したのは一〇月一九日である。二度目は八九年（平成元）一〇月に投機的土地融資を自粛する旨をノンバンクに求めた銀行局長通達となる。

八七年（昭和六二）一一月六日竹下登内閣が成立した。成立直後である一一月に首相自らを座長とする「土地対策関係閣僚会議」が設置された。この中で国土庁は「多極分散型の国土形成と住宅地供給政策の推進」を地価対策として打ち出した。住宅地供給促進政策は八九年（平成元）六月に建設省によってまとめられた。その特徴は次の三点である。

①大都市周辺の市街化区域農地や、市街地の木造住宅密集地での容積率の緩和制度の創設

②工場跡地など低・未利用地の有効利用を促す勧告制度と優遇税制措置

③住宅重点供給地域の指定制度の創設と、同区域内における住宅供給事業者への容積率の割り増し制度

いうなれば、地価高騰の原因を土地投機に求めず、従って土地投機対策を行なわずして住宅重点供給地域制度による宅地率増大によって住宅供給戸数を増やし、分譲価格を引き下げることで地価の安定を図ろうとした。

八八年（昭和六三）に新行革審・土地対策検討委員会の最終報告を受けた政府（竹下内閣）は、「総合土地対策要綱」をまとめ同年六月二八日に決定した。「要綱」の冒頭には基本認識として次の五点が掲げられた。

①土地の所有には、利用の責務が伴うこと

②土地の利用に当たっては、公共の福祉が優先すること

③土地の利用は、計画的に行われなくてはならないこと

④開発利益はその一部を社会に還元し、社会的公平を確

保すべきこと

⑤土地の利用と受益に応じて、社会的な負担は公平に負うべきものであること

「要綱」は日本の土地政策のあるべき方向性を示した点では画期的といえた。だが具体的対策では、「首都機能、都市・産業機能等の分散」「東京湾沿岸プロジェクト」「宅地対策などの推進」「住宅対策の推進」が謳われ、上記五項の実現を図るものとはなっていない。基本認識と諸政策との関連がまったくないのだ。いうなれば「要綱」とは八七年（昭和六二）に「土地対策関係閣僚会議」によって示された「多極分散型の国土形成と住宅供給政策の推進」の二重写しにすぎなかった。

八九年（平成元年）一二月一四日、土地基本法が可決成立し、それに基づいて首相の諮問機関として「土地政策審議会」が設置された。土地基本法はその名が示すように個別具体的な施策は盛り込まれておらず、国の土地に対する基本的な方向性と方針を規定した宣言法となっている。

土地基本法の意義をまとめれば、土地について、①国及び地方公共団体、事業者、国民の責務を明確にした②公共の福祉を優先させ私権制限を図った③地価高騰の原因者に対して利益に応じた負担を課したこと。そのうえでこれが最大の意義となるが、④として「土地は、投機的取引の対象とされてはならない」と法律で明確に投機を否定したことにあった。土地基本法が宣言法である以上、その具現化は第9条において、「政府は、土地に関する施策を実施するため必要な法制上、財政上及び金融上の措置を講じなければならない」として別途の法・政策を図ることが規定されていたが、実体法での制定とはならず、国土利用計画法の一部改正や監視区域の規制強化、遊休土地の利用促進といった対症療法に終わった。

金融緩和と自由化・国際化の進展

（一）金融緩和（低金利政策）

バブルの発生原因を金融面から見ると、公定歩合二・五％の超低金利が二年三か月続けられたことにある。このため、過剰資本が株式と土地に集中的に投下され、金融自由化の進展による金融機関の貸出競争と相まって、株式・不動産投機をあおった。企業はエクイティファイナンスで調達した低コスト資金で、設備投資と財テクを積極的に展開した。

日銀の政策金利（公定歩合）は一九八三年（昭和五八）一〇月に〇・五％引き下げられ五％になって以来、八五年（昭和六〇）一二月の時点では五％だったが、円高不況の懸念が大きかった八六年（昭和六一）年一月三〇日、日銀は公定歩合を五％から四・五％に引き下げた。その後、一年間に四回も利下げが行なわれ、さらにルーブル合意によって八七年（昭和六二）二月二三日に

は史上最低の二・五％の低金利が実現した。八七年には日銀内では資産インフレが懸念されていた。にもかかわらず、金融引き締めは見送られた。引き締めれば円高が進み円高不況の再燃が懸念されるからだ。

イギリスは八六年頃には、いわゆる金融ビッグバンをほぼ完成させていたが、日本では八三年（昭和五八）にアメリカの要請で始まった日米円ドル委員会で、日本の金融市場の自由化・国際化が改革の主要なテーマとして扱われたばかりであった。バブル期あるいはバブル期以前の日本の銀行はカネ余り状態でありながら、しかも自由化が進んでいないため、運用先はディベロッパーや住専（住宅金融専門会社）といった非常に限られた分野だけであった。

バブルの膨張が始まる八六年（昭和六一）春から八八年（昭和六三）の大型景気に至るまで、金融は緩和の一途をたどり、カネ余り現象が顕著になってゆく。一般物価が安定しているのに、株価と地価が急カーブで高騰した。低インフレの持続が国民に低金利政策の継続を確信させ、企業利益の拡大がリゾート開発やゴルフ場建設に代表される建設投資への巨額の設備投資を引き起こしたことは前述した通りである。

政府・日銀は卸売物価指数や消費者物価指数が安定していることを理由に、低金利政策と不動産担保の買出の抑制策はとらなかった。二・五％という低金利は、八九年（平成元）五月三一日に公定歩合を〇・七五％上げて年三・二五％にするまで二年三か月に及んだ。あまりの地価高騰を抑制するためようやく緩やかな引き上げが始まった。

（二）日本の金融自由化の推移

日本の金融自由化＝国際化は七〇年代後半に始まり、八〇年代前半に日米円ドル委員会によって本格化した。そして、八七年（昭和六二）に始まる好景気とそれに続くバブル景気を準備した政策が「競争市場原理政策」、あるいは「新自由主義政策」といわれる中曽根政権の金融緩和策である。具体的には国債取引制限の緩和や、外国為替取引の原則自由化、国際的金融活動や国際的投機活動の自由化、東京オフショア市場の創設、債権先物取引の開始、東京金融先物取引所の創設などがあげられる。

七〇年代の金融自由化は財政危機を反映して、国債の大量消化を目的とした国債取引の制限緩和から始まった。民間金融機関の保有国債の市中売却制限が緩和され、八四年から都市銀行を中心に対象金融機関が大幅に拡大された。八五年（昭和六〇）には、国債のフルディーリングが認可された。

八七年（昭和六二）には、国債引き受けシンジケート団による引き受け方式から公募入札方式（二〇年国債のみ）に代わった。さらに八七年および八九年には発行額の一部については競争入札方式が採用され、外国金融機関の日本市場への参入が可能となった。国債発行価格の発行枠は順次拡大していった。

国債市場の自由化は、公社債市場での各種債券の発行条件の緩和につながり、結果的に各種金融債の発行条件の緩和につながった。つまり長期金利が市場との連動性を高めて行なったのである。

七九年（昭和五四）一二月「外国為替及び外国貿易管理法」が大幅改正（外資法は廃止・統合）された。外国為替取引の原則禁止は原則自由に転換され、居住者による外貨預金および外国為替銀行からの外資借入が完全自由化となった。

八三年（昭和五八）一一月に来日したレーガン大統領は金融・資本市場の開放を強く迫り、「日米円・ドル委員会」が発足した。同委員会は八四年二月二三日の東京会議に始まり、同年五月まで六回にわたって会合を開いた。

「円ドル委員会」における米側の主張は以下の三点に要約される。

①日本は厳重な為替管理を実施し、国際通貨としての円の使用を抑制しすぎている。

②そのため円の為替相場は不相応に弱く、日本の輸出が増え、対外黒字不均衡を起こしている。

③ユーロ円市場を広げ、円貨幣への国際需要を増やす努力を要求した。

八四年五月二三日に「円ドル委員会」は二一項目の市場開放策につき合意に達し、最終報告として「日米円ドル委員会報告」（正式名称『日米共同円・ドル・レート、金融・資本市場問題特別会合作業部会報告書』）が政府に提出された。政府は同時に金融政策の転換を謳った「金融の自由化および円の国際化についての現状と展望」を公表した。この「日米円ドル委員会」最終報告と、同報告に基づく金融政策の変換は、日本の金融自由化を促進させた契機とされるが、「日米円ドル委員会報告」後には金融の自由化・国際化に向けた重要な二つの施策が実施された。

二つの施策とは「実需原則」と「円転換規制」の撤廃という規制緩和策がとられたことである。八四年（昭和五九）六月に、実体取引関連以外の先物取引を原則禁止してきた「実需原則」が撤廃された。この措置に伴い調達資金を円に転換できる限度枠を規制してきた「円転換規制」も撤廃した。

日本の為替制度では「実需原則」が採用され、実体取引にともなう先物取引については自由だったが、先物為替取引については厳しく制限されてきた。撤廃によって企業や投資家は実体取引の有無に関係なく、投機を目的としたものであっても自由に先物為替取引を行なうことができることになった。

「円転換規制」とは、海外からの投機資金の国内流入を規制する為替管理方法で、銀行がドルやユーロなどの外貨を取り入れ、これを円貨に転換することを規制した。円転換規制撤廃によって外貨資金を自由に円に転換し国内資金として使えるようになった。これにより国際的金融活動の自由化、国際的投機活動の自由化の途が開かれ、対外証券投資は急増していった。

八六年（昭和六一）一二月には「東京オフショア市場」が創設され、非居住者との預金取引・資本取引を、国内金融取引の有無に関係なく行なえることとなった。

日本の最も遅れた分野であったデリバティブ（金融派生商品）は、八五年に債券先物取引が開始された。金融自由化によって八六年五月より外国銀行の国内営業が開始され、多数の外国証券会社が東京証券取引所会員の資格を取得した。八八年（昭和六三）九月より東京証券取引所株価指数（ＴＯＰＩＸ）と大阪証券取引所日経平均株価を対象とした株価指数先物取引が開始されたが、八九年（平成元）四月一四日「東京金融先物取引所」が創設されることでさらに金融取引は拡大して行った。

政府の金融自由化政策は、ユーロ円市場の自由化、外国企業の起債による円調達を容易にし、邦銀による外国企業への円の貸出を自由化させた。円の自由化は邦銀の活動の場が広がり、銀行の経営力は強くなっていった。その後、二期目となったレーガン政権下での「プラザ合意」（八五年）による急速なドル安政策と内需拡大策が実施され、円高騰が収まらない中で次々と低金利政策がとられた。そしてついに公定歩合は八七年（昭和六二）二月二〇日に最低の二・二五％となることによって、通貨供給量の増大という過剰流動性を生み出していった。

日本政府・財界には、貿易収支黒字・経常収支黒字の膨大化に基づいて対外資本取引を増大させたい要望も強くあったが、結果的にはアメリカの厳しい要求による金融自由化となった。自らの責任と決断によって政策の転換を図ることができず、外圧（国際世論）を利用する国内政策の転換の典型的事例であった。

エクイティファイナンスの隆盛

企業の資金調達方式は、高度成長期（一九五六〜七五）までは間接金融方式であった。銀行は日銀から借り入れ、企業は銀行から融資を受けて（間接金融）、その借入金を主要な資金源として必要な設備投資を行なってきた。第一次オイルショック（七三〜七四年）から八〇年代後半までは、高度成長の終焉という要因も手伝い、徐々に内部資金（内部留保＋減価償却）を蓄積して設備投資に必要な資金を自己調達するか、証券市場から直接調達する直接金融に転換してゆき、いわゆる銀行離れを定着させていった。

七〇年代に入ると、企業の設備投資は一段落し安定期にはいるが、企業や家計の貯蓄額は増加してゆき、日本経済の資本不足状態は次第に解消されていった。六〇年代後半における主要企業の資金調達構造は三〇・六%が内部資金であったのに比べ、八〇年代前半では五〇・五%になり、九〇年代前半（九〇〜九四）では八七・六%を記録した。長銀や日債銀などの設備投資向け長期資金融資を扱う長期信用銀行からの借り入れは激減した。資金調達構造では、長期借入金の構成比は六〇年代後半の一五・一%から、八〇年代前半に五・九%になり、八〇年代後半にはわずか一・二%となった。

エクイティを主流とする直接金融方式が一斉に花と開いたのは八六年頃からとなる。八六年（昭和六一）頃から始まった地価と株価の上昇と金利の低下のもとで、日本企業は銀行からの短期借入金に代えて、転換社債、ワラント債、株式時価発行などのエクイティファイナンスによる資金調達方式を取り入れることで銀行離れを加速した。急増の理由は、持続的な株価上昇によるキャピタルゲインを長期にわたり期待でき、銀行借入金や普通社債の借入コストに比べて一段と低いコストで資金調達が可能となったからだ。

八五年（昭和六〇）まで四兆円程度であったエクイティによる資金調達額は、八七年（昭和六二）度から一二兆円にのぼったが、八八年（昭和六三）度にはさらに一八兆円に増加した。八九年（平成元）度には二七兆円となり、わずか三年間で総額五七兆円という驚くべき金額に達し、短期借入金に代わって著しくシェアを増大させた。特に八七年以降にはワラント債の発行が急増した。

この極めて低利で巨額な調達資金は設備投資に充当されず、将来の価格上昇と見込んだ株式・土地の購入といった財テク目的に運用され、さらに地価・株価を上昇させるといったバブル膨張のスパイラルに拍車をかけた。

この結果、エクイティを推し進めた大企業は自己資本率を一貫して拡充させたが、エクイティを利用できない中小企業は逆に銀行からの借入金に依存する調達方法を取らざるを得なかった。大企業と中小企業との資本格差は広がるばかりであり、日本経済の弱点といわれた産業の二重構造は依然として解消されることはなかった。

一方、銀行も大企業の銀行離れに直面したので、中小企業への融資に傾斜するとともに、リスク分野への拡大を意図して土地担保・株式担保融資を積極的に展開した。銀行は間接金融制度の優位性が崩れたばかりか、リスク分野への拡大措置によって脆弱性を多く抱えることになった。我が国の金融制度が不安定化し長期化することで、実体経済にまで影響がおよんでいった。同時期には、金融自由化による国際化の波は東京のオフィス需要を拡大させ、オフィス不足は深刻化した。土地投資の収益性の高まりとともにオフィス投資も活発化して、地価も上昇していった。

バブルの崩壊

（一）株価低下でも利上げした日銀

バブルのピークは一九八九年（平成元年）と記録される。八九年一二月二九日に三万八九一五円の史上最高値をつけた日経平均株価は、その直後に急落した。九〇年（平成二）二月二六日、株価の大幅下落に見舞われ、日本経済の変調が現実のものとなる。日経平均株価は一時二四四七円下げ、ブラックマンデー以来（八七年一〇月）の値下げとなった。結局、終値は前日比一五六九円安の三万三三二一円八七銭で引いた。

この日の出来事を「平成の二・二六事件」と呼ぶ。アメリカ経済への減速感から株安、債券安、円安のトリプル安が日本経済を急襲した。株価の低落はその後も止まらず、四月二日は「二・二六事件」をさらに上回る前日比一九七八円安の二万八〇〇二円まで暴落した。これは東京株式市場二番目の大幅下落であり、ピーク時からの下落率が三〇％に達するものとなった。

この時期（九〇年八月）に日銀は、公定歩合を引き上げるという判断ミスを犯し、不況到来を確実なものにしてしまった。だがこれは、バブル崩壊の前兆でしかなかった。

経済史では、バブル経済の崩壊は九〇年（平成二）一〇月一日とされる。日本のブラックマンデーである。この日に東証平均株価は一時二万円を割り、終値でも二万二二二一円と暴落した。昨年（八九年）一二月に記録した史上最高値三万八九一五円からわずか九か月で半減し、株式時価総額も六〇一兆円（世界一）から三一九兆円と約半減した。バブル経済は一気に崩壊して弾け飛んだ。前節では、バブルを助長させた公定歩合の引き下げを日銀の政策ミスとして問題視したが、バブル崩壊の引き金を引いたのも日銀の政策判断の誤りであった。

バブル崩壊の直接の契機となったのが、公定歩合の大幅引き上げである。では、バブル崩壊の前後にして、為替レートと公定歩合はどのように推移していたのか。

円高はG５・プラザ合意（八五年）直前の一ドル＝二四二円から継続して上昇し、八六年三月一七日には一ドル＝一七四円八〇銭の史上最高値の円高を記録した。これにより日銀は、円高不況対策として五次にわたる公定歩合の引き下げと、ニューヨーク市場での円売り・ドル買いの史上介入を実施した。八七年二月二三日には史上最低の二・五％まで低下した。

二・五％の低水準に置かれてきた公定歩合は、あまりにも高くなった地価高騰を抑制するため、バブル末期となった八九年（平成元）五月三一日に至り、三・二五％に引き上げられた。二年三か月ぶりとなる引き上げである。

金融緩和による野放図な信用創造はこれで終わりをつげた。続いて一〇月一一日には三・七五％となった。同年一二月一七日には、日銀総裁に三重野康氏が就任したが、就任わずか一週間後の一二月二五日には四・二五％

に引き上げることで「バブル潰し」の意図を鮮明にさせた。九〇年（平成二）三月二〇日には、さらに一%も一気に引き上げられ年五・二五%となった。

九〇（平成二）年八月二日、イラク軍のクウェート侵攻による湾岸戦争が勃発した。日銀はドル高＝円安と原油価格高騰によるインフレ懸念を募らせ、八月三〇日に公定歩合を六%にまで引き上げた。八九年五月から始まり、バブル崩壊直前である九〇年八月までの一五か月間に五次にわたった金利の引き上げ幅は三・五%に及んだ。この急激な引き上げが金融政策の安定性を損なったとの批判は今日でも根強い。

円高は八六年（昭和六一）以降も止まらなかった。八七年一〇月二九日には、為替レートは一ドル＝一三七円五五銭と最高値を更新、一二月四日には一二一円八五銭と高騰、八八年一月四日の円相場は一時一二〇円四五銭と最高値を更新させていった。円高騰が転換を見せたのは八九年（平成元）六月の竹下内閣総辞職の時である。東京外為市場は六月一五日に一ドル＝一五一円三〇銭と急落した後、同年一二月の三重野総裁就任時には一四三円を前後する程度であったが、翌九〇年（平成二）四月二日に一五九円九五銭と急落した。

（二）経済の息の根を止めた総量規制

八〇年代後半から始まる未曾有の土地高騰は、負の側面が社会のゆがみとなって現れ始めた。土地保有者とそうでない者との資産格差や社会的不公平が顕著になった。地上げも社会問題化した。さらに九〇年初頭には東京圏のマンション平均価格がサラリーマンの平均年収の八・〇倍となる六一二三万円、建売住宅では八・五倍の六五二八万円に及ぶなど、大都市圏での住宅取得は極めて困難な情勢を生んだ。地価上昇を歓迎する声は急速に萎み、むしろバブル退治・地価抑制を望む国民世論が次第に大きくなっていった。九〇年に入ると大蔵省と日銀は、こうした世論に引きずられて公定歩合引き下げに始まる「バブル潰し」にまい進する。

九〇年（平成二）三月二七日に大蔵省は「不動産融資の総量規制」と「三業種規制」（不動産、建設、ノンバンク）を銀行局長通達によって実施した。不動産融資総量規制とは、大蔵省銀行局長通達「土地関連融資の抑制について」に基づいた地価抑制策で、不動産産業向け融資を融資総額の伸び率以下に抑えるものである。同時に、日銀による強力な窓口規制が二年間続けられた。また九二年一月に宮沢内閣は、土地の保有コストを引き上げて土地の投機的取引の抑制を目的として地価税を導入した。

一連の金融抑止策は土地、不動産への資金の流れを急激に減速させた。経済の血液ともいえる資金の滞りは、経済全体の資金繰りを困難にした。急激なバブル潰しの効果はまず株価の下落となって現れた。下落は九〇年

（平成二）一月から始まる。日経平均株価は九〇年一〇月末に二万五千円台、九二年八月一八日一万五千円を割り一万四三〇九円まで低下し、九二年中の最安値をつけた。平成元年末から九二年（平成四）の最安値にかけては六〇％超の下落となる。九二年（平成四）八月一八日には一万四三〇九円と八九年末のピーク値の三七％まで暴落した。九二年（平成四）八月の東証の上場株式の時価総額は、二六九兆円とピーク時の六〇〇兆円超の半分以下に縮小し、株式資産の時価評価額は東証一部関係だけで三四〇兆円のマイナスとなった。総量規制は地価が下落しても継続され、日銀が金利を下げた九一年（平成三）七月になっても撤回されず、九一年末（平成三）まで続いた。

一九八九年（平成元）末以降から崩落を続けた東証平均株価に証券不祥事・スキャンダルがこれに追い打ちをかけた。一九九〇年（平成二）から九一年にかけて主な事件だけを取り上げてみても、九〇年には住友銀行が関与したイトマン商社事件、九一年には野村証券・日興証券による大手投資家への損失補塡事件が発生した。いずれも暴力団が関与する不正取引であった。富士銀行では架空預金証書を使った不正融資事件が発生した。東海銀行でも同様の事件が発覚し副会長が辞任した。同年の日本興業銀行などの大手金融機関が料亭女将・尾上縫への一兆円の不透明な融資は巨額詐欺事件にまで発展した。暴力団への資金供与、インサイダー取引、損失補塡、行政指導の不透明性など証券不祥事が、市場に対する投資家の信頼を著しく傷つけた。

株価が九〇年初頭から下落に転じた後、地価も下落に転じた。地価・株価の下落によって巨額のキャピタルロスが発生した。公定歩合引き上げと不動産融資規制が超低金利資金の借り入れに依存し、投機的土地取引、土地転売（土地ころがし）によって利益を得た企業は、一転して巨大な負債を抱え込むことになり、資金繰り難や経営危機に陥った。九一年、地価の対前年上昇率は大幅に低下し、九二年から地価の全般的な下落と不動産の販売不振が進んだ。国土庁『公示地価』では、九二年に東京圏住宅地で前年比マイナス九・一％、同大阪圏でマイナス二二・九％、住宅地全国平均ではマイナス五・六％となり、一七年ぶりに下落した。商業地では東京圏が前年比マイナス六・九％、大阪圏がマイナス一九・五％、全国平均ではマイナス四・〇％となった。これが地価下落の端緒となった。

バブルを潰した三重野日銀総裁は、経済評論家の佐高信氏から「平成の鬼平」と讃えられた。だが、日銀の意図的且つ執拗なバブル潰しは適正な地価・株価までも破壊して、実体経済を回復不能にまで毀損させたことは記憶されてよい。九一年、春から平成不況が始まる。以後現在にまで続くゼロ成長の時代が到来した。

（三）クレジット・クランチした日本経済

これまで株価と地価の下落の推移を見てきたが、日本経済・企業に及ぼした下落の影響とその対策についても触れておきたい。

日本企業はバブル時代にエクイティによる資金調達方式に依存してきた。前章でも述べたが、その額は八七年一一・七兆円、八八年一七・六兆円、ピーク時の八九年には二六・四兆円と三年間だけで総計五五・七兆円に及んだ。だが、九〇年初めから始まった株価の下落によって、エクイティによる資金調達は中断され、さらに自己資金に算入される有価証券の含み益が急減した。かくして、自己資本の増強が困難となった。九〇年には、エクイティによる調達額は八六年の六・七兆円を下回る同額の五・一兆円に減額となり、九一年に若干もち直したものの、九二年になると二・六兆円とピーク時の一〇分の一に落ち込んだ。

株価暴落によって転換社債の転換価格、ワラント債のワラント行使価格を下回ったため、未転換・未行使エクイティ債が激増した。未転換・未行使エクイティ債が満期まで残存することで、発行企業は償還用資金の調達の必要性が新たに生じ企業財務のさらなる逼迫を招いた。

九一年二月から不況が始まるが、九二年に入ると投資家は、金融システムへの不信からリスク回避を積極化させリスク資産の圧縮に努めた。こうして資産価値が全般的に急落することで銀行の不良債権を顕在化させた。不良債権の増加は自己資本の減少につながり、ＢＩＳ規制は金融の不安定化を加速した。

ＢＩＳ規制は九三年三月までに自己資本率を八％以上とする国際統一基準である。ＢＩＳ基準を満たせなければ国際業務を果たすことができず、金融機関として存続できないからである。ＢＩＳ規制の要請に応えて自己資本率を維持するには、増資か劣後ローン発効もしくは劣後ローンの取り入れによる資本増強か、あるいは総資産を縮小するしかない。総資産の縮小となればとりわけ中小企業などの民間向け貸付金の圧縮が余議なくされる。金融機関は新規融資の選別（貸し渋り）や既存融資の貸しはがしを強めざるを得ない状況に陥った。これが日本型クレジット・クランチ（信用収縮）である。

一方、バブル期に借金して土地や株式投資をすすめた企業は、資産価格の急落で企業収益は急速に悪化して企業財務を直撃した。これが企業の設備投資の抑制につながった。地価・株価の下落から始まったバブル経済崩壊の影響は、不動産・証券業界を中心に次第に広がりを見せ、バブル不況は別名バランスシート不況と呼ばれる経済不況を惹起させた。

バランスシート不況とは、企業会計上の資産と負債のバランスが、資産（設備・土地・有価証券など）の下落にかかわらず、負債総額は減価せずそのまま残ることによってバランスシート・ギャップを発生させ、企業や銀行は負債比率改善に投資行動を抑制することで発生する不況をいう。これまで株式・不動産投資に関係をもたなかった健全・堅実な企業まで資金繰りが悪化し次々と倒産した。

宮崎義一京都大学名誉教授は主著『複合不況』で次のように結論づけた。「金融自由化の一環としてＢＩＳ規制を受け入れることになったことが、日本型クレジット・クランチを必然化し、マネーサプライを低下させ、実質ＧＮＰのマイナス成長へのプロセスを準備したと考えて差し支えないだろう」

バブル崩壊の引き金を引いた要因の一つがＢＩＳ規制であることは異論の余地はない。日本の金融システムの中心である銀行融資は、これまで不動産担保価値の安定性に依存してきた。だが地価・株価の下落は不動産担保価値を下落させ、金融機関が株式・債券などのリスク資産の早期売却を迫られる過程において巨額の回収不能債権が発生した。これが不良債権問題となった。

金融機関は土地担保に安易に依存して投機目的の資金利用を促進させてきた。ゴルフ場やリゾート開発などの不動産関連融資では採算性を甘く見積もり、収益性の低い山林、田野にまで融資対象を広げ担保権を設定した。この先兵となったのがノンバンクである。

ノンバンクは、銀行の別働隊として不動産関連融資に特化した金融機関となっていた。ノンバンクの一つである住専、すなわち住宅金融専門会社は銀行と生保が共同出資して設立した、個人向け住宅ローンを主要な業務とする金融機関の子会社である。なおかつ、住専には大蔵省から社長を含む多数の役員が天下っており、「大蔵省の直轄会社」（大蔵省告示第５３号）といわれた行政利権の宝庫であった。金融機関は住専によって個人向け住宅金融のもつコスト高や長期金融のリスク回避を行ないながら、不動産投機・不動産業者向け融資を積極的に展開した。この結果がどのようなものであったかは今では明白となっている。

我が国の住宅政策は、公共住宅投資をできる限り圧縮し、国民が自らの努力と責任によって住宅を建設する持家政策がとられた。持家政策は、先進国の住宅政策とはいい難いものだったが、これさえも土地が投機対象になり、地価の高騰を惹起したことで破綻した。

国民生活の基本である土地と住宅供給をすべて市場原理に委ね、金融機関は土地を担保に取ることで採算性・安定性を得る金融システムは、地価高騰を抑制する制度的要因をもつことはできなかった。真に問われるべきは住宅政策と金融政策に内在する欠陥ではないだろうか。

（四）相次ぐ不祥事は政治変革を生んだ

日本経済の成長率は九〇年（平成二）には五・五％だったが、九一年には二・九％にまで低下した。九二年四月になり、政府（宮沢喜一内閣）は緊急経済対策を決定。日銀は同時に公定歩合を〇・七五％引き下げ、年三・七五％にした。さらに九二年八月には、東証の平均株価の終値が一万四三〇九円まで暴落したことを受け、八月二八日に過去最大規模となる一〇兆七〇〇〇億円の総合経済対策を決定した。

バブル崩壊後では初めてとなる総合経済対策には地価対策と株価対策が取り上げられた。その内容は次の三点にある。（1）政府系金融機関からの融資金額の増額（2）公的資金（郵便貯金・簡易保険・国民年金・厚生年金基金）運用緩和と大量導入よって株式を購入する株価維持政策＝ＰＫＯである。ＰＫＯ（プライス・キーピング・オペレーション）とは、湾岸戦争における国連平和維持活動ＰＫＯ（ピース・キーピング・オペレーション）をもじった和製英語である（3）金融機関の相互扶助による担保不動産流動化策の具体化。

ＰＫＯ発動の狙いは、日本の金融機関と巨大企業は各国に例を見ない株式もち合い制によって大量の株式を保有しあってきたため、株価の下落は企業ばかりではなく金融機関の経営を直接に悪化させるという日本の特殊事情があったためと、ＢＩＳ規制をクリアするため株価維持が必要だったことによる。

九〇～九一年の証券スキャンダルに続いてゼネコン汚職事件が多発し、日本は経済的混迷ばかりか政治的混迷まで加わった。九二年には東京佐川急便事件が発覚し、金子新潟県知事が辞任した。九三年に入っても同事件の余波は収まらず、金丸信自民党副総裁が東京佐川急便からの五億円違法献金と巨額脱税で逮捕されるに至った。

同年にはゼネコン汚職事件が相次いだ。竹内茨城県知事がハザマ・清水建設・鹿島建設などからの収賄容疑で逮捕され、本間宮城県知事は大成建設からの収賄容疑で逮捕、九四年には中村喜四郎元建設大臣がゼネコン斡旋収賄容疑で逮捕されるなど、ゼネコン汚職事件は底なしの広がりを見せた。国民の政治不信は高まり政治改革を求める国民の声は、九三年八月九日、非自民八党派（日本新、新生、さきがけ、社会、民主、公明など）による細川護熙連立内閣の成立に至った。自民党は三八年ぶりに政権を手放しここに〝五五年体制〟は崩壊した。

4章　総合経済対策

効果がなかった総合経済対策

政府（宮沢内閣・在任一九九一～一九九三年）は、一九九二年（平成四）から九三年にかけ、二度にわたる総合経済対策を実施した。総合経済対策とは財政再建型政策からの転換を目的として、宮沢内閣によって開始された積極的財政政策を指す。細川内閣以降の歴代政府も同路線を踏襲し、九三年（平成五）から九五年（平成七）にかけ次に示すように六兆円から一四兆円の大規模な財政・経済対策を連続的に実施した。逆にいえば、これほど大規模の景気対策を矢継ぎ早に講じても景気回復の歩みは緩慢であり、低迷する日本経済の自律的回復には至らなかったのだ。

大規模な景気対策の理論的背景になっていたのは、ケインズ的総需要管理政策である。財政支出によって有効需要を喚起し、景気回復を図ろうとするものであったが、景気回復はならず、次第にその理論的有効性に疑問の目が向けられ支持も失っていった。代わりに九〇年代に唱えられたのがサプライサイド経済学である。日本経済の不振は需要不足ではなく供給過剰にあるとして、不要な規制の撤廃を図る規制緩和や大胆なリストラを図るための構造改革論を主張した。

九〇年代を通じては以下の経済対策が実施された。九五年から九八年にかけておよそ三か年の空白期間があるが、九六年一月に成立した橋本龍太郎内閣が提唱した財政構造改革によって、積極的財政政策が中断されたことによる。

九二年八月総合経済対策（宮沢内閣一〇兆七〇〇〇億円）
九三年四月新総合経済対策（宮沢内閣一三兆二〇〇〇億円）
九三年九月緊急経済対策（細川内閣六兆二〇〇〇億円）
九四年二月総合経済対策（細川内閣一五兆三〇〇〇億円）
九五年四月緊急円高経済対策（村山内閣七兆円）
九五年九月大型経済対策（村山内閣一四兆二二四〇億円）
九八年四月総合経済対策（橋本内閣一六兆六五〇〇億円）
九八年一一月緊急経済対策（小渕内閣二三兆九〇〇〇億円）
九九年一一月経済新生対策（小渕内閣一八兆円）

以上の合計額は一二五・一七兆円に達したが、対策費はこれに止まらず、二〇〇〇年代に入り小渕内閣はさらに大規模な財政出動を伴う経済対策にまい進して行く。政府の大型景気対策に日銀も公定歩合の引き下げによって呼応した。

日銀はバブル崩壊後、一年半経過した九一年七月一日にようやく四年五か月ぶりに公定歩合を六％から五・五％に引き下げた後、景気対策として急速に引き下げていった。同年一一月五日には、年五・〇%に、翌九二年（平成四）四月一日には年三・七五%となった。そのわずか三か月後の七月二七日には〇・五%引き下げ三・二五%、さらに九三年二月四日には、〇・七五%引き下げられて年二・五%となった。そして九三年九月二一日の第七次引き下げによって、公定歩合は年一・七五%と史上最低を記録する。そしてついに九五年四月一四日に公定歩合は一・〇%という歴史的な低水準となった。

このように、短期間に連続的に公定歩合が引き下げられた理由は、日銀の判断と相違して景気回復がはかどらず、逆に悪化する兆候が見られたためである。九三年二月と九月の二度にわたる大幅な引き下げは、金融面からの景気下支えを狙ったものであった。

この大型景気対策に対しては、三点の批判的視点が求められる。第一として同対策は国民不在の経済政策だということにある。八〇年代においてバブルを招いた巨大プロジェクトである四全総（計画総額一〇〇〇兆円）や民活プロジェクト、リゾート開発、そして日米構造問題協議による公共投資基本計画（六三〇兆円）などは、計画総額でも二〇〇〇兆円を遥かに超える巨大プロジェクトであったがことごとく失敗に終わった。プロジェクトのすべては大企業だけを対象とした開発計画であったが、救済策である大型景気対策もまた、大企業向け公共投資を中心とした大企業優遇策であった。

円高デフレ、あるいは平成不況に対応した、九二年（平成四）に始まった政府の一連の大型景気浮揚策は、いずれも三本の柱からなっている。一本目は従前から実施されてきた各種の規制緩和である。二本目も従前からの金融緩和、金利の引き下げ政策である。そして第三の柱が財政出動、つまり大量の国債発行による大型公共投資であった。いうなれば、大型景気対策の最大の特徴は八〇年代の巨大プロジェクトと同様な金融・財政構造をもつ経済政策でしかなく、しかも国債の大量発行を伴った、国民負担の増大によって大企業を救済する積極的財政出動であった。規制緩和・低金利・国債増発による公共投資の三点セットは現代のアベノミクスと相似形を為している。

批判的視点の第二は積極財政への評価である。率直にいえば、積極的財政政策には実体経済を下支えする以上の効果はなかった。日本の経済の実質成長率は九二年度〇・四%、九三年度〇・五%、九四年度は〇・六%になり実質的なゼロ成長が三年続いた。九五年度に入ると景気は回復の兆しを見せ、一・五%に上昇、九六年度は四・四%にまで回復したが、これは消費税導入による駆け込み需要であり景気対策効果ではない。従って、景気回復の兆しは長続きせず九七年にはマイナス成長となり、以降マイナス成長が定着してゆく。

これだけの財政出動も景気対策として効果がないこと

は経済成長率の推移を見れば明らかであり、少なくとも九四年には政策転換が必要とされていたことになる。九四年には地価だけではなく一般的な物価まで下落が進み、デフレ不況が本格化したのも九四年が転機になったとされる。こうした状況下で唱えられ始めたのが規制緩和による構造改革である。「規制緩和」と「構造改革」のスローガンはジャーナリズムと国民世論の強い支持を受け、政府の各種政策は規制緩和策に一斉に舵を切った。

経済政策の軸足が定まらない事例は税制改革でも見られた。政府は九四年から三か年にわたる大型の所得減税を実施した。だが、本格的な景気回復に至らない九七年四月には、橋本内閣は消費税を二%上げ五兆円増税、さらに前年度までの特別減税二兆円の廃止、そして社会保険料二兆円の負担増を加えた合計九兆円増税を実施した。その理由は九六年に成長率が回復したことを機に消費税増税を含む財政・構造改革を押し進めようとした政府の判断があった。このように日本の経済・財政・税制は時計の振子のように振幅が大きく揺れ動いている。

第三の批判的視点は公共投資の財源とされた国債発行の是非についてであるが、次節の「膨張する国家債務」で詳しく述べておきたい。

膨張する国家債務

特例国債（赤字国債）が毎年継続して発行されるようになったのは、三木武夫内閣時の一九七五年（昭和五〇）の補正予算からである。同時に大平正芳蔵相は財政危機宣言を発表している。これは七三年（昭和四八）に勃発した第一次石油危機による経済成長鈍化と、その翌年（七四年）には戦後初めての実質マイナス成長によって税収が大幅に落ち込んだことが理由とされる。

八〇年（昭和五五）には、国債発行額は一四兆円を超えた。国債残高は七〇兆円を超え、財政は破綻寸前となっていた。大平首相は財政再建を目的に消費税導入を訴え、さらに七九年（昭和五四）には「昭和五九年度（八四年）までに赤字国債脱却」を財政再建スローガンに掲げて、八〇年度を財政再建元年と位置づけ、国債発行の抑制が図られた。その具体計画である「財政の中期展望」（一九八〇〜八四年度）では、八四年度の特例公債発行高ゼロを実現させるため大胆な歳出削減が提言されていた。要は赤字国債の発行は財政法違反であり、赤字国債の発行を早急にやめるべきとの認識は政府も国会でも共有していたのだ。

八〇年七月一七日に成立した鈴木善行内閣は、大平内閣の財政再建路線を継承し「増税なき財政再建」をスローガンに、八一年三月には第二次臨時行政調査会（第二臨調・会長土光敏夫経団連会長）を発足させ行財政改革に取り組むこととなる。

「八四年までに赤字国債脱却」の政府公約は一九七九年

（昭和五四）一月に発生した第二次石油危機によって崩れるが、一般歳出の抑制方針は以後の歴代内閣に引き継がれ、九〇年度（平成二）予算において赤字国債からの脱却に成功する。ただし九〇年に勃発した湾岸戦争への支援として臨時の特別国債が九七〇〇億円発行されている。

だが、九一年度予算編成直後の九〇年一〇月には、バブル経済は崩壊するとともに長期不況に陥り、税収減による歳入不足が深刻化したばかりではなく、さらに景気対策として財政出動による大型の総合経済対策や緊急経済対策がとられた。その結果、国債発行残高は八四年度末に一二一兆円を超え、さらには九〇年度末の一六六兆円から九五年度末には二二五兆円にまで膨張した。特例国債（赤字国債）の発行が再開されることになったのは九四年である。赤字国債のゼロ発行は九〇年から九三年までのわずか四年で終了した。

毎年の国債発行額は九五年（平成七）に二〇兆円を突破。九八年（平成一〇）には三四兆円を突破し、以後毎年三〇兆円を超える国債発行は常態化していった。その異常さは、国の一般会計歳出総額に占める国債発行収入の割合である国債依存度で計ることができる。一九七五年（昭和五〇）に九・四％だった国債依存度は、九六年度には二八・〇％に達した。すでにこの時点において国債発行なしに一般会計予算を組むことができていないのだ。国債依存度の上昇は政策的経費の減少、あるいは経費割合の減少をもたらすことで、財政の硬直化を招くに至る。これが財政危機である。

財政法は国の財政基準の原則を第四条において次のように定めている。「国の歳出は、公債又は借入金以外の歳入を以って、その財源としなければならない。但し公共事業費、出資金及び貸付金の財源については、国会の議決を経た金額の範囲内で、公債を発行し又は借入金をなすことができる」

このように、財政法の原則は非募債主義がとられており、建設国債の発行も但し書きにおいて例外的に、且つ国会の議決が必要とされるものとなっている。四条第二項では「前項但書の規定により公債を発行し又は借入金をなす場合においては、その償還の計画を国会に提出しなければならない」。続いて第三項では、「公共事業費の範囲については、毎会計年度、国会の議決を経なければならない」としている。

立法主旨は、公共投資は将来世代に対しても社会資本としての受益が及ぶので、相応の負担も認められるとの考えに基づく。だが、厳しく限定されたはずの建設国債発行は現在では無制限の様相を呈し、立法の主旨はなきが如くである。

特例国債（赤字国債）は、建設国債とちがい消費的経費について財源不足を賄うための国債である。しかし、特例国債については財政法にその規定すらなく、従って、その発効には政府の発行を目的とする特例法案について国会の議決が必要とされている。

このように建設国債も特例国債も国会の議決が求められている点では共通するが、建設国債といえども議決さえあればいくらでも発効できるものではないことは立法の主旨から明らかである。ましてや赤字国債は「財政運営に必要な財源の確保を図るための特別措置に関する法律」（財源確保法）の議決を毎年繰り返してもその違法性は阻却されない。国会は赤字国債発行の違法性が高くとも、国会議決によって合法性が得られるものと認識しているようだが、財政法違反は明らかであり、赤字国債発行による財政規律の緩みは極限に達している。

赤字国債の膨大な累積とそれに伴う財政規律の弛緩による影響は、やがて財政危機への認識に至る。九五年（平成七）には村山富市内閣において武村蔵相が「財政危機宣言」を行ない、九六年七月には大蔵大臣の諮問機関である財政制度審議会が『財政構造改革白書』を発表、その中で「将来世代に負担を先送りして、行政サービスを享受しつづけることは不可能です」と、赤字国債発行の限界性を明記した。

財務省の発表によれば二〇一五年（平成二七）五月に一四年度末の国の借金残高は一〇五三兆円三五七二億円であった。前年より二八兆四〇〇三億円増加したという。政府が唱えるインフレ・ターゲット論が成功し、二～三％のインフレ率になれば、金利も上昇するから仮に二％の上昇率ならば二〇兆円余の追加金利負担が生じることになる。借金残高は国の返済能力を遥かに超えている。一六年度の政府予算では歳入に占める借金の割合である国債依存度は三五・六％に達し、九六年度と比較してもその危機の深刻さは伺うべくもない。それにもかかわらず、この危機が現在の政府や国会議員に共有されていないことが疑問である。

赤字国債の膨大な累積と財政規律の緩みは、我が国経済と国民生活に深刻な影を落としている。第一には、社会保障や文化教育の費用は真っ先に削減対象にされ、あるいは社会保障の充実を目的とした国民増税が図られるなど、赤字国債を巡る経済政策は国民生活に直結するものとなっている。そればかりか、年金や医療保険の国庫負担金も削減対象とされた結果、負担と給付の逆転現象が起こり、社会保障制度の存在が逆に経済格差を拡大させるＯＥＣＤ（経済協力開発機構）先進国で唯一の国（二〇一七年現在）となっている。つまり社会保障・租税制度は国民所得の再分配機能を果たしておらず、国の制度が国民の格差を作り出す元凶ともいえる歪んだ堕落した制度となっているのだ。

第二として最も重要な問題なのが、赤字国債の発行はすでにこの頃から徐々にではあるが事実上の「日銀引き受け」が進行していったことである。財政法第五条は「すべて、公債の発行については、日本銀行にこれを引き受けさせ、又、借入金の借入については、日本銀行からこれを借り入れてはならない」と規定し、新規国債の日銀引き受けを原則禁止している。「日銀引き受け」は、第二次世界大戦において膨大な軍事費調達に利用された苦い記憶から戦後になって財政法第五条によって否定された。いくらでも財源を確保できることから打出の小槌ともいわれたこの制度は、日本の軍部を戦争に掻き立てるに十分な魅力的制度であったのだ。この制度がなければ軍部は戦争を決断しなかったといわれるほどである。

一九三六年（昭和一一）に起こった二・二六事件は、軍事費削減と国債の「日銀引き受け」に強硬に反対する高橋是清蔵相を、〝昭和維新〟を叫ぶ青年将校が暗殺したクーデター事件であるが、それほど「日銀引き受け」は膨大な軍事需要を抱える軍部にとって文字どおりの生命線だった。「日銀引き受け」によって国内消化された国債＝国民資産は戦後のハイパーインフレによって紙くず同然となり、国民は塗炭の苦しみを味わうことになったことは今でも歴史の記憶として残っている。

赤字国債の発行は無限には続かないことを国民も銘記すべきだ。財政危機への認識は古く七五年以前にさかのぼる。しかも国は遅くとも九五年（平成七）には赤字国債の限界性を認識し、公文書にまで明記したはずだ。だが、この認識に対して有効な対策は取られず、今や日本国債は発行額の七割を日銀が買い取り、マネーを輪転機の刷り増しによって我が国の財政が存続する状態となっている。国民にとってはマネーだけが潤沢に供給されても購入できる財やサービスがなければ物価高・インフレに襲われるのみであり、国民の豊かさとは無縁となる。政府や政治家は財政規律の緩みである赤字国債の大量発行がはらむマイナス面・危険性を国民に丁寧に説明すべきと考える。自らに都合のよい情報を提供するだけならば大本営発表と何ら相違ない。日本国民を信じる勇気を政府に求めたい。

金融システムの動揺

（二）バブルの後遺症を拡大させた不良債権処理

九〇年年代初頭はバブル経済の破綻とともに社会・経済システムが荒廃し、バブル経済が社会・経済に与えた様々な歪みや腐敗、矛盾が噴出した時期だった。中でも金融システムの崩壊が日本社会に及ぼした影響は深刻なものとなった。

一九九二年（平成四）に入っても株価の下落は続いていた。日本の金融システムの機能不全は明白となり、金融危機が目前に迫ろうとしていた。九二年三月一六日に東証平均株価は一万九八三七円一六銭となり二万円を割り込んだ。我が国の経済力から想定された〝岩盤〟といわれた株価二万円をあっさりと下回ったのだ。

九二年七月二八日に発表された政府の『92年版経済白書』は、副題の「調整をこえて新たなる展開をめざす日本経済」が示すように、調整期間を過ぎれば経済は回復するとの甘い見通しを語っていた。問題意識がないのだから金融・経済対策は存在しようがない。

政府は一時的な処理策を繰り出すだけで抜本的な構造改革や経済対策は先送りされた。政府が無為無策であった間でも金融機関は利益を確保するため自己所有株の売却に動き、それがさらなる売り圧力となって一段の株安を招いた。株価一万六千円は金融機関の経営を左右する生命線ともいわれたが、九二年八月一八日の日経平均株価はさらに下落し、生命線を超えて死守ラインである一万五〇〇〇円を割り込み、一万四三〇九円四一銭となった。

政府が金融システムの動揺対策にようやく動いたのは、約半年後の九二年八月一八日である。大蔵省は「金融行政の当面の運営方針について――金融システムの安定性確保と効率化の推進」と題する通達を発表し、金融システム安定のための緊急対策として暴落する株価対策と不良債権処理方針を掲げた。つまり、公式に金融システムが危機的な状況にあることを初めて認めたのだ。だが、九二年末には本格的な長期不況が到来、経済対策の遅れは日本経済に致命的な傷跡を残すことになる。

経済企画庁の月例報告に従来の減速感に代わり、低迷と表現されたのは翌九三年一月であった。

宮沢喜一内閣は八月二九日に総額一〇兆七〇〇〇億円の戦後最大となる総合経済対策を決定、本格的な景気対策に乗り出した。さらに九三年度予算編成成立後の四月にはさらに一三兆二〇〇〇億円の新・総合経済対策を策定し、景気回復を本格的な軌道に乗せようとした。だが、九三年六月一八日に自民党内の小沢一郎グループの造反によって内閣不信任案が可決された。宮沢首相は衆院解散総選挙で応じたが、九三年七月の第四〇回総選挙において自民党は過半数割れの大敗北を喫し、宮沢内閣に代わり非自民八党派によって八月九日に細川護熙連立内閣が誕生した。五五年体制といわれる一九五五年の保守合同によって自由民主党発足して以来、長期にわたった自民党政権と最大野党の社会党との二大政党体制は終焉した。そして社会党は消滅し自民党は分裂した。新生、民主、さきがけ、日本新などの政党が数多く誕生したが離合集散を繰り返し、やがてその多くは消滅して行った。そして国民もモラルハザード（道徳的退廃）に陥っていた。

(二) 相次ぐ証券スキャンダル・不祥事の発覚

九一年（平成三）から九六年（平成八）の時期にかけて政官財汚職や金融不祥事・金融スキャンダル、企業や金融機関の不正・乱脈融資、粉飾決算などが相次いで発覚した。証券スキャンダルの口火を切ったのは、九一年五月に新聞報道された野村証券と日興証券による広域暴力団稲川会への融資事件である。稲川会は八九年中頃に東急電鉄株二四〇〇万株を両証券会社を通じて大量に買いつけ、この取得株を担保に両証券会社の子会社である野村ファイナンスと日興クレジットから約三六〇億円もの融資を受けていたことが新聞報道によって明るみに出た。続いて六月には大口の特定法人投資家に対し株価急落によって生じた総額一六〇億円の損失を野村証券が穴埋めしていた損失補填事件が報じられた。さらに富士銀行と東海銀行が架空預金を使った不正融資を行なっていたことが発覚した。

国会は証券スキャンダル追及の場と化した。大蔵省が九〇年に実施した監査報告によれば、八八年第一四半期から九〇年第一四半期までに野村、大和、日興、山一の四大証券会社の補填額は総額で約一三〇〇億円に上ったという。監督官庁である大蔵省の金融行政への不信も高まった。九一年一〇月三日には事後の損失補填や、取引一任勘定取引の原則禁止を謳った改正証券取引法が成立し、九二年七月二〇日には証券取引等監視委員会が発足したが業界の不正・不祥事を断つことはできなかった。

八九年五月二日に東証上場株式の時価総額が五〇〇兆円を突破し、ニューヨーク証券取引所を抜いて世界シェア四四％を占め世界最大となった日本の株式市場だが、未だに法令が企業の行動規範とならず、コンプライアンスを欠いた前近代的な市場でしかなかった。行政指導や企業のもたれ合い構造に頼った砂上の楼閣であることが白日のもとに晒された。やがて九二年末には、株式時価総額は二七〇兆円を割り込んだ。そして一連の不祥事に関連して政局も混乱し動揺をつづけた。

九四年（平成六）一二月に入り、ＥＩＥインターナショナル（イー・アイ・イー、高橋治則代表）傘下の東京協和信用組合、安全信用組合が破綻した。高橋治則は「悪魔の錬金術師」と呼ばれ、その交遊は政財界から右翼にまで及んだ謎の人物だった。九五年七月末にコスモ信用組合、八月末には木津信用組合が破綻し、二信組の乱脈融資・不正融資に関連して山口敏夫元労相が背任容疑で逮捕された。同年八月三〇日には戦後初めて第二地銀である兵庫銀行が破綻した。経営危機に陥っていた兵庫銀行は九二年末に日銀から特別緊急融資を受け、さらには九三年三月には大蔵省から新社長を迎えるなど経営再建を図った。同年五月に公表した不良債権額は六一〇億円であったのに、わずか三か月後に破綻し不良債権額は一兆五〇〇〇億円と膨大になっていた。大蔵省の査定がいかに杜撰であったか、監督庁と金融機関の癒着が世に問われた事件となった。

九五年一〇月には、大和銀行ニューヨーク支店での米国債不正取引事件が発覚した。不正取引による一一〇〇億円の巨額損失を組織的な隠ぺいを図った事件として米捜査当局から摘発を受けたのである。

国内外で日本の経済・金融システムへの信認が揺らいでいた。金融システムの信認とは、財政政策や金融機関への信頼性にほかならない。だが、大蔵省の一連の裁量行政はこの信頼性をさらに毀損させ、銀行不倒神話も崩壊していった。

不良債権とは、金融機関の融資の中で融資先の経営悪化や破綻などによって、元本返済や利子払いが困難、あるいは不可能となった債権をいう。また、債務不履行(デフォルト)と呼ばれる。

バブル崩壊によって地価・株価が急落し融資先債権が不良債権化するばかりでなく、金融機関自身も株式もち合い制度によって所有株式が下落することでバランスシート不況となり、不良債権の大量発生を促した。株価急落が金融機関の経営悪化をもたらし、さらに所有する土地担価が暴落することで金融機関にさらなる打撃を与えた。とりわけ九〇年四月から実施された総量規制・三業種規制の対象となった不動産業界、建設業、ノンバンクは深刻な経営困難に陥った。不良債権の処理は政府・日銀にとって最優先すべき政策課題となった。

(三) 金融システム崩壊の原因

中でも、金融システム崩壊を最も象徴する事件は「住専問題」であった。住専が抱える不良債権が社会問題化したのは九五年(平成七)である。しかし、すでに九二年には、住専の不良債権問題は政府・日銀内部でも共有化されており、九四年の二信組(東京協和、安全)の破綻処理を巡る不透明な「密室政治」と、大和銀行への監督行政に見る裁量主義とともに、日本の金融システムの透明性と信用性、安全性が国際的にも問われた事件となった。

大蔵省は二信組の処理を法的整理によらず、二信組を解体したうえで、全国の金融機関から旧来の奉加帳方式によって設立資金を募集して東京共同銀行(仮称)を設立し、二信組の優良資産を同銀行に譲渡し、不良資産は関連金融機関に割り振り各自金融機関及び東京都の負担で処理しようとした。この不透明な密室的処理は住専、大和銀行事件の処理と併せて国際金融市場において日本の金融システムに対する深刻な不信を生じさせた。重要な問題点として次の三点が上げられる。

影響は第一にジャパンプレミアムの拡大として現れた。ジャパンプレミアムとは、日本の国際的信用の引き下げに伴い、邦銀が海外の金融市場で資金調達する場合、欧米の一流金融機関よりも高い金利が上乗せされる制度である。邦銀の海外での資金調達力や信用度は格段に劣化した。

さらには、大蔵省の法的処理によらない前近代的な破綻処理は、日本の金融機関のみならず金融機関の監督省庁である大蔵省まで含めた日本のシステムへの信頼性を揺るがせ、日本の不良債権すべてに関するディスクロージャー（経営情報開示）要求が国際金融市場から突きつけられた。

大蔵省は日本の不良債権総額を約四〇兆円と発表したが、九二年五月に英国の金融専門紙『フィナンシャルタイムズ』は、日本の不良債権は四二〜五六兆円に達すると報道した。さらに国内外から不良債権額は一〇〇兆円を超えるのではないかとの懸念や疑惑の声も上がり、不良債権問題の広がりは底がしれない様相を呈した。日本の金融機関はシステミック・リスク（一部の金融機関の預金払い戻しや支払いが不能になる機能不全や不信が他の金融機関や金融市場、あるいは金融システム全体にドミノ的に波及してゆく危険性）にさらされた。

影響の第三として、大蔵省の権力と裁量主義に頼った破綻処理スキームは、債権者平等主義に反し公正でも公平でもなく、今後に起こりうる金融機関の破綻処理に法的な普遍性や汎用性をもちえないものだった。このことは、九〇年代後半に再び発生する金融危機に大蔵省は対処することができず、前者の轍を踏むことになった。

（四）住専破綻処理の問題点

改めて住専問題とは何かを問いてみたい。

「住専」とは住宅金融専門会社として、民間金融機関や農林系統機関の子会社として一九七〇年代に設立された個人向け住宅ローンを扱うノンバンク八社（預貯金業務を行なわない融資専門の金融機関）をいう。面倒でコストがかかる小口金融を子会社である住専で扱おうとしたのである。しかし住専は、バブル期において母体行である銀行との激しい融資競争の中で、本来の業務である個人向け住宅資金貸付業務は次第に縮小され、不動産業者向けの不動産資金貸付が業務の大半を占めるようになっていた。バブルのピーク時である九〇年（平成二）には住専の総貸付額は一三兆円に達したが、その約八割が不動産業者向け融資であった。

しかも一般のノンバンクが通産省の管轄下であるのに比し、住専七社（一社は農林系／農協として農林省管轄）は、大蔵省の直轄会社として国民に対し優良な住宅を提供するという国策を担っていたため、大蔵省の総量規制・三業種規制の対象外という特権的な位置づけにあった。

これにより、住専には国内の行き場がない大量の融資資金が流入したが、不動産不況・金融不況に始まるバブル崩壊とともに経営危機に陥り、農林系を除く住専七社は事実上の破綻となった。いうなれば不良債権となった大部分は大蔵省系住専が扱った不動産業者向け融資なのだ。住専七社は大蔵官僚の有力な天下り先なのであり、住専の主要役員は大蔵官僚が独占していた。ここに後の住専救済に際して公的資金が導入された理由があった。

住専七社の一つである日本住宅金融（日住金）は、九二年三月現在の営業貸付金二兆三〇〇〇億円のうち、今後に発生が見込まれる延滞債権まで含めれば不良債権額が一兆二〇〇〇億円に達し実質的な破綻状態にあったが、これが明るみにされたのは九六年の通常国会、いわゆる住専国会での政府側答弁によってであった。大蔵省はすでに九二年中には日住金の経営悪化を把握していたが事実は公表されず、むしろ日住金の健全性を喧伝しており、この結果、農林系金融機関は日住金への融資を増額させ、住専破綻に際して大損害を被ることになる。まさに未必の故意といえる。

日住金（住専）設立時に出資した母体行九行の主力銀行である三和銀行は、大蔵省の秘密裏の要請を受け九二年五月に日住金の暫定再建案を作成し母体行のみの会合（母体行会議）において提案したが、ほかの母体行の猛烈な反対を受け再建策のとりまとめを断念した。これが住専処理の長い迷走劇の序幕となった。

迷走劇の背景にあったのは一つには、デフレ不況という経済的な要因である。再建案の準備中にも地価・株価の急落が続き、その影響が実体経済にまで及ぶ長期不況への下降過程にあったために、不良債権は増大するばかりで債権処理が追いついていかなかった。

本質的要因と考えられたのは次の二点目である。破綻処理に際しては、住専破綻の真の責任所在はどこにあるのか、あるいは損失の分担をどこまで、どのように負うのかが最初から明確にされていなかった。例えば母体行の責任ひとつとっても出資比率もちがえば、住専七社の経営についてもその関与度はそれぞれにちがい、破綻責任は一律に問えないものであった。一般行にいたっては責任を問うというより、むしろ被害者に近い立場にあるといえた。大蔵省は貸し手責任論でもって「護送船団行政」といわれる日本型金融システムの維持を図ろうとしたが、これは無理な論法だった。お金を借りたうえに会社を倒産させた人が「お金を貸した方が悪いのだ」と開き直っているのと同様の理屈だといえる。

この理屈が通れば道理は引っ込み、資本主義どころか社会の存続さえ危ぶまれることになろう。ところが、大蔵省はこの無理を公権力を武器に押し通そうとした。ゆえに提示された再建案は当初から疑惑の目で見られ、母体行や一般行、そして農林省までも巻き込んで紛糾したことが長期化の要因となった。

住専の不良債権処理が再開されたのは九二年八月となった。八月一八日には日経平均株価が一万四三〇九円まで下落して一万五〇〇〇円を割り込み、大蔵省は同日に「金融行政の当面の運営方針」なる緊急通達を発表、金融システムの安定を図らざるを得ない状況となっていた。日住金の債権処理を他の住専再建モデルにつなげ、且つ日本の金融システム秩序維持の試金石としたい大蔵省が、三和銀行の暫定再建案を基本に作成したのが住専七社を救済の目的とした第一次再建計画である。だが、同計画はその場しのぎの弥縫策でしかなく、これまた母体行の同意を得ることができず抜本対策は先送りされた。

従って、第二次再建計画の作成が急がれた。第二次一〇か年再建計画がまとまったのは九三年二月二六日であった。まがりなりにもスタートした第二次再建計画であるが、これすらも「緊急の生命維持装置」でしかなく、住専七社の経営は悪化の一途をたどった。地価下落は止まらないから買い手はつかず、不良債権回収は進まない。地価下落で含み益も利息収入も減り続け追加融資も必要となった。回収代金を資金繰りに充てるために無理な担保処分を進めざるを得なく、かえって債務超過となって赤字が増すのみで再建目標は遠のくばかりであった。九四年末には各社とも九五年三月決算期を乗り切ることが困難となった。

九六年一月の通常国会（後に住専国会と呼ばれる）を直前にひかえた九五年一二月、大蔵省の住専処理スキームが母体行に提示され、母体行の合意によって同案が最終処理スキームとなった。九二年の第一次再建計画、九三年の第二次再建計画に続くこの最終処理案が次期通常国会（住専国会）に提出され、住専処理法の枠組みとなった。

最終処理の枠組み次のようになっていた。住専七社（農林系の一社は健全経営であり住専処理から除外されている）の資産一三兆円のうち約九兆五六〇〇億円が不良債権となっていたが、その中でも六兆四一〇〇億円が回収不能債権として最終処理されることになった。回収不能額の六兆四一〇〇億円のうち、母体行が融資額三兆五〇〇〇億円を全額放棄する。住専に融資した一般行も同様に融資比率に応じて一兆七〇〇〇億円の債権放棄をする。農林系からは五三〇〇億円が贈与され、政府も預金保険機構を通じて六八五〇億円を支出し預金保険機構（住専勘定）を通じて贈与するとした。この六八五〇億円（このうち五〇億円は住専処理機構の設立費用に充てられた）が公的資金の導入として国会で追及を受けた。バブル時代に大儲けをしたバブル企業やバブル紳士を、「国民の税金で救済するのか」とばかりに世論もマスメディアも声をそろえて批判した。

回収見込み債権とされた三兆二九〇〇億円及び清算後の残存資産は住専処理機構（預金保険機構の一〇〇％子会社／現・整理回収機構）に譲渡され、処理機構は資産の売却や資本回収を図ることになる。

（五）日本経済の課題

九〇年代のはじめ、日本のバブル景気破綻以降に経済が長期停滞に陥った原因は、輸出依存型経済成長に代わる自律的な内需型経済への転換ができなかったことにある。八五年（昭和六〇）Ｇ５による円高騰による円高不況を克服したのも、輸出依存型産業の新製品の開発・改良と、徹底した減量経営によって輸出拡大が持続したためである。

融資の原資は国民の預貯金であり、国民の高い貯蓄性向によって支えられてきた。日本経済の発展はこの豊富（過剰）な資金を資本投資や設備投資することで形成された。

我が国の租税・金融体系、社会福祉、財政構造も貯蓄性向に合わせて経済大国＝生活小国が制度設計されてきた。高い保険料と低い保険給付や、終身雇用を前提とした年金の賦課制度は受給資格を得るまでに長期間を要したし、あるいは消費税増税による社会保障財源化も企業の社会保険料の負担を軽減するに留まり、医療・介護・年金制度などの社会保障への抜本的・恒久的改革につながらず、将来の老後への不安となって国民の高い貯蓄率＝高い設備投資が維持されてきた。国民は家計の犠牲の上に成り立つ経済大国の政策を暗黙の裡に指示してきたともいえる。

ゼロ金利政策は、債務超過に陥った大企業と金融機関の救済措置として採用されたものであり、ゼロ金利政策が続くことは、我が国の金融機関及び金融システムがいまだに健全化への途半ばであり、国際的な信用も低いレベルにあることの証左になっている。あまりにも長い救済策は本来淘汰されるべき企業・金融機関がゾンビ企業として生き残ることになり、シュンペーターの説くイノベーションとも構造改革ともいえないものになっている。結果的に日本の金融システムの不全性を長期化させていると見做さざるを得ないし、国民の金融機関への不信もここに発しているのではないか。つまり、消費が抑制されることでデフレ不況の長期化に大きな影響を及ぼしていると考えられる。

国民生活への影響も見逃せない。約一四〇〇兆円に及ぶ国民資産のうち、仮に一〇〇〇兆円が預貯金だとすれば、金利年二％で家計収入は年間二〇兆円の増加となり、二〇年間では四〇〇兆円になる。この収入が家計に入らず所得移転されて企業・金融機関の収益となっている。デフレ不況以降、我が国の一部上場企業の本来業務において収益を計上している企業はほとんど見あたらない状況にある。それにもかかわらず莫大な内部留保の蓄積がされている事実はこの制度的な所得移転にほかならない。

住専処理に典型的に見られる経営危機に陥った金融機関への公的資金注入も所得移転の効果を同様にもたらす。公的資金は金融機関の資本金として注入され、その原資は国債によって賄われている。つまり、将来の税金によって現在の所得移転が行われているのだ。

デフレとは物価下落を伴う需要不足を指す。教科書的にいえば物価下落はやがて需要を高め、需要が上昇すれば金利が上がっていき、やがて需要と供給は均衡し物価も安定してゆくとされていた。さすれば、ゼロ金利の継続はこの均衡を生じさせず、家計収入の低下と金融機関への不信は国民をして消費抑制と現金預金への選択を余儀なくされ、需要不足をさらに高めデフレ不況を長期化・深刻化させるものとなる。金融緩和はデフレ脱却の解決策にならないのだ。

金融危機の発生橋本内閣による財政構造改革

（一）橋本金融改革の目的

一九九六年（平成八）一月五日、村山富市首相は住専処理法案を閣議決定後に辞意を表明、政権は橋本龍太郎に禅譲された。一月一一日に成立した橋本内閣は、成立直後の二月九日に住専処理法案を国会に提出した。六月二一日には住専の不良債権六八五〇億円に対し、公的資金（財投資金）を注入する処理をした。政府は巨額な公的資金を注入することで、大手民間金融機関の資本を増強させ、当面する金融機関の健全化と金融システムの安定化を図ったのである。

同時に進められたのが、日本の政策レジームの大改革を目指した「六大改革」であった。橋本首相は就任一〇か月を経た九六年一一月に、「行政改革」、「経済構造改革」、「財政構造改革」、「金融システム改革」、「社会保障改革」、「教育改革」の六大改革を提唱した。村山政権下の経済審議会レポート「構造改革のための経済社会計画」、及び行政改革委員会規制緩和小委員会報告「光り輝く国をめざして」の提言を下敷きにした幅広い改革の必要性と重要性を訴えたものだった。その中で金融システム改革の具体的改革案となったのが「日本版金融ビッグバン」である。

金融ビッグバンの目的は、橋本首相の構想である「我が国金融システムの改革――二〇〇一年東京市場の再生に向けて」の中で的確に表現されている。その内容は、金融の自由化や国際化に合わせた改革を実施することで、東京金融市場の地位向上と再生を図り、ニューヨーク市場やロンドン市場に比肩しうる国際競争力を高め、競争市場原理へと日本市場を大きく転換させることに狙いがあった。もちろんアメリカからの強い要求を受けてのことである。この目的を遂行するにあたり「フリー」、「フェア」、「グローバル」の三原則が掲げられた。

三原則のうち、第一の「フリー」（自由市場）原則とは銀行、証券、信託、保険の業態間の垣根や規制を撤廃することで各業界の相互参入（業態別子会社の業務範囲の見直し）や、各業務の統合的運用、例えば銀行窓口での投資信託販売や証券仲介業、共同店舗での保険販売が九八年から〇四年にかけて可能となった。さらには国内の金融機関の合併・統合を加速するために金融もち株会社の導入をはかった。これは戦前日本に見られた財閥の再登場であった。

　みずほフィナンシャル・グループは富士銀行、第一勧業銀行、日本興業銀行が経営統合し、二〇〇〇年（平成一二）に誕生した。〇一年には東京三菱銀行と三菱信託が合併し、三菱東京フィナンシャル・グループとなった。続いて三井住友フィナンシャル・グループ（住友銀行とさくら銀行）、及びUFJホールディングス（三和銀行と東海銀行）が誕生し、現在の四大メガバンクが出そろった。

　第二の「フェア」（透明で公正な市場）原則とは、金融機関のディスクロージャー（情報公開）の拡充、そして公正な取引ルールの確立と明確化をいう。金融機関の不正行為に対する調査・監督機能も含まれる。

　第三の「グローバル」（国際的市場）原則とは、国際基準に則った法整備や会計基準、監督体制などの整備、デリバティブ（金融派生商品）の解禁である。デリバティブの解禁とは、刑法の賭博罪の適用を解除して合法化しヘッジファンドなどによる投機活動を容認するとともに、日本の金融機関もハイリスクハイリターンの危険な金融商品の販売を可能にすることにある。これらはアメリカンスタンダードと呼ばれたアメリカ基準に従ったものであった。

「フリー」、「フェア」、「グローバル」を三原則とする金融システム改革は、九七年から〇一年までの五年間に、（1）資産運用手段の充実等（2）企業の円滑な資金調達（3）多様なサービスの提供（4）効率的な市場の整備（5）公正取引の確保等（6）仲介者の健全性の確保及び破綻処理制度の整備という六項目について投信法、証券取引法、外証法などの関連法規の抜本的な改正を行なうとされ、改革の大部分は九七～九八年中に施行された。その主要な内容は次の通りである。

①資産運用手段の充実等（証券総合口座の導入、私募投信の導入、証券デリバティブの全面解禁、ストックオプション制度の利用拡大）
②企業の円滑な資金調達（新しい社債商品の導入、上場基準の見直し、未上場・未登録株の証券会社による取扱いの解禁）
③多様なサービスの提供（証券会社の専業義務の撤廃と業務の多角化・株式委託手数料の自由化・投信信託約款の承認制から届出制へ移行、投信会社の免許制から許可制への移行）
④効率的な市場の整備（株式売買の取引所集中義務の撤廃）
⑤公正取引の確保等（公正取引ルールの整備・充実、ディスクロージャーの充実）
⑥仲介者の健全性の確保及び破綻処理制度の整備（自己資本規制比率の見直し、金融機関のディスクロージャーの充実、破綻の際の利用者保護の枠組みの整備、倒産手続きの整備、保険契約者保護機構の創設）

（二）赤字国債ゼロへの道

バブル崩壊後の実質経済成長率は九一年に二・二％、九二年に一・一％、九三年にはマイナス一・〇％に低下した。政府は景気浮揚を目的に大型の経済対策を次々に実施したが、景気回復は進展しないばかりか国家財政の累積赤字は増加し続け、並行して国債依存度も悪化していった。九〇年に一六六兆円だった国債発行残高は、九五年に二二五兆円と増加し、九九年には三三二兆円と倍増した。九〇年代の一〇年間に一〇回の景気対策がうたれ累計で一三六兆円の国費が投入されたにもかかわらず、一〇年間の平均成長率は一・三％にすぎなかった。

平成バブル崩壊後に繰り返された景気対策は我が国の財政状態を極度に悪化させ、その改善を目的として財政構造改革が提唱された。提唱の契機は九六年度の経済成長率が実質で二・九％と若干の回復を見せたことからこの機に構造改革を押し進め、消費税増税を含む大衆増税の実現を図ったのである。

九六年一二月一九日の閣議では、財政構造改革の必要性が次のように認識されていた。「現在の財政構造を放置し、超高齢化社会の下で財政赤字の拡大を招けば、経済・国民生活が破綻することは必至である」。この危機感を基に財政再建に数値目標を取り入れた「財政健全化目標について」が閣議決定され、橋本首相を議長とする財政構造改革会議が九七年一月に設置された。同会議は九七年一〇月に「財政構造改革五原則」を示し、改革五原則は「財政構造改革法」（財革法・財政構造改革の推進に関する特別措置法）として九七年一一月二八日に制定された。この財政構造改革法では次のような財政健全化目標が示された。

①平成九年度を「財政構造改革元年」と位置づけ、改革目標を二〇〇三年（平成一五）までとする。

②国と地方の財政赤字を対GNP比率で三％以内とする。新規の赤字国債の発行ゼロとし、国債依存度を引き下げる

③「歳出の改革と縮減」については、すべての主要経費について「一切の聖域なし」として具体的な縮減目標を策定する

地方財政の健全化では次の方針が示された。

①地方公共団体は、国の財政構造改革の推進に関する施策に呼応・並行して、財政構造改革に努め、その財政の自主的且つ自立的な健全化を図る

②政府は、地方公共団体の財政の自主的且つ自立的な健全化が円滑に推進されるよう、適切に行政上及び財政上の措置を講ずる

③地方一般歳出の額が抑制されたものとなり、一九九八年度地方財政計画における地方一般歳出の額が、一九九七年度の地方一般歳出の額を下回るよう、必要な措置を講ずるものとする

財政健全化目標に従って実施された政策は、次のものとなった。九七年度が「財政構造改革元年」に位置づけられたことから九七年度の公債発行額は、前年度の二一兆円から一六・七兆円に減額された。社会保障構造改革は、財政構造改革の主要ターゲットとされ削減要求の標的になった。九六年一一月に出された社会保障関係審議会会長会議の「中間まとめ」（社会保障構造改革の方向）では、「今後高齢化の進行などに伴い社会保障の規模が拡大していけば、社会保障に係わる企業負担も拡大し、結果的に企業活動の衰退や産業空洞化を招くのではないか」と述べ、社会保障構造改革は企業活動・産業の発展を目的とし、国民の社会福祉にとっては社会保障の量的・質的水準の抑制であることが明確にされた。

九七年九月に医療費の国民負担率が一割から二割へ引き上げられ、九九年度以降の社会保障費の伸びを二％以下にする、国庫補助等を対前年比一〇％削減などが決定をみた。

歳入面では九七年四月に消費税は三％から五％に引き上げられた。同時に法人税減税を行ない基本税率は三七・五％から三四・五％に引き下げられた。また、これまであった特別減税が廃止になるなど増税と緊縮財政が同時に実行された結果、国民負担が約九兆円（消費増税五兆円、所得増税二兆円、社会保険料負担二兆円）も増加した。

九八年度の一般公共事業費は対前年比七％以上が削減目標とされた。これにより財革法に基づき作成された九八年度予算は七七兆六六九二億円（前年比〇・四％増）、一般歳出は一一年ぶりのマイナス一・三％減、公共事業関係費は七・八％減の八兆九八五三億円という超緊縮型予算となった。

この結果、本格的な回復傾向に入っていない日本経済はデフレ傾向が次第に強まってゆき、九七年五月を境に後退し始めた景気は、九七年末の金融危機から再び不況が深刻化した。九五年に二・五％、九六年二・九％とわずかに回復をみせた成長率は九七年には〇・〇％となり、九八年には再びマイナス一・五％と低下した。

租税収入も低下した。九七年度に五三兆九四一五億円あった租税収入は、九八年度には四九兆四三一九億円となり、九九年度は四七兆二三四五億円にまで低下した。九八年度当初予算に七五・三％を占めた税収比率は決算時には五八・六％、九九年度決算時では五三・一％に低下した。国債発行額では九七年度（平成九）に一八兆四五八〇億円だったが、九八年度に三四兆円、九九年度では三七兆五一三六億円と膨れ上がった。

日本のデフレは一九九八年から始まるとされるが、その原因は橋本首相の緊縮財政・増税といった構造改革路線に求められる。

日本経済の健全化を阻害し、これほどまで長期にわたって国民生活を苦しめてきた構造改革とは一体何だったのか。これまで構造改革を唱える市場原理主義者たちは不況を正常な景気循環の一過程と捉え、不況によって旧態依然たる経営手法や企業・産業が淘汰され退出することで、経営革新が起こり新企業や新産業が創出され構造改革が進むと唱えていた。それ故に不況対策や国民のためのセイフティネットの構築は不要であるとした。だが、この論理には二重の矛盾が存在することが露呈した。

一つは我が国の構造改革は、不況対策として政府が介入する経済対策であり、市場原理に基づくものではない。これでは市場ではなく、経済政策によっても構造改革を成しうることになる。二つには不況対策を行なえば、旧い企業や産業が生き残ることになり、構造改革論者のいう構造改革にならないことは明白である。

橋本構造改革からは緊縮財政、行政コストカットといった財政均衡政策のみしか見えてこない。「失われた二〇年」が示すものは、構造改革はデフレ脱却の処方箋ではなく、デフレの元凶であったことだ。新企業も新産業も生まず、経済成長の原動力にもならなかった。財政健全化がどのようにして構造改革となるのか国民への説明は今日に至るもなされていない。

(三) 新たな金融危機

住専処理法の成立と住専の破綻処理の実施、及び九六年六月のいわゆる金融関連三法の成立によって法的処理の一般的枠組みが作られ、不良債権問題は一応の解決をみたかに見えた。

金融関連三法ではペイオフ完全実施の一時凍結、適切な破綻処理を目的とする早期是正措置、預金保険機構の「特別資金援助」機能の充実、司法による破綻処理を可能とする更生手続き特例法などが定められた。この金融関連三法は破綻処理の一般的枠組みであり、財源枠と財源措置を伴っていなかった。従って、続いて発生した有力大手銀行や証券会社の経営破綻によって、日本はさらなる金融危機に直面し、この解決には九八年一〇月の「金融再生法」「早期健全化法」の制定まで待たなければならなかった。

日本を襲った二度目の金融危機は、財政構造改革法が成立した月に発生した。九七年一一月三日に三洋証券が会社更生法を適用申請し事実上破綻した。

三洋証券は準大手と呼ばれる中堅クラスの証券会社であった。同社は総合金融機関への脱皮を目指し、急速な事業拡大を図ったが、バブル崩壊とともに子会社の三洋ファイナンスが巨額な不良債権を抱えたことで破綻に至った。

この影響を受け、コール市場（金融機関間の短期取引市場）での取引条件が急速に悪化し、金融市場の不安・動揺によって信用収縮が広がった。海外市場でのジャパンプレミアムも再び拡大し、邦銀の資金調達コストは上昇した。我が国で戦後初となる全面的な金融危機の発生である。第二次金融危機（九七〜九九年）といわれる。

一一月一七日には、都市銀行である北海道拓殖銀行が破綻、そのわずか一週間後の一一月二四日に四大証券の一つである山一証券の自主廃業が決められた。そして、第二地銀である徳陽シティ銀行（仙台）の破綻へと続いた。

九八年一〇月二三日には、日本長期信用銀行（長銀）が特別公的管理（一時的国有化）に入り、一二月一三日には日本債券信用銀行（日債銀）も破綻した。二行は長期信用銀行法に基づいて設立された民間金融機関（ほかに日本興業銀行がある）として、企業への安定・長期的な設備投資資金の供給を目的とした。だが、八〇年代に入ると、製造業を主とする有力企業は資金調達の多角化や直接金融の発展により借入依存体質を脱却した結果、長期信用銀行はその存在意義を薄れさせ、普通銀行（都市銀行・地方銀行・第2地方銀行）と同様にリスク的投資を行なうノンバンクや不動産・建設業融資に傾斜していった挙句の果ての倒産だった。

政府・日銀は破綻寸前だった日債銀に不透明な奉加帳方式による約四〇〇〇億円にのぼる救済増資を実施した。九八年三月には、大蔵大臣・日銀総裁など六名からなる「金融危機管理委員会」（佐々波陽子委員長／慶応大学教授）が認定した「健全行」のみに対し公的資金が注入されたが、この際に長銀に一七六六億円、日債銀へは六〇〇億円の公的資金が投入された。長銀も日債銀も健全行だったのだ。その健全行である長銀が早くも同年一〇月に倒産、同じく一二月には日債銀が倒産して、公的資金は回収不能つまり国民負担となった。

政府は九六年六月の金融三法の改定に続いて、九八年二月に「預金保険法」の大改定と「金融機能安全化法」を制定し、預金保険機構が預金者保護に止まらず、健全行への資本注入を本来業務に加えた。

預金保険機構は健全行への自己資本注入として、総額三〇兆円枠が設けられた。続いて政府は九八年一〇月に「金融再生法」（金融機能再生のための緊急措置に関する法律）と「早期健全化法」（金融機能の早期健全化のための緊急措置に関する法律）を制定した。早期健全化法は、金融危機管理委員会（佐々波陽子委員長）のずさんな査定による公的資金注入が世論の批判を浴びたことで急遽制定された。

二法の目的は、破綻処理の原則と具体的スキームを確立したうえで、早急に公的資金枠と健全行への注入枠の増額及び金融機関破綻後の処理資金の財源措置を設けるためである。公的資金の注入枠は六〇兆円に増額されたが、二〇〇〇年五月にはさらに七〇兆円まで増額された。

金融再生法、及び早期健全化法によって設けられた財源で、日本長期信用銀行と日本債券信用銀行の破綻処理が進められた。一時国有化された長銀は、政府がアメリカのゴールドマン・サックスを代理人に指名して、アメリカのリップルウッド・ホールディングスにわずか一〇億円で売却された。売却時にあった債務超過額への損失補填三兆五八八〇億円と、公的資金注入による返済不能額一三〇〇億円の合計額三兆七一八〇億円は国民負担となった。

日本企業の譲渡を外国会社に委託し、国民負担で債務を取り除いたうえで、一一兆円超の資産をもった長銀は、外国の投資会社にタダ同然の値段で売却されたのだ。長銀は二〇〇〇年六月に「新生銀行」と名称変更をしたが、変更後にリップルウッドは、新生銀行発行済株式の約三分の一を高値で売り抜けた。

日債銀の売却も同様の手口が使われた。日債銀はソフトバンクに一〇億円で売却された。日債銀への公的資金注入額四兆八八〇〇億円のうち、譲渡終了時の三兆三〇二八億円は国民負担が確定し、残りの約一兆五八〇〇億円も将来の国民負担とされた。日債銀は「あおぞら銀行」として再生したが、ソフトバンクはアメリカ投資ファンドのサーベラスに高値売却し、長銀とともに外資傘下銀行となった。

経営破綻は銀行だけに止まらず「世界のセイホ」にも広がった。九七年四月の日産生命の破綻を皮切りに、中堅生保の破綻が相次いだ。同年六月には東邦生命が、二〇〇〇年五月には第百生命、八月に大正生命が破綻し、一〇月の千代田生命、共栄生命と続いた。そして〇一年三月に東京生命が破綻したことによって合計七社が破綻した。

破綻の原因は超低金利である。超低金利によって、契約者との契約による予定利息を運用実績が下回る逆ザヤ現象が、積立金不足と赤字累積を招いたことが破綻原因となった。国内生保一〇社で逆ザヤは〇二年には一兆三四〇〇億円に上ると見られた。生保各社は不良債権と同時に不良債務も抱えていたのである。

この逆ザヤがもたらした中堅生保の経営危機は過去に何度もマスメディアによって報道された経緯もあったが、大蔵省は何らの是正措置をとらず、生保各社は安全な高利回り商品として販売を続けていた。

政府の情報開示や警告があったならば、国民は契約を解除するなり、新規契約を控えたと考えられるが、生保の破綻では契約者保護の措置は一切とられず、自己責任とされた。銀行の預金者保護と比べても、あまりに過酷な行政の無作為である。ちなみに破綻生保七社はすべて外資会社に買収されるという不可解な現象が起きたが、国内大手生保各社には、支援を遠慮するよう政府の指示があったといわれる。もはやここまでくると政治・行政行為は犯罪の領域に近い。

(四) アジア通貨危機

日本は九七年から九八年にかけ金融危機に陥り、金融システムが破綻する「金融恐慌」の恐怖にさらされていた。その最中の九七年七月、タイの通貨バーツが暴落し、ここにアジア通貨危機が始まった。その影響は次々に広がりを見せ、フィリピン・ペソが暴落し、マレーシアでは通貨リンギットが暴落、続いてインドネシアのルピアも暴落した。

通貨の暴落は香港、韓国にまで波及し、その影響はわずか数か月でアジア全体に及んだ。最も深刻な危機に陥ったのは韓国であった。

九七年一一月一八日に通貨ウォンは対ドル相場を大幅に下落させた。IMFは破綻(デフォルト)寸前まで追い詰められた韓国に対し、短期債務返済の緊急融資を一二月に実施、日本も同月一〇〇億ドルのつなぎ融資を韓国に行なった。アジア危機はIMFや世界銀行、アジア開発銀行、日本の緊急支援によって救済された。宮澤喜一蔵相(当時)は、アジア危機に際してIMFのアジア版ともいうべきAMF(アジア通貨基金)構想を提唱し、ドル依存型経済からの脱却を目指したが、アメリカや中国の強い反対により同構想は頓挫させられた。

現在において中国が主導するAIIB(アジアインフラ投資銀行)は、日本のAMF構想の焼き直しでしかないが、将来に向けて日本主導の通貨・貿易圏を構築するためには、日本の強い自律性と外交力が求められよう。

通貨危機とは、一国の通貨価値が暴落する経済危機である。通貨価値が低ければ通貨は安くなり、その信用性も低いものになる。通貨が暴落すれば貿易が困難になり、株式市場も落ち込み、金融危機や財政危機を誘発し、最悪の場合は国家破綻(デフォルト)となる。

同時期の九八年にはロシアの株式も暴落し、ロシア政府は「デフォルト宣言」にいたる。金融危機の広がりはアジアから世界へと広がりをみせていった。その原因は何だったのか。

当時のアジア諸国の多くは、ドル・ペッグ制として自国通貨をドルと連動させる固定相場制の為替制度を採用していた。つまり円安・ドル高は円安＝アジア通貨高となる。九〇年代後半にアメリカ経済は好況に転じ、為替相場はドル高基調となった。ドル・ペッグ制をとるアジアの各国通貨もドルに連動して上昇していった。

タイはバーツ高によって輸出競争力を次第に失い、九六年には経常収支も赤字となって対外債務も増大した。ヘッジファンドはこれに目をつけ、タイ・バーツをカラ売りして高騰させた。タイ中央銀行はバーツ切り下げを回避するため外貨準備金(ドル)を取り崩して防衛したが、外貨準備金が少なく防衛できず、結局は変動相場制に移行した。これによってバーツがさらに低下することで外国資本が国外逃避をし始め、タイは大不況に陥ったのだ。

この負の連鎖は瞬く間にアジアに広がった。ドル・ペッグ制によって自国通貨が実力以上に高く、慢性的に経常赤字であるため対外債務比率が高く、外貨準備額の保有が少ないなどの問題をアジア各国は共通に抱えていた。そのため、危機を感じた外国資本が一斉に資本逃避すればアジアの通貨危機を招くことは必至であった。

通貨危機の直接的原因は、アジアの金融システムの脆弱性を狙ったヘッジファンドにある。だが、利益を最大化させるための投機は、企業にとって経済的合理性の範囲内とすれば、アジアの国々や国民に塗炭の苦しみを味あわせた市場の合理性とは何なのか疑問を向けざるを得ない。経済的合理性をもつ一国の経済政策といえども、アジアなどの地域経済に破局的な影響をおよぼすおそれはあるからだ。そこでアジア通貨危機の遠因ともいわれた我が、国の経済政策を概観しておきたい。

プラザ合意（八五年）以降の日本円は一ドル＝一〇〇〜一五〇円という合意以前に比べ円高基調で推移した。八〇年代における日米摩擦の激化と円高不況を回避するために、日本企業は東アジアへの進出やアジアへの直接投資を積極的に促進した。

円高は日本企業のアジアへの輸出を抑制させたが、アジアからの対日輸出の増大の要因ともなり、逆に円高＝アジア通貨安は日本企業がアジア進出するコストの削減効果をもたらすことで、企業のアジア進出が促進された。経済のグローバル化の一側面といえた。

これによって、アジアは奇跡ともいえる高度成長を実現させた。開発途上国が経済テイクオフする形態が空をゆく雁の群れに例えた故・赤松要・拓殖大学教授の「雁行形態論」をみごとに証明したかのような経済発展だった。

九〇年代後半の東アジアでは国外、とりわけ日本からの投資資本が増え、国内経済は次第に加熱していった。東アジア各国は、インフレを防止するため金融引き締め＝高金利策をとるが、この高金利に誘導されて、直接投資だけでなく投機資金が大量に流入した。東アジアでの資産バブルの発生である。

日本国内では、とりわけ製造業を中心に「生産と雇用の輸出」をもたらすことで、国内産業の空洞化が進み地域経済を疲弊化させていった。一方で国内経済においては円高不況対策として、低金利政策が長期にわたり続けられた。

アメリカのヘッジファンドは、世界中で投機活動を活発化させていたが、この膨大な資金需要を支えたのが日本の低金利政策によって調達したジャパンマネーである。日本の円を超低金利で借りてドルに替え、高金利な海外で効率的運用する「円キャリー・トレード」である。

ジョージ・ソロスに代表されるヘッジファンドは、円キャリー・トレードにより、タダ同然に円資金を調達し、アジアへの投機活動によって莫大な利益を得た。そしてアジア経済が過熱化し、バブル経済の様相を見せ始めると、急激な資本回収を実施し、アジア通貨の暴落を招いたのだ。これがアジア通貨危機といわれるものである。日本の低金利政策は円キャリー・トレードを生み出し、ヘッジファンドの投機的投資の資本となることで、アジア通貨危機の遠因を作ったのだ。

低金利政策の功罪をこれまで述べてきた。低金利は衰弱した実体経済に一時的な効果を与えるカンフル剤である。その効果は持続せず、だからといってカンフル剤を打ち続ければ衰弱した患者はさらに弱るのは必至である。

実体経済の隆盛は様々なビジネスチャンスが訪れ、新技術や新商品が開発されることで、人々のライフスタイル・ライフサイクルが変わり、旧来の企業・産業に代わり、新しい企業や産業が勃興する経済社会を指す。我が国においては低金利政策が常態化且つ長期化し、今日においては唯一正統な経済政策であるかの観がある。

だが、低金利政策とはあくまで一時的、緊急避難的な措置でしかない。早急に低金利政策から脱却し正常な金利水準の回復を目指すべきである。最も必要とされるのは、低金利政策に替わる対抗軸と将来ビジョンを示し、国民の選択肢を増やすことではないだろうか。

(五) 橋本政権の崩壊と継続された経済運営

橋本龍太郎内閣は、宮沢内閣崩壊から二年余を経て、本格的な自民党内閣として誕生した。橋本内閣の減税撤廃や消費税増税、予算縮減を伴う財政再建路線への転換は、九七年には景気を大きく後退させる原因となった。

同年七月にはアジア通貨危機が勃発、一一月には国内大手銀行・証券会社である山一証券、北海道拓殖銀行が破綻して再び金融危機が襲い、橋本内閣は九八年四月に財政再建路線の破棄を余議なくされた。財革法によって九八年度予算が成立した日の翌日に、四兆円の特別減税を皮切りにした七兆七〇〇〇億円の公共投資を含む事業規模一六兆円を超える総合経済対策を復活させ、五月には財政構造改革法を改正して財政再建目標を二〇〇五年に二年間延長し、赤字国債再発行への準備を進めることで事実上財政構造改革法は凍結された。

しかし、九七年一一月の金融危機発生から九八年以降は厳しい不況に直面し、日本経済のデフレ進行を招いたことで、九八年七月に実施された参議院選挙で大敗した。橋本首相は退陣し、橋本構造改革は終焉をむかえた。

だが、橋本内閣が九八年四月に総合経済対策として復活させた赤字国債発行を含む大規模な財政投融資計画は、次の小渕内閣によってさらに大規模な財政投資が試みられる原因となった。

小渕内閣の登場

(二) ゼロ金利政策が始まる

橋本首相退陣を受け、一九九八年(平成一〇)七月三〇日に次期首相の座に小渕恵三氏が座った。一〇兆円の景気対策と、七兆円の恒久減税を公約して誕生した小渕政治の特徴は、当然ながら橋本前内閣の財政再建路線を全面的に否定、凍結するものとなった。

小渕内閣は「経済再生内閣」を謳い、宮沢元首相を財務大臣に、元官僚で経済評論家の堺屋太一氏を経済企画庁長官に起用した。金融危機打開を目的とする金融関連法を成立させ、不況対策としては積極的財政の編成、及び公共投資の拡大にまい進することになる。宮沢元首相はケインジアン(ケインズ経済を支持)として「平成の高橋是清」と呼ばれた財政出動論者として知られる。

小渕内閣は九八年一〇月に金融システム安定化のために、金融再生法及び金融機能早期健全化緊急措置法(早期健全化法)を成立させた。金融再生法では、預金者保護制度や大手銀行の破綻に対する特別公的管理制度(一時国有化)、及びブリッジバンク制度が設けられた。早期健全化法では、金融機関の経営悪化に際して公的資金を注入する条件と基準が設けられた。そして、金融再生法と早期健全化法による公的資金枠として、六〇兆円を設定して金融システムの安定化に対応した。

この措置によって、長銀と日債銀は九八年一〇月及び一二月に特別公的管理に移された。一一月には橋本前首相が成立させた「財政構造改革法」を凍結。そして事業規模では一七兆九〇〇〇億円、六兆円減税を含めた総額二三兆九〇〇〇億円にのぼる緊急経済対策を決定した。いわば緊縮財政から積極的予算編成・財政政策への転換である。金融システムへの不信・不安が今回の不況の原因であるのに、公共投資による景気回復を図ろうとしたのである。

九八年一二月に決定された九九年度予算案は、総額八一兆八六〇一億円、前年度比五・四%増、一般歳出では同五・三%増、公共事業関連費も同五・〇%増となる景気回復型予算となった。

九九年一一月には、堺屋太一経済企画庁長官の著作『知価革命』を下敷きにした「経済社会のあるべき姿と経済新生の政策方針」を策定し、過去一・二%程度だった経済成長率を二%程度の目標とする総額一七兆円の経済新生対策を決定する。

当初予算では、二一兆七一〇〇億円の特例国債を含む三一兆五〇〇〇億円の国債が発行され財源に充てられた。その結果、国債発行額は補正後には三七兆五一三六億円に達し、国債依存度は当初の三七・九%から補正後には四二・一%へと急上昇した。

日銀は九五年(平成七)九月以来続けられてきた異常ともいうべき〇・五%の超低金利の公定歩合をさらに

低下させた。小渕内閣は九九年二月に、これまで〇・二五％前後としてきた短期金融市場の無担保コールレート金利の金利誘導目標を〇・一五％に引き下げ、市場の動向によってはさらに引き下げる決定を下した。

大蔵省は同時期に国債買い入れの再開を発表した。この措置により長期金利は低下、短期金利も徐々に低下し出し、三月には実質ゼロ金利となった。ゼロ金利政策の始まりである。

速水優日銀総裁は、日銀のゼロ金利政策に際して、「デフレ懸念の払拭が展望できる情勢になるまでゼロ金利を継続する」との方針を強調した。これはデフレへの懸念が長期化すると市場に予測させることで、ゼロ金利も長期間続くと市場に予想させ、中長期金利の低下誘導を図る戦略である。時間軸政策ともいわれる。時間軸政策は以降の日銀政策で頻繁に用いられた。

日本の超低金利政策の目的は、八〇年代後半に投機的活動によってバブルを引き起こし、その崩壊後に経営難に陥った流通、建設・不動産業などの大企業を救済し、且つ膨大な不良債権・不良債務を抱えた金融機関を金利負担の軽減によって、不良債権を迅速に処理することで金融機関の再生を目指したものだった。

この安易な施策は、逆に不良債権が増大し企業の経営力を悪化させ、企業・金融機関の破綻を促進したばかりか、国民からは巨額な可処分所得を喪失させて国民生活の困窮を招いた。日銀が二〇〇七年（平成一九）に発表した試算によれば、家計が失った金利収入は九一年（平成三）から〇四年（平成一六）の一四年間で三三一兆円に上ったという。

こうした政府・日銀の姿勢や政策に対して、日銀内部からの批判も存在した。白川方明・前日銀総裁は一三年（平成二五）三月一九日の退任記者会見において過去の政府・日銀の金融政策を批判し、さらに本質的な政策については否定とも取れる発言を行なった。少々長いが引用させていただく。まず物価政策及び通貨政策については次のように語っている。

「物価が二％上がり、給料も同率上がるだけでは、国民の生活水準が上がるわけではありません。物価が上がり、円の為替レートが同率安定化しても、対外価格競争力が高まるわけではありません。物価上昇のもとでは、歳入も増えますが歳出も増えるので、財政バランスの効果も限定的です。私どもが実現したいのは、実質経済成長率が高まり、その結果として、物価上昇率が高まっていくという姿です。――中略―― 中央銀行の供給する通貨、いわゆるマネタリーベースを増加させれば物価が上がるという意味に解釈すると、過去の日本の数字、あるいは近年の欧米の数字が示すように、マネタリーベースと物価との関係、リンクというのは断ち切れています。――中略―― デフレを克服するうえで、中央銀行の強力な金融政策は必要ないのかというと、これはもちろん必要であり、金融政策の役割はあるのかというと、その答えはもちろんYESだと思います。ただ、同時に、現在の日本のおかれた状況を考えると、競争力と成長力の強化に向けた幅広い主体による取り組みが不可欠です。金融政策は強力な手段ですが、その効果の本質は、非常に低い金利水準を実現する、あるいは流動性を潤沢に供給することによって、家計や企業が、明日ではなく今日支出するように動機付けていくことです」。

白川前総裁は、通貨供給量の増大と物価上昇との関連は過去のデータからも実証されないことを明言している。通貨供給量を増やせば需要が増大することで物価が上昇し、雇用・賃金にまで波及していくことでさらに需要が高まり、やがて実体経済の自律的回復の循環が起きるとする新自由主義的な金融論を批判したのだ。

さらに続けて時間軸政策については、『期待に働きかける言葉が「中央銀行によって市場を思い通りに動かす」という意味であるとすれば、そうした市場観、政策観には、私は危うさを感じます』と述べている。いうなれば、期待などといった市場心理に働きかける政策は、期限が付されておらず、数値目標の定めもない極めて曖昧で空疎な政策概念であり、日銀の取るべき政策ではないと否定したといえる。

これまでの金融政策全般への評価についてはこう述べた。「我が国を含め欧米諸国が現在展開している非伝統的な政策の評価も、いわゆる出口から円滑に脱出できて初めて、全プロセスを通じた金融政策の評価が可能となる。そうした性格のものだと思っています」。ここにいう、非伝統的な政策とは後に〝異次元緩和〟と称されたアベノミクスの金融政策を指し、物価上昇を目的としたインフレターゲット論やマイナス金利を含む超金融緩和策、あるいは日銀の国債大量購入・直接引受などがあげられる。

白川前日銀総裁が説く金融政策とは、経済理論が体系化され実証の積み重ねのうえで成立、評価されるものであり、実証のない単なるアイデアや理論だけでは政策として採用できるものではなく評価はできないと、婉曲な表現ながら否定して見せた。

政府やマスメディアからの圧力や批判に耐え、日銀の独立性を守り続けた白川総裁ならではの至言であるといえる。日銀の良識を示したこの言葉は未だ記憶に新しい。

(二) 量的金融緩和策の開始

二〇〇〇年(平成一二)四月、小渕首相は脳梗塞で倒れ、まもなく死去した。四月五日には自民・公明・保守三党による森喜朗連立内閣が成立した。九八年から二〇〇〇年にかけた小渕首相の積極的財政策によって、国民には四九〇兆七四七五億円の長期債務が残され、地方債務分も合わせれば、その債務残高は六四五兆円八六四七億円に達した。このことは小渕首相が在任中に自らを世界一の借金王と阿諛《あゆ》したことからも伺えよう。

日銀は二〇〇一年三月一九日に量的金融緩和政策を決定した。その一か月後の〇一年四月二六日、森首相に変わり小泉純一郎内閣が成立している。従って、量的金融緩和策は小泉構造改革の政策的主柱として展開されることになった。

量的金融緩和政策とは、金融市場調節の主たる操作目標を金利から資金量への変更をさす。具体的には日銀当座預金残高を増額することで、民間金融機関の融資額の増大をはかろうとするものだった。そしてこの措置を消費者物価指数の上昇が安定するまで継続するとした。

日銀当座預金残高とは、民間金融機関が日本銀行に預け入れている当座預金（無利子）をいう。金融機関相互の各種決済、資本移転、日銀との資本取引に利用されるほか、準備預金制度の下では法定準備預金のために日銀の当座預金口座に預金された。

日銀はこの当座預金残高を大幅に増額することでマネタリーベースを拡大し、設備投資や資本投資などの資金供給を必要とする企業への貸出を増額させることで、経済活動の活性化を計った。

だが不良債権を抱え、景気低迷による業績悪化に苦しんでいる企業に資金は供給されなかった。その代わりに、民間・公的金融機関はこの資金で国債を購入し、その国債は日銀が買い取る図式となった。いわば量的金融緩和策は長期金利の低下をもたらし、国債発行の歯止めをなくさせ、財政法が禁じる国債の直接引き受けと同様の役割を果たしたのだった。このことは〇一年にゼロ金利政策を開始後、一年を経過しても総貸出量が減少した事実から実証されている。ここにも現在に通ずる課題が見えてくる。デフレ不況脱却に対し金融政策で対処するという失政を繰り返しているのだ。まったく歴史から学んでいないのだ。

経済学教科書では企業が過剰設備を抱え、生産拡大や設備投資を行なう投資意欲・余地がなければ、当座預金残高の積み増しによって金融機関への資金供給量をいくら増やし経済を刺激しても、金融機関の産業界への貸付拡大に直接的な効果はなく、仮にあったとしても一時的・限定的なものに過ぎないと説明されている。

超低金利という金融緩和策が資産価値を上昇させても、経済の基礎的条件（ファンダメンタルズ）の改善がされなければ政策として本末転倒といえる。白川前総裁の訓戒をいま一度再検討する時期に至っている。

5章　小泉構造改革とは何か

ゴーストップ事件

一九三三年（昭和八年）六月一六日の正午少し前、大阪市北区の天神橋筋六丁目交差点で一人の男が赤信号を無視して横断しようとしていた。交通整理中の巡査はこれを咎め、男を派出所に連行した。男は派出所において名前と帝国陸軍一等兵の身分を明かしたが、「軍人は憲兵には従うが、警察官の命令に服する義務はない」と抗弁し抵抗した。派出所内で乱闘となり、双方ともに負傷した。騒ぎに駆けつけた見物人からの通報によって憲兵隊が駆けつけ、一等兵を連れ出したためにその場は収まった。

しかし、憲兵隊は「公衆の面前で軍服着用の帝国軍人を侮辱したのは断じて許さぬ」として、曽根崎署に抗議し陳謝を求めた。曽根崎署では「信号無視をし、先に巡査を暴行したのは軍人側である」として謝罪の意思はないと拒絶した。

数日後、軍人の属する第四師団参謀長は「この事件は一兵士と一巡査の事件ではなく、皇軍の威信にかかわる重大な問題である」として警察に謝罪を要求した。大阪府警察本部長は「軍隊が陛下の軍隊なら、警察官も陛下の警察官である。陳謝の必要はない」との声明を出した。

やがて、事件は警察を所管する内務省・山本達夫内務大臣と軍部・荒木貞夫陸軍大臣との対決にまでエスカレートしていったが、最終的には事件を憂慮した昭和天皇の命令によって和解が成立した。事件発生から五か月後のことであった。「ゴーストップ事件」と呼ばれるこの事件は、軍部が政治の支配的実権を握って行く過程で起きた、軍部の専横を象徴する事件といえた。

これまで八〇年代、とりわけプラザ合意以降における日本経済の現況と、それに対応する経済・金融政策の変遷を概括してきた。一言の表現をもってすれば日本経済は、この「ゴーストップ事件」の再来かのように見受けられる。国家に司令塔が存在しないため、総合的且つ長期的な戦略的国家ビジョンを描くことができず、政策と政策を調整する機能ももたない。まるで「ゴー」と「ストップ」の信号灯が点滅を繰り返すかのように、政権が交替するごとに、あるいは政治・経済・社会環境が変化するたびに政策もまた時計の振子のように振れ、入れ替わるのだ。

八〇年代後半に始まる円高不況は、九〇年代初頭に始まる円高不況脱却を目指した景気対策としての大型公共投資や大規模開発を誘発させた。そのため、九〇年代中期・後期には低金利・金融緩和策を原因とした金融危機が日本を繰り返し襲い、増大する不良債権の解決が重大な課題となった。

経済・金融危機突破のために、膨大な公的資金が財政規律を犯してまで投入された結果、財政は赤字となって今度は財政危機を呼びおこした。それでも根本的な解決には程遠く、問題は先送りされ続けてきた。そして、積み上がる財政赤字から脱却するために、構造改革や増税、緊縮財政策がとられた。

増税や緊縮財政は、景気にマイナス効果をもたらすから景気はさらに悪化し、再び大型公共投資と積極財政が組まれ、その財源としての国債が膨大に発行される構図である。先送りのツケはデフレ不況の恒常化となって現代日本を覆い続けている。日本の経済政策はこのような「ゴー・ストップ」の繰り返しであった。

金融危機に襲われた橋本政権末期から小渕、森内閣まで積極財政・景気優先が謳われ、その代表格でもある小渕首相は「世界一の借金王」を自認し、未曾有の財政赤字を増大させた。

これまでの日本の経済政策の歴史的な文脈からすれば、積極財政・景気優先路線の次に替わるものは小泉首相ならずとも、財政規律派あるいは財政均衡派でなければならず、事実として財政規律派＝ストップ派になった。むしろ小泉首相は財政規律・均衡策を小泉劇場としてワイドショー化してみせ、国民から喝采をうけた政治的ポピュリストであったにすぎない。

骨太の方針の誕生

二〇〇〇年（平成一二）以降は、各種の経済指標も悪化した。完全失業率は九五年に三・二％であったものが二〇〇〇年には四・七％となり、〇一年には五・〇％となった。不良債権は新規発生のため残額は拡大し、主要行の不良債権比率は、ピーク時の〇二年三月期には八・七％まで上昇した。

株価は下落を続けた。〇一年九月にはアメリカ同時多発テロ事件の影響もあり、株価は一万円を割って九六一〇円一〇銭となった。経済成長率は二〇〇〇年に二・六％に上昇したものの、〇一年にはマイナス〇・八％と再び悪化した。財政は危機的状況となっていた。

〇一年四月、政権構想として「国債発行三〇兆円枠の設定」を訴えて自民党総裁選挙に圧勝した小泉純一郎氏が、森喜朗内閣に替わって小泉内閣を発足させたのは四月二六日だった。

小泉首相は財政規律を重視する財政構造改革を掲げ、当面の優先課題として、「国債発行三〇兆円枠の設定」、「二〇一〇年度初頭には国と地方を合わせた基礎的財政収支＝プライマリー・バランスの黒字化を目指す」として財政政策を上げた。つまり、小泉構造改革の重点は、当初から財政問題の解決にあった。それを端的に示したのが、小泉首相が自ら経済財政諮問会議で決議させた「今後の経済財政運営及び経済社会の構造改革に関する基本方針」、いわゆる「骨太の方針2001」である。

経済財政諮問会議とは、〇一年省庁再編の伴った内閣府設置法に基づく審議機関であり、予算編成やマクロ経済政策を担当した。これまで財務省が担ってきた財政・予算編成を内閣が主導することで内閣の機能強化を図り、官僚主導政治からの脱却を目指した。同時に政策効果を上昇させ、政策決定過程の透明化を高める目的があった。小泉構造改革路線の司令塔の役割を担った。「骨太の方針」は毎年度提出され、最終版である第七弾「骨太の方針07」が、〇七年（平成一九）六月に提出されたが、小泉構造改革の全体像は「骨太の方針2001」から「骨太の方針04」までに具体化されている。さらに地方制度・地方財政制度改革である、いわゆる「三位一体改革」の骨子も「骨太の方針05」までにほぼ集約されている。そこで「骨太の方針」の「01」から「05」までの概要とその変遷を辿りつつ、三位一体改革の実像を考察していきたい。

（1）骨太方針01

小泉内閣の最初の「骨太の方針2001」は、内閣成立直後の二〇〇一年六月二一日に閣議決定された。方針冒頭において、「創造的破壊としての構造改革は、その過程で痛みを伴うが、構造改革なくして真の景気回復、すなわち持続的成長はない」と、自らの構造改革をアメリカの経済学者J・A・シュンペーターの「創造的破壊」に擬えてみせた。

政府は自らの構造改革を第一章第一節において定義した。以下にその核心部分を引用する。『停滞する産業・商品に代わり新しい成長産業・商品が不断に登場する経済のダイナミズムを「創造的破壊」と呼ぶ。これが経済成長の源泉である。創造的破壊を通して労働や資本など経済資源は成長分野へ流れていく。こうした資源の移動は市場を通して行われる。市場の障害物や成長を抑制するものを取り除く。市場が失敗しる場合にはそれを補完する。そして知恵を出し努力した者が報われる社会を作る。こうしたことを通して経済資源が速やかに成長分野へ流れていくようにすることが経済の「構造改革」にほかならない』とした。

そして、不良債権問題の解決を最優先に位置づけながら、「今後二～三年を日本経済の集中調整期間と位置づけ、短期的には低い経済成長を甘受しなければならないが、その後は経済の脆弱性を克服し民需主導の経済成長が実現することを目指す」、ことを訴えた。そして「骨太の方針2001」の掉尾において、「Ⅳ　中長期の経済財政運営と平成14年度経済財政運営」として　①平成一四年度の国債発行を三〇兆円以下に抑える　②その後に毎年度に必要な国債費以外の歳出は税収で賄えることとし、プライマリーバランスの黒字化を公約として掲げた。

いうなれば「骨太の方針」とは、終始一貫して財政危機への認識にたち、財政問題処理を優先として不良債権処理とプライマリーバランスの黒字化の二つの方法論によって、日本再生を最大の目的とした経済政策であった。日本経済の危機は「骨太の方針01」でどのように認識されているかを見たい。記述は四か所にわたっている。

第一には、〈序章〉に相当する〈新世紀維新が目指すもの――日本経済再生シナリオ〉の前段では、日本経済の現況を次のように述べた。「バブル経済が崩壊し、九〇年代に入って以降、日本経済は停滞を続け、国民の先行きに対する閉塞感が深まっている。確かに、過去一〇年の日本経済のパフォーマンスは、日本の経済社会が本来もっている実力を下回るものだった」。

ここでは日本の停滞は、経済のみならず社会の上にも及んでいることを率直に認め、小泉構造改革は、日本の「その実力にふさわしい発展を遂げるためにとるべき道を示すものである」として、この過程を「創造的破壊」と呼んだ。

第二は〈序章〉四項の「4・中長期の経済財政運営と平成一四年度予算編成」に記述された。『日本経済は、不良債権処理などに伴うデフレ圧力が発生する調整期間を経て、「停滞の一〇年」を抜け出し、「躍動の一〇年」を展望することが可能となる。アメリカの景気動向や不良債権処理などに伴うデフレ圧力の不確実性が存在し、経済を的確に見通すことは困難であるが、このところ景気は悪化しつつあり、平成一三年度の経済成長は、当初の政府経済見通しをかなり下回るとみられる。』

第三の記述は、〈第五章　経済財政の中期見通しと政策プロセスの改革〉中の「1・中期的な経済財政の展望」に見られた。「聖域なき構造改革を進めることによって経済にはどのような影響がもたらされるのか。不良債権問題については、今後二～三年にわたり、不良債権の最終処理がすすめられることから、関連分野における企業整理や離職者の問題が生じ、少なくとも短期的にはそのデフレ圧力が不良債権処理のプラス効果を上回る可能性が高い」とされた。

第四の記述〈第六章平成一四年度経済財政運営の基本的考え方〉も第三と同様である。「日本経済の最近の動向をみると、景気は悪化しつつある　――中略――　構造改革のデフレ圧力がプラス効果を上回って顕在化してくる可能性が高い」ので、「平成一三年度、一四年度は低い経済成長になると見込まれる」とある。

不良債権処理はデフレ促進の要因であり、財政再建は増税、あるいは歳出削減ともに経済成長を抑制するものと一般的に理解されている。驚くべきことに一〇年にわたるデフレ不況という長期経済停滞が継続しているのにかかわらず、さらなるデフレ政策を推進しようというのだ。

これまで論述したように不良債権の発生原因は政府の誤った政策にあった。しかも政府は、『停滞する産業・商品に代わり新しい成長産業・商品が不断に登場する経済のダイナミズムを「創造的破壊」と呼ぶ。これが経済成長の源泉である』と述べ、古い産業や低い生産性、停滞し低付加価値しか生まない産業・企業は市場から撤退すべきだと迫った。だが、政府が行なおうとしている不良債権処理とは公的資金＝税金を使った「市場から撤退すべき企業」への延命・救済策ではないか。

現代経済学の主流派であり、構造改革の理論的支柱である新古典派経済学、なかでもミルトン・フリードマンを中心とするシカゴ学派は、市場メカニズムの完全性を信仰に近い信頼性を寄せ、政府の様々な規制を撤廃しすべてを市場メカニズムに委ねよと主張する。だが、市場とは経済的利益を動機とする資源配分の方法である。従って経済的利益を動機としない、あるいは経済的利益を動機とできない資源配分の分野の存在が絶対的に不可欠である。それが公的な分野であり、予算と通じて提供される財やサービスは政府の公約として実行され、国民の権利として存在する。主要なものとして医療・介護・年金・教育・災害対策などの公的な分野があげられる。

政府による経済政策あるいは産業政策の存在意義は、市場の空白や欠陥を補完し、あるいは市場の失敗を想定し前提として存在し機能してきた。狂乱物価や通貨危機、金融危機、アジア危機、リーマンショックなど市場の混乱や危機は過去に何度も繰り返されたが、結果的に市場を救ったのは国家の適切な経済政策にほかならない。産業政策によって市場の範囲や自由度を高めることは本来的に矛盾する。政策とは経済政策のみならず、すべてはある種の権力的な規制だからである。

政府が国民の犠牲を払ってでもやり遂げようとしている不良債権処理とはどのようなものなのか。方針で明らかにされた骨子の中では、「I　経済再生の第1歩としての不良債権問題の抜本的解決」として次の五つの施策が上げられた。①新規不良債権の発生メカニズムと土地の価格動向の把握　②不良債権処理にオフバランスシート化を進展させる　③ＲＣＣ（整理回収機構）の抜本的拡充と、ＲＣＣの積極的活用による不良債権処理と企業再生を図る　④オフバランスシート化による失業者の増大に備えた五三〇万人雇用の創出と労働者へのセーフティネットの拡充　⑤直接金融を重視した安定した金融システムの構築である。

オフバランスシート化とは、不良債権処理の方法として、貸借対照表から不良債権残高を直接に引き落とすことから「直接償却」と呼ばれる。これまでは貸借対照表に不良債権額を残し、「貸倒引当金」などを積み増しする「間接償却」が主流であった。だが、間接償却費の積み増しは経常収益を圧迫し、帳簿上の損失は増大し自己資本も減少するが、税務上は損金として引き落とすことができないので、新規不良債権に最終的に対処できなかった。従って、経常利益を確保維持しようとすれば株式売却の方図しかなく、しかも大量の株式売却は自己資本を棄損し、BIS規制に抵触する恐れがあった。

RCC（整理回収機構）は、主要行の不良債権処理を目的に一九九四年に設立され、不良債権の買い取り・回収、証券化を行なうばかりではなく企業再生の役割も担った。RCCへの公的資金は不良債権処理のみならず、RCCを通じて大手健全行へも公的資金が投入された。

五三〇万人雇用の創出とは、不良債権処理の促進によって日本経済や企業業績が回復する結果、五三〇万人の新規雇用が創出されるという夢物語ではない。不良債権処理によって破綻企業が続出すれば、従業員は失業を余儀なくされ家庭生活は破壊される。その影響は失業率七%以上、失業者数五〇〇万人を超えることが民間のシンクタンクで試算されたことにより、国民の動揺を抑える目的で方針に載せたものである。ゆえに雇用創出に向けた具体的な施策は以降においても出なかったし、セーフティネットの整備もなされなかった。国民の救済よりも大手金融機関の救済が優先されていた。

日本再生の目玉とされる「Ⅱ　聖域なき構造改革」としては、七つの改革プログラムが用意された。プログラム名を以下に示すと、①民営化・規制改革プログラム②チャレンジャー支援プログラム　③保険機能強化プログラム　④知的試算倍増プログラム　⑤生活維新プログラム　⑥地方自立・活性化プログラム　⑦財政改革プログラムの七つである。

このうち特徴的な施策として以下がある。（ⅰ）「民間にできることは、できるだけ民間に委ねる」をスローガンに郵政三事業の民営化及びNTTのさらなる見直し。（ⅱ）これまで公的な主体が担ってきた医療・介護・福祉・教育に競争原理を導入、あわせて民営化を図る。（ⅲ）労働力の再配置をより容易にするために派遣、有期雇用、裁量労働などを促進する制度改革。（ⅳ）「自助と自立」を基本とする社会保障制度（医療、介護、年金）改革として、病床数の削減、かかりつけ医・在宅医療・包括的地域医療制度体制の整備、株式会社方式による運営、である。

このすべてがデフレ促進要因であり、現代においてはかなりの部分が実現・制度化されているが、各分野においては制度的混迷を招いている施策ばかりである。

七つのプログラムのうち⑥地方自立・活性化プログラムは、「地方の潜在力の発揮」との副題のもとに次の五項目が示された。（ⅰ）すみやかな市町村の再編、地方財政の立て直し　（ⅱ）国庫補助負担金の整理合理化、地方交付税制度の見直し　（ⅲ）地方制度の簡素化・効率化活性化を前提に、地方行政の基本的な財源の拡充を図る（ⅳ）食糧自給率の向上等に向けた意欲と能力のある経営体への施策の集中（ⅴ）豊かな生活空間を確保し「美しい日本」を維持・創造することである。

この実現手法として⑦財政改革プログラムが重要となる。方針では「簡素で効率的な政府を作るため、財政の改革に取り組む」ことが政府目標としたうえで、地方に対しては交付税に依存しない「自立し得る自治体」を確立するために、市町村合併と広域行政を強力的に推進することが決定された。

受け皿となる自治体の確立として、人口三〇万人以上とする人口規模が示され、小規模自治体解消に向けその権限と業務の縮小が明記された。税財源改革では地方債償還費の後年度交付税措置の見直し、段階補正の見直し、簡素化された新算定基準による地方交付税の配分見直しがあげられた。

注意すべきは七つの改革プログラムは、⑥の地方自立・活性化プログラムを除いて、その実行されるまでの期間及び実施期間、施策の効果が表れる期間まで相当の期間（最低でも一〇年といわれた）を要する施策であるに比べ、⑥のプログラムは国庫補助金の整理統合の比率が高く、政府にとって比較的容易にしかも短期的に効果が得られる施策が多く見受けられたのが特徴といえる。このことは小泉政権の末期が近づくにつれて、短期的な政策効果と政権浮揚を図った財政削減、国庫補助負担金の削減に政策が傾斜してゆく要因となった。

（二）骨太方針０２「三位一体改革」

小泉構造改革の政策原理が新自由主義経済論を下敷きにした、競争市場原理で貫かれていることは論をまたない。「骨太の方針」の中では競争市場原理で描かれる地方自治や地方行政改革は一体どのように位置づけられただろうか。

いうまでもなく、今日における地方自治制度改革は、「三位一体改革」を中心に進められてきた。改革は地方税改革、地方財政改革を両輪として、税制と財政の両面から抜本的な改革を目指すものであった。

基本方針の第一弾である「骨太の方針２００１」の中では、国庫補助金改革・税源移譲による地方分権と、地方交付税削減による財政再建をセットで行なうとなっていた。国庫補助負担金は「国の負担が特に必要なものに限定する」として削減を明記した。地方交付税についても国と地方の役割分担の見直しをはかりつつ、「税源移譲を含め国と地方の税源配分について根本から見直しそのあり方を検討する」こととされた。これが痛みを伴う制度改革なのであるが、一方で制度改革の暁に地方の「自助と自律」にふさわしい歳入基盤と、「個性ある地域の発展」が実現するとされていた。

「三位一体改革」なる言葉が初めて使用されたのは、

二〇〇二年五月に片山虎之助総務大臣（当時）が『地方財政の構造改革と税源移譲について』と題する片山試案の中で提唱したといわれ、「税と補助金と交付税は三位一体で、三元連立方程式だ」との閣議後の記者会見発言に基づいていた。

片山試案は、所得税や地方消費税から地方税に税源移譲、その財源として補助金を廃止して充て、財政健全化後に地方交付税を地方税に変換する〝税源移譲先行論〟に立っていた。これに対して国庫補助負担金の廃止・縮減が確定した後に税源移譲を決めるべきとする財務省は反発を強め、総務省との厳しい対立を経て、小泉首相の調停と指示によって政府方針に盛り込まれたのが「三位一体改革」であった。

政府方針としての「三位一体改革」は、〇二年（平成一四）六月二五日に「経済財政運営と構造改革に関する基本方針２００２」として閣議決定された。それは「骨太の方針２００２」の第四部「歳出の主要分野における構造改革」に初めて登場し、「国庫補助負担金、交付税、税源移譲を含む税源配分のあり方を三位一体で検討」することとされ、「それらの望ましい姿とそこに至る具体的な改革工程を含む改革案を今後一年以内を目途にとりまとめる」と述べられていた。

「骨太の方針０２」の第四部（三・国と地方）では三位一体改革は次のようになっている。

①地方行財政改革は国が先行して国の関与を縮小し、地方の権限と責任を大幅に拡大

②地方分権改革推進会議の調査審議をふまえつつ国庫補助負担金の廃止・縮減について年内に結論

③国庫補助負担金、交付税、税源移譲を含む税源配分のあり方を三位一体で検討し、改革工程を含んだ改革案を一年以内にまとめる。この改革案においては二〇〇六年度までに数兆円の国庫補助負担金の削減を目指す

④地方交付税の財源保障機能を全体的に見直し、〇六年までに縮小

⑤地方においては約一四兆円の財源不足が生じているが、歳出削減や地方税増税によって早期に解消

⑥市町村合併の促進、地方制度の在り方については地方制度調査会の調査審議を踏まえて検討

片山試案が提起した税源移譲問題は「骨太の方針０２」において漸く具体的な改革工程に上った。だが、方針において税源移譲・改革工程を含む改革案を一年以内にまとめるとしたため、総務省と財務省の対立はさらに熾烈さを増して政治的対立にまで発展、「三位一体改革」は事実上「骨太の方針０３」を待たなければならなかった。

「骨太の方針０２」の概要と特徴を述べておきたい。最大の特徴は財政危機への認識がさらに深刻化していることだ。「方針０２」は全体が五部で構成されるが、「第二

部　経済活性化戦略」の中で「六つの戦略、三〇のアクションプログラム」の提示以外は、経済・財政危機への対応を厳しく実施することへの言及に文章の多くが割かれている。以下に文章を引用する中で概要と特徴を記述する。〈第一部　構造改革の推進と我が国経済社会の活性化〉では、「小さな政府」を実現するために「歳出改革を加速」し、「経済運営における最重要課題であるデフレ克服を目指し」、政府と日銀が一体となって取り組むとした。財政面では「一四年度概算要求基準において改革断行予算の枠組みを示」すことで、一四年度予算が編成された。デフレ不況が続く中、「不良債権処理の促進、金融システムの安定」を内容とする「早急に取り組むべきデフレ対応策をとりまとめた」といえる。しかし、「雇用・所得環境は依然厳しく、不良債権問題の正常化やデフレの解消に向けた取り組みが引き続き重要な課題である」と位置づけ、不良債権の最終処理やデフレ克服への道のりが遠いことを示唆した。

〈第三部　税制改革の基本方針〉では低迷する日本経済と少子高齢化の到来に向けた税制改革の必要性を訴えた。税制改革の視点は、「課税ベースを広く税率を低く抑えることを基本」として、「歳出改革と一体として進める。税制改革は徹底した歳出削減とともに行い、――中略―― 財政収支を中期的に改善してゆく」。そして税制改革は地方行財政改革の改革と一体として行なうことも述べている。「課税ベースの広い税制を基本」とは消費税が基幹税として国税収入の中で最大の歳入額と割合を占める税制に拡大することをいう。

第四部は〈歳出の主要分野における構造改革〉と題され、公共投資や地方財政、社会保障制度などの各分野にわたり厳格な見直しと、その結果を予算編成に十分に反映する仕組みを構築するとされた。

最終章である〈第五部　経済財政の姿と一五年度経済財政運営の基本的考え方〉では、小泉構造改革の最優先課題の一つである「二〇一〇年代初頭にプライマリーバランスの黒字化」の事実上破綻が述べられた。理由は新人口推計が発表され、政府の予想を上回る少子化・高齢化の進展によって、現行制度を維持すると仮定すれば国民負担は予想以上に上昇するとの試算が公表されたからだという。

さらには最優先課題のほかの一つ「国債発行三〇兆円以下」についても、平成一四年度に続き一五年度も公約は守られなかった。小泉内閣の最初の予算編成である〇二年度（平成一四）当初予算では、特別会計の会計操作をして三〇兆円の国債発行枠をかろうじて維持したが、その後に補正を余儀なくされ最終的に三五兆円の国債発行となった。〇三年度（平成一五）になると、当初予算から三六兆四四五〇億円が発行され、その後も〇六年（平成一八）に至るまで国債発行枠三〇兆円を守られなかった。方針では『平成一四年度の国債発行三〇兆円以下の基本精神を受け継ぎ、「三〇兆円」からの乖離をできる限り小さくする』として公約は精神論にすり替わり、国債発行枠の数値を示すことができなかった。

「骨太の方針2002」に基づいた、〇三年度予算案では、公共事業関連補助金や義務教育費国庫負担金など五六二五億円の国庫補助負担金が削減された。このうち義務教育費国庫負担金の一部二三〇九億円は税源移譲され一般財源となり、削減側の財務省からは三位一体改革の〝芽だし〟として評価を受けた。

(三) 骨太方針03

三位一体改革の全容が明らかにされたのは「骨太の方針2003」によってである。

三位一体改革はもともと二つの目的を有していた。一つは地方分権の推進であり、ほかは危機的な財政状況の改善、健全化である。三位一体改革がその実行途上で改革の鍵を握る財務当局によって、次第に財政再建・行財政改革に傾斜していったことは、ある意味では当然といえた。その傾斜の流れは三位一体改革の具体策である「骨太の方針」の推移に如実に現れた。

小泉首相は〇三年の経済財政諮問会議において、「義務的経費は全額移譲、その他の経費は八割を目途に移譲」の指示を出し、それを受けて六月二七日に「骨太の方針2003」が閣議決定された。同方針は三部で構成され、〈第一部　日本経済の課題〉、〈第二部　構造改革への具体的な取り組み〉、〈第三部　一六年度経済財政運営と予算のあり方〉となっていた。

〈第一部　日本経済の課題〉では、デフレ脱却の時期を〇六年（平成一八）と定め、不良債権比率の半減や証券・不動産市場の構造改革といった施策の実現に向けた政府・日銀の協力体制を強調した。

「骨太の方針03」における規制緩和策は〈第二部〉において集中的に表された。その内容を要約すれば以下のようになろう。構造改革のさらなる推進に向け「三つの宣言」と「七つの改革」が作成され、政府の施策を一層明確にした。「三つの宣言」には「経済活性化」、「国民の『安心』の確保」、「将来世代に責任がもてる財政の確立」といった抽象的な文言が並べられた。

「七つの改革」は、一、規制改革・構造改革特区　二、資金の流れと金融・産業再生　三、税制改革　四、雇用・人間力の強化　五、社会保障制度改革　六、国と地方の改革　七、予算編成プロセス改革であるが、改革の一、規制改革・構造改革特区において規制緩和策が目白押しとなった。代表例として、①株式会社等による医療機関運営の解禁　②混合診療の拡大　③医薬品販売体制の拡充　④公立学校の民間委託　⑤労働者派遣の適用拡大　⑥職業紹介事業への民間事業者の役割拡大　⑦株式会社による特別養護老人ホーム経営の全国展開、などが上げられる。

「骨太の方針03」の最大の特徴は、その構成がわずか三部で成立され、第三部が「一六年度経済財政運営と予算のあり方」となっており、当面する財政対策・処理への記述の割合が非常に高いことだ。これは三年目に入った小泉構造改革への真価が問われると同時に、経済財政諮問機関が主導する政策決定プロセスおよび経済・財政政策への批判の高まりを意味している。小泉首相は予算編成を自ら手掛け財政運営の主導権を確保することで、経済財政政策の効果を実証し、小泉構造改革路線を確実なものにしてゆく必要があったことが推定される。

ここで小泉首相は自らの予算編成権を確実にするため大胆な提言を行なっている。「予算配分を抜本的に見直しながら新しい予算編成プロセスの導入を実現しなければならない」としたうえで、公的支出の規律を高めるために次の提言をした。

「特別会計、特殊法人、独立行政法人及び政府保証などの状況も含め、国の財政状況を国民にわかりやすい形で総合的に明らかにし、特殊法人の経営の見直しも含め、公的な支出の規律を高める」。そしてこの目的を遂行するために予算編成のプロセスの改革として、「事前の目標設定と事後の厳格な評価の実施により、税金がどのような成果を上げたかについて、国民に説明責任を果たす予算編成プロセスを構築する」と述べ、予算の質の改善と透明性の向上に向けた強い意欲を示した。

取るべき具体的手段として、①主要な歳出分野についての複数年度にわたる明確な指針を示す ②経済財政に関する方針を具体的に提示し、予算の優先配分等の基本的な方針を明示する ③予算編成は最初から全体像を明らかにして行なう ④達成すべき政策目標を具体的に作成し、可能な限り定量的なものとする ⑤目標達成や執行の効率生について、執行段階及び事後の政策評価を厳しく行ない、その後の予算編成に結びつける ⑥透明性を高めるために、発生主義会計等の民間企業会計手法の導入などの公会計制度の改革を進める。そして上記の実現の第一歩として、⑦平成一六年度予算のモデル事業を検討することをあげた。

小泉構造改革の最大の功績は、予算編成プロセスと予算編成手法改革こそが財政再建に導くキーポイントであることを施策と手法の両面から提言したことだといえる。これまでにも財政再建を目指し予算編成過程の変革を試みた内閣はあった。予算案にキャップ制（上限枠）の導入や、シーリング枠を設定することなどが試みられたが、いずれも予算額の増減の調整にとどまり、予算編成権の改革には至らなかった。

予算編成とは財政政策を数量として単年度で表現したものであるから、予算編成の中には政府の財政政策の考え方や理念、政策の優先順位、実現手法などが表現されるはずである。

しかし、日本では内閣が公表する中長期的な財政フレームは現在に至っても法的な拘束力をもっておらず、いわば内閣の現状認識と希望的観測を述べたリポートにすぎない。従って、予算編成において内閣の財政政策は必ず反映されるべきものとなっていない。

財務省主導で作成される予算書には内閣においても知るべき情報が必要且つ十分に知らされているとは限らない。しかも国会における論議を通じても国民への情報開示・提供が十分とはまったくいえないのが日本の現状である。「内閣の国民への説明責任を果たす予算編成プロセスの構築」を訴えた〇二年時点でさえも、内閣が予算編成権をもたない近代国家などはあり得なく、予算編成過程への情報開示や透明性はOECD諸国と比較しても極端に低く、もはや民主的先進国とはいえないレベルであった。それほど財務省と内閣及び国民との情報量の非対称性は大きく、官僚政治の弊害は我が国の政治システム全般にまで及んでいた。小泉構造改革が予算編成権の改革に踏み込んだ意義は大きく、改革に成功したならば日本の政治地図は現在とはまったくちがう様相を呈していただろう。

さて、三位一体改革の骨子であるが、「第二部　構造改革への具体的な取り組み」の「六項　国と地方の改革」で示された。六項では改革の目的を、「三位一体改革」を推進し地方自治本来の理念にそって地方税の充実を目指すとしたが、その具体的な改革工程は「改革と展望」における「国庫補助負担金等整理合理化方針」（平成一五年一月二四日閣議決定）に基づき、〇六（平成一八）年度までに、①国庫補助負担金については概ね四兆円程度の廃止・縮減を行なう　②地方財政計画を見直し、地方交付税の財源保障機能を縮小していくとともに、地方交付税総額を抑制する　③個別事業の見直し、精査を行ない、地方自治体が主体となって実施する必要のあるものについては八割を目安として税源移譲し、義務的な事業については効率化を図りつつ所要の全額を移譲する。その際には基幹税（所得税と消費税のこと）の充実を基本に安定性を備えた地方税体系を構築する、と具体的な工程が示された。

「骨太の方針02」において地方の権限と責任を大幅に拡大すると明記し、「骨太の方針03」においては地方分権の理念に沿った改革工程を示すとされたが、この工程は財源移譲と国庫補助負担金の削減工程を示したにすぎず、地方の権限と責任の拡大あるいは地方自治の理念とはどのような概念かにはまったく触れられず、その実現に向けた改革工程も示されなかった。さらにいえば、〇三年一月二四日に閣議決定された「改革と展望」では、国庫補助負担金の削減・縮減方針だけを網羅しており、この方針に基づいて〇四年度予算が作成された。〇四年度ではこの改革によって、①国庫支出金が平成一五年度比で一兆三一〇四億円削減され、②税源移譲については、本格的な移譲までの過渡的措置として六五五八億円が地方自治体に交付された。内訳は所得剰余金二〇五一億円（〇三年度分）と二一九八億円（〇四年度分）、税源移譲予定交付金二三〇九億円である。③地方交付税と臨時財政対策費は合計二兆九〇〇〇億円が削減された。④自治体への新規財源として一三三〇億円の「まちづくり交付金」が創設された。所得剰余金とは、所得税から住民税への税源移譲が行なわれるまでの暫定措置として〇四年度に創設された制度であり、臨時財政対策費は地方交付税の代替財源として〇二年に制度化された。

結果として〇四年度予算案では、約一兆円の削減が実現したものの、税源移譲に結びつくとされたものは約四七五〇億円にすぎず、削減額の半額に満たないものとなった。

(四) 広がる改革への批判

二〇〇三年（平成一五）には「三位一体改革」への批判や不満が高まるとともに、改革の理念や目的、あるいはその方向性、その手法などの相違性が意識され始めた。

批判はまず中小の地方公共団体から政府に対してあがった。批判が高まった理由として、前述した〇四年度予算編成による国庫補助負担金の削減額に比べ、税源移譲が少なかったことにある。

改革年度（〇四～〇六年度）までの国庫補助負担金の改革総額は四兆七〇〇〇億円。このうち税源移譲に結びついたとされるものが二・八八兆円であった。〇三年度分を含めても移譲額は三兆円であって、残額の一部が交付金化されたといえ、地方税総額も〇一年度からほぼ毎年の減額措置をうけるなかでは、地方公共団体からの批判や不満の声があがるのも無理はなかった。

さらに地方交付税総額（地方交付税と臨時財政対策費の合計額）の推移を見ると、〇三年度には交付額が二三兆九三八九億円であったものが、〇四年度には二一兆七六六億円、〇五年度に二〇兆一二一〇億円、改革の最終年度である〇六年度には一八兆八一四五億円にまで減額されている。

三年間の削減額は五・一兆円に達した。とりわけ、〇四年度に実質的な交付税額が約三兆円削減、前年度比一二%の削減をみたことで、多くの地方公共団体の予算編成に著しい支障をきたしたことだ。このことは三位一体改革の目的が地方分権の推進より、国の財政健全化を目指すものとの重大な疑念を生じさせる原因の一つとなった。

批判の第二は、「三位一体改革」の理念・目的といったあるべき姿を巡って中央と地方、そして地方自治体の間で巻き起こった。政府・財政当局からすれば、危機的財政状況からの脱却は最優先の課題であり、国と地方を通じた財政健全化が改革の主目的であった。そして財政改革によって効率的で小さな政府を指向するものであった。

これに対し、多くの地方自治体にとって一体改革は、短期目的としては地方財政の健全化であり、長期的には地方自治体の自主性、自律性の拡大、地方分権の推進にあった。つまり「三位一体改革」は国庫補助金改革、税源移譲、地方交付税改革を一体として行なうことにあるが、改革の重点の置き方や優先順位に、それぞれの立場や考え方に相違が見られたことだ。

問題なのはこのちがいが地方自治体の中でも見られ、東京・大都市と中小都市間、あるいは町村との間でも意見が一致しなかったことだ。例えば税源移譲といっても、地方自治体間に税収格差の問題があり、財源調整機能がなければどの補助金を削減し、どの税目を移譲するのかによって税収格差は拡大する恐れがあった。地方は一致団結して中央に対抗できるのか、その本気度が試されていた。

批判の契機になったのは、中央官庁である総務省と財務省との確執だった。片山総務大臣は、補助金削減と税源移譲を確実なものにするため、地方六団体に補助金廃止の具体策を提言するよう指示した。これを受け一五年(平成一七)六月、田中康夫長野県知事が独自の改革案を提言したことを契機に、地方団体や地方自治体などからの提言が相次いだ。八月には二一世紀臨調「知事・市長連合会議」の岩手、宮城、千葉、静岡、和歌山、福岡の各県知事は「八兆九二一四億円の国庫補助負担金を廃止し、その財源で地方が主体的に事業を行なうべき」とする緊急提言を行なった。

全国一六県知事で組織する国と地方の税制を考える会も九月に同様な補助金廃止の提案を行なった。一〇月には全国知事会会長試案が出され、国庫補助負担金の都道府県関係約一一・四兆円のうち九−一〇兆円を廃止、九兆円の税源移譲、地方交付税と地方税を併せた財源確保と財政調整機能の発揮などが提言された。一〇月には全国市長会も試案を提出、一一月の全国知事会提言と相次いだ。地方からの三位一体改革への提言は平成一六年度予算編成の論議と絡まり、政局は一時的な昏迷状態に陥った。

かような地方からの批判と要望に押される形で、一一月に小泉首相の「三位一体改革に関する首相指示」がなされ、補助金削減目標四兆円のうち〇四年(平成一六)度の削減目標を一兆円とする、税源移譲はできるだけ地方が歓迎するものから実施する、補助金・交付税・税源を一緒に行なうことが示された。

これを受けた〇三年一二月の「三位一体改革に関する

政府・与党協議会」では、国庫補助負担金の廃止・縮減は義務教育国庫負担金と生活保護を中心に、二〇〇四年度に一兆円程度とする、地方交付税改革に関しては、交付税総額を対前年比六・五%、約三兆円を削減することが合意された。この数値目標が「骨太の方針０４」の根底となり、〇四年度予算原案も漸く成立することとなった。

地方団体の意見と批判の代表的なものを紹介しておきたい。

全国町村会は〇四年（平成一六）一月二九日に『町村財政運営に関する緊急要望』を政府に提出、その中で次の批判を行なっている。「地方交付税及び臨時財政対策費が大幅に削減されていることは、税源に乏しい個々の町村にとっては深刻な事態であり、平成一六年度の予算編成にも重大な支障をきたす状況に立ち至っている。――中略―― 地方交付税のもつ財源保障、財源調整機能を堅持するとともにその充実強化が図られる」。

全国知事会は〇四年（平成一六）二月九日に『地方交付税等の大幅削減に対する緊急コメント』を発表し、『国の「三位一体改革」における国庫補助負担金の見直しや税源移譲が不十分な中、地方交付税の削減のみが突出して行われることは、地方公共団体の財政運営に致命的な打撃を与えるものであり、極めて遺憾である』と批判したうえで、次の要望を加えた。「今後、地方公共団体の毎年度の予算編成に支障が生じないよう、三位一体の改革の具体的内容などをできる限り早い段階で明らかにし、地方の意見を十分に反映させること」。

同年二月二三日の全国市長会『三位一体改革に関する緊急要望』においても、「国庫補助負担金の廃止と同時に個人住民税、地方消費税等の基幹税で税源移譲」、「税源移譲と併せ、国の法令等による基準を弾力化するなど国の関与を速やかに廃止・縮減」、「地方交付税の持つ財源調整と財源保障の両機能を強化」、「市町村の意向を十分に反映させ、できる限りで内容を明らかにする」、ことなどが要望されていた。

三位一体改革とは、国と地方の財政関係の再編を通じて住民参加・市民自治・地方分権を促進することで、真の地方自治を実現し、日本の国の姿を変革しようとするものである。その意味では国庫補助負担金の廃止・縮減においては単なる廃止・縮減に終わらせることなく、自治体の裁量権の拡大に資するものでなくてはならない。

義務教育費国庫補助負担金は、国の法律に基づき支払われる教員給与であり、財源移譲されたとしても自治体の裁量権の拡大に直接に結びつくものではなかった。生活保護費についても同様である。国の削減と同時に地方負担の増加分も含めた自治体側の裁量権を拡大し、行政サービスを住民ニーズに合わせることを可能とする国庫補助負担金の廃止・縮減が求められた。

（五）０４・０５年度改革と三位一体改革の全体像

上記の経過をたどり「骨太の方針０４」は、「政府・与党協議会」に沿う形で〇四年（平成一六）六月四日に閣議決定された。三位一体改革は第一部「重点強化期間の主な改革」における（３）「地域の真の自立」として以下のように記述された。

①平成一八年度（〇六年）までの三位一体改革の全体像を平成一六年秋に明らかにし、年内に決定する。

②平成一七・一八年度に実施予定の三兆円の国庫補助負担金改革は、税源移譲と交付税改革を一体的に盛り込み、その工程を明らかにしていく。そのため税源移譲は三兆円規模とする。

③地方公共団体に対し、国庫補助負担金改革の具体策をまとめるよう要請する。

④税源移譲は平成一八年度までに所得税から個人住民税への本格的な移譲を実施する。

⑤地方公共団体の安定的な財政運営に必要な一般財源の総額を確保し、地方交付税の算定の見直しを検討する。

⑥地方分権推進・地域再生・活性化を図るため、市町村合併を強力に推進する。

地方六団体は政府の要請に基づき、『国庫補助負担金等に関する改革案』（副題、地方分権推進のための「三位一体改革」）を八月二四日に小泉首相に提出した。

同改革案では、税源移譲が三位一体改革の主たる課題であると位置づけ、政府の定める平成一六年度から平成一八年度までを「第一期改革」とし、引き続き「第二期改革」を平成一九年度から二一年度まで行なうべきとした。改革案では、①税源移譲は二期までに全体で八兆円程度、一期分は三兆円程度とする　②国庫補助負担金は二期までに九兆円を削減する。一期改革四兆円、二期改革案では三・六兆円削減、さらに地方道路整備臨時交付金一・四兆円を廃止する　③地方交付税の見直しについては、地方公共団体の財政力格差に対応できる財源調整機能と財源調整機能を充実強化させ、交付税を利用した国の政策誘導的機能は縮小するなどが提言された。

九月には「三位一体改革に関する国と地方の協議の場」が設けられ、一〇月には八府省対案が出される中、地方六団体との協議が進められた。文部科学省は義務教育費国庫補助負担金制度の存続を求め、厚生労働省・国土交通省・農林水産省など主要官庁はいずれも国庫補助負担金制度の改革・存続を主張するなど実質ゼロ回答といってよく、両者の合意は困難な状況となった。こうした中で与党の調整もあって、一一月二六日に政府・与党間に〇六年度（最終年度）までの全体改革について、「三位一体の改革について」の政府・与党協議会合意が成立した。

政府・与党合意では、〇五年度及び〇六年度において、国庫補助負担金の三兆円程度の削減が決定された。論議の焦点となった義務教育費国庫補助負担金については、暫定的に八五〇〇億円の減額とされ、〇五年に四二五〇億円の減額となった。暫定となった理由は、国庫補助負担金の原則廃止を掲げる政府・与党と全額を税源移譲し地方裁量権の拡大を目指す地方六団体、そして義務教育費国庫補助の制度維持を唱える文科省の三者が対立したため、当面は国庫補助負担率の引き下げという妥協的措置を摂らざるをえなかったのである。税源移譲では所得税から個人住民税へ三兆円規模を目指すとされた。また新たに国民健康保険国庫負担金六八六二億円の削減が決定された。

〇五年六月二一日に「経済財政運営と構造改革に関する基本方針２００５」が閣議決定されたが、記述は少なくこれまでの方針を追認するものでしかなかった。焦点とされた課題は先送りとなった。決定内容は、①これまでの政府・与党合意及び累次の「基本方針」を踏まえ改革を確実に実現する　②税源移譲は概ね三兆円規模を目指す、税源移譲は平成一八年度税制改正において個人住民税所得割の税率のフラット化を基本とする　③国庫補助負担金改革の残された課題については平成一七年秋までに結論を得る　④地方交付税は累次の「基本方針」に基づき、地方歳出を見直し抑制する　⑤交付税の算定方法の簡素化、透明化に取り組むなどであった。

「骨太の方針０５」において残された課題は、〇五年一一月三〇日の「三位一体の改革に係る政府・与党協議会」において最終的な決着をみた。義務教育費国庫補助負担金制度の根幹は維持され、国庫負担割合を小中学校を通じて二分の一から三分の一に引き下げることにより八五〇〇億円の補助金を削減するとされた。生活保護に関する国庫補助負担金は従来の負担率が維持されたが、児童扶養手当と呼び児童手当については負担率が三分の一に引き下げられた。ただし、医療施設運営費、介護給付費、施設整備費は〇六年度に国庫補助負担金の削減と税源移譲を実施することになった。

このように、補助金改革の多くは国が負担すべきとされた義務的経費が削減対象とされた。改革期間中における三兆円の税源移譲は、〇七年度の所得税減税と個人住民税所得割の税率のフラット化により行なうこととされ、従来の五％、一〇％、一三％の三段階累進課税から一律一〇％になった。これによって二〇〇六年度（最終年度）までの改革案はすべて出そろった。

ここで「骨太の方針０５」に盛られた「⑤交付税算定方法の簡素化・透明化」について言及しておきたい。

方針では⑤を実現する方策として、地方財政計画の計画と決算の乖離の是正を図るため、今後一年以内を目途に経済財政諮問会議において解消に向け結論を出すとし、三位一体改革を進める中で不交付団体（市町村）の人口割合を大幅に高めるとされた。関連する改革として、基準財政需要額に対する後年度算入措置の見直しや、「新地方行革指針」による給与・財政状況などの公表システムの構築、都道府県及び政令市における連結貸借対照表の作成と公表などが盛り込まれた。

具体的には経済財政諮問会議において「地方歳出の大胆な削減」を実施するため、「行政改革インセンティブ算定」、「税収確保努力インセンティブ」、「アウトソーシング効率化算定」、といった新しい算定基準が創設・拡充された。いずれも「骨太の方針01」に盛られていたもので、自治体の行政改革努力を数値的に算定することで強制的に促し、地方自治体への交付税配分を変換させるものであった。

新・算定基準は地方自治体に多くの困難をもたらした。例えば「アウトソーシング効率化算定」によって学校給食やごみ収集、公的施設管理の外部委託・民営化が進み、市民への災害防止対策や安全配慮義務の欠如から人災事故を多発させるなどの問題を生んだ。さらには低賃金労働や非正規労働の温床ともなり、自治体が市民の労働条件の低下に先導的役割を果たす結果にもつながった。これらの諸施策も典型的なデフレ政策であり国民の経済格差・貧困を拡大させる役割を果たした。

このほかにも、税源移譲分を基準財政収入額に一〇〇%参入や、段階補正を縮小する、都道府県の補正係数を半減する、などの削減措置がとられた。

段階補正の縮減は、小規模自治体への交付税額が減額となり財政運営に大きな影響を与えた。段階補正とは、小規模になるほど割高となる行政コストを補正する財源調整機能として、地域間格差を是正し国土の均衡ある発展に欠かすことができない地方交付税の重要な機能を果たしている。その重要な機能を抜本的に見直し、その機能を極めて縮減させるのであれば、地方交付税の存廃のまでも含めてその是非を国民に問う必要があると思われる。

不交付団体の人口割合は二〇〇〇年の一一・五%から〇六年には二五・九%にまで拡大し、市町村数では七七市町村から一七七市町村に増加した。新算定基準によって交付税が大幅に削減され、あるいは不交付団体が増加したことで、合併後の市町村では地方債のみが累積し、以前に比べ経営に困窮する現象が全国で多発した。

〇一年から始まった三位一体改革は、ようやくその全体像が明確となった。ここでその全体像（〇三年から〇六年までの四年間）を示しておきたい。

国庫補助負担金改革額は合計で五兆二二八六億円となった。その内訳は税源移譲に結びついた改革額は三兆一一七六億円、スリム化された補助金額は一兆三一六七億円、交付金化された補助金は七九四三億円だった。税源移譲額は合計三兆九四億円となった。

地方交付税では、改革初年度にあたる〇三年度に臨時財政対策費も含めた地方交付税総額が二三兆九三八九億円だったものが、〇六年度には一八兆八一四五億円と実に五兆一二四四億円が減額された。

国の一般会計と地方財政計画における財政収支を〇八年度（平成二〇）で比較する中で税源移譲の評価をしてみたい。国の歳出規模は八三・一兆円であったが、地方財政は八三・四兆円とほぼ同額であった。内訳では一般歳出では国が四七・三兆円に対し、地方財政は六五・八兆円となっており、国は国債費（約二〇兆円）や地方交付税（一五・六兆円）などへの支出が多い分だけ政策的経費は少なくなっている。

歳入では国の租税収入は五三・六兆円であるが、地方税は四一・二兆円と一〇兆円以上も少ない。国と地方では税源が非常に偏っており、国と地方財政では租税収入がほぼ六:四に対し、一般歳出では四:六と逆転している。

つまり、地方が占める役割や事業は大きいが、その割に財政基盤が劣弱だといえる。地方財政の望むべき姿としては、政策的経費である地方財政一般歳出額は独自財源である地方税などの拡充強化をもってすべきであり、三兆円の税源移譲はあまりにも少なく、一五〜二〇兆円程度の税源移譲は必要であったと思われる。

このように見れば、税源移譲、国庫補助負担金の削減、交付税削減、交付税算定基準の改定、段階補正の見直しなどの、一連の三位一体改革は中小自治体の切り捨て策だったことが理解できよう。なぜならば、〇六年六月には夕張市が財政再建団体となり事実上破綻したことに象徴されるように、徐々に進んできた地方の財政危機はついに表面化し、現在においても地方財政の状態は回復に至ってはいない。破綻自治体のその後の悲惨さは誰の目にも明らかとなった。

それにもかかわらず国の景気浮揚策を国庫補助によって政策誘導した政府・中央官庁の罪は何ら問われず、なぜか自治体の放漫経営ばかりが喧伝され、自治体側の自己責任と自己救済だけが強調されてきた。最後に破綻のツケを支払わなくてはならないのは夕張市と夕張市民だけなのだ。

政府は夕張市の破綻を奇禍《きか》として〇七年六月、自治体財政健全化法（「地方公共団体の財政の健全化に関する法律」以下財政健全化法）を制定し、翌〇八年には施行された。同法の制定によって地方公共団体は、自らの財政状態を一般会計のみならず、公営企業の財務状態までも連結して国が作成する健全化判断比率（次の四つの財政指標を指す・実質赤字比率、連結実質赤字比率、実質公債費比率、将来負担比率）にそって作成し、公表する義務を負うとされたのだ。

地方財政は三位一体改革によって、自主財源が増えない中でも国庫補助負担金の削減だけが進められてきた結果、財政運営に恒常的な困難がつきまとってきた。だが、財政健全化法の制定は自治体にこれまで以上の自助努力を強制的に促し、さらなる外部委託や民営化、人件費削減、公的施設の集約化・廃止に取り組まざるを得なくなった。つまり、地方財政はこれまで以上に国家の統制下に置かれることになった。

これまでの国の説明によれば、三位一体改革は地方の自律を促し、それにふさわしい財務基盤を備えた基礎自治体を創生・育成にあった。そこでは国家のナショナルミニマムは基本的に維持されるものの、地方にはこれまで以上に自治権・裁量権は拡大されるはずであった。

しかし、財政健全化法は自治体統制法でしかなく、これまで積み重ねてきた三位一体改革の論議は無意味になった。もはやここには「分権自治」の精神は見られず、新しい集権国家の創設となった。地方自治体が三位一体改革に期待した自治の理念は財政健全化法によって止めを刺された。

6章　地方分権改革の歴史

国会で最初となる地方分権推進決議

平成の大合併につながった、地方分権推進の契機となったのは、一九九三年（平成五）にさかのぼる。

第一二六国会において、同年六月三日・四日に衆参両院における憲政史上初めての全会一致で採択された「地方分権の推進に関する決議」（地方分権推進決議）がそれである。

同決議では、東京一極集中の排除や中央集権的行政の是正をあげながら、「国と地方の役割を見直し、国から地方への権限移譲、地方税財源の充実強化など地方公共団体の自主性、自立性の強化を図り二十一世紀に向けたふさわしい地方自治を確立することが現下の急務である。従って、地方分権を積極的に推進するための法制化をはじめ、抜本的な施策を総力をあげて断行してゆくべきである。」として、地方分権の推進によって自主・自律的な地方自治の確立と、分権実現のための法制化や抜本的施策の断行を求めた。

地方分権推進の背景にあるものは何だったろうか。八〇年代のバブル経済は東京への一極集中と、地価高騰及びそれに伴う住環境の劣化をもたらし、一方では農山村の過疎化が進行して、限界集落を各地に生み出していった。歪んだ国土構造は、多極分散型国土論を台頭させ、財政上では税財源の配分を巡る論争が巻き起こった。

八〇年代後半にバブルは崩壊し、日本は平成不況と呼ばれる長期停滞に陥った。歪んだ国土の修復は置き去られたばかりか、少子高齢化・人口減少社会、格差・貧困社会を到来させるなど、我が国を取り巻く社会問題はより深刻化し、多重な困難性を抱えるに至った。

地方分権論はこの難題に応えるかのように、一九八九年（平成元）一二月には第二次行革審が「国と地方の関係等に関する答申」、第二二次地方制度調査会は「小規模町村のあり方に関する答申」を出し、分権論議の嚆矢《こうし》となった。その後も九一年（平成三）には、第三次行革審の「豊かなくらし部会」報告、九二年六月には「国際化対応・国民生活重視の行政改革に関する第三次答申」と続き、分権論議は隆盛の時期を迎えた。これは偶然の所産ではない。

その歴史的意義は、中央集権型国家行政の弊害が顕著になり、国家が機能不全に陥ったことへの認識にある。グローバリズムの進展に国家の対応が追いつかず、政治・経済はいうに及ばず、外交・金融・貿易・教育・文化など社会のあらゆる面で世界との落差が生じたことへの危機意識の表れであり、中央集権的な国家行政から脱却して新しい国のかたちを創る国の覚悟が求められていたのだ。現在において、ポリシーミックス（複数の目標を同時に達成させる目的をもつ総合政策）としてのアベノミクスも新しい国家像を形成しようとする試みであることは難くない。

だが、その試みは中央集権的国家の再構築と見られるべきものであり、地方分権推進を決議した当時の国の意思とはあまりにも異質であり、甚だしい距離があることを明記しておきたい。

国会決議が地方分権を推進しようとする国家意思を決定づけたものならば、その方向性を具体的に指し示したものが第三次行革審最終答申であった。第三次行革審とは、九〇年（平成二）一〇月に海部俊樹内閣の下で発足した臨時行政改革推進審議会を指す。

国会決議があった同年の九三年（平成五）一〇月二七日に第三次行革審（第三次臨時行政改革推進審議会・鈴木永二会長）は、最終答申を細川内閣に提出した。細川内閣は非自民政党である八党派（日本新党・さきがけ・社会・新生党・公明・民社・社会民主連合・民主改革連合）が、日本新党党首である細川護熙を内閣総理大臣として、九三年八月九日に成立させた連立政権である。これにより一九五五年以来続いた自由民主党と日本社会党を基軸とする二大政党制、いわゆる五五年体制が崩壊した。

地方分権の目的について第三次行革審最終答申は、地方分権推進決議と同様の認識を示し、「全国的な統一性や公平性を重視する集権型行政システムから脱却し、地域がそれぞれの個性や主体性を発揮しつつ、その文化、経済の潜在力を十分に活用できるような分権型行政システムに転換する必要がある」と記述した。そして今後の行政改革の重点を「地方分権の推進と地方自治の確立」の二本の柱に求めた。

分権と自治は混同されることが多いが、その概念は異なるものだ。「地方分権の推進」とは、国と地方の役割分担の大胆な見直しであり、地方自治体への国の権限の移譲あるいは関与の廃止であった。

「地方自治の確立」は、基礎的自治体（市町村）を自主的・自律的な行政主体として確立すること、及び自立的な地方行政体制を整備するために、基礎的自治体行政を補完・支援・調整することができる広域的・総合的な自治体の創生を求めた。手法とされたのが市町村の自主的合併、地方分権特例制度（パイロット自治体）や中核市をはじめとする都市制度の法制化とその積極的活用、市町村や都道府県による広域連合の設立であった。

そして地方分権に関して第三次行革審最終答申では、「地方分権化に関する立法化等の推進」の表題の下に次の三つの方針が内閣に対して勧告されその実現を迫った。勧告の内容は、①国と地方の役割分担の本格的な見直しと地方への権限移譲、個々の法令の改正とこれに伴う財政制度の改革　②分権実現にむけた新たな推進体制を政府内に整備し、地方分権に関する推進理念と取り扱う課題と手順を明らかにした大綱方針の一年以内（九四年度内）の策定　③大綱方針に沿った分権推進に関する基本的な法律（仮称／地方分権推進の基本法）の制定である。

細川首相はこの答申を受け、九四年度中の大綱方針の策定と、地方分権推進基本法（仮称）策定を公約する。この公約によって、地方分権推進は具体的な政治テーマとなった。九四年二月一五日には「今後における行政改革の推進方策について」（中期行政改革大綱）を閣議決定し、地方分権に関する大綱方針を年度内に策定することを明記した。大綱をふまえた地方分権の基本的な法律の制定は、「地方制度調査会」と「行政改革推進本部の地方分権部会」の論議に委ねられることになった。

政局の混乱

細川首相はこれまでの消費税に変えて、税率も三％から五％に上げた国民福祉税構想を深夜未明に突然に発表し、そして翌日には白紙撤回するなどその強引な政治手法に政局は混乱を極めた。その政局の混乱の責任をとって一九九四年（平成六）四月八日に辞任を表明した。

内閣はこの後に羽田孜（在任期間九四年四月～九四年六月／新生党）から村山富一（在任期間九四年六月～九六年一月／社会党）へと短期間での政権交替があったが、地方分権推進の政権公約は継承された。細川、羽田、村山へと続く歴代三代の首相公約は地方分権推進に対する政府の真摯な姿勢として国民に印象づけられた。そして、中央政界以外からも自治分権論を作成しようとする動き見られ、やがて大きな国民世論のうねりとなっていった。

衆議院で「地方分権推進」決議が行なわれた九三年六月の国会における地方自治法改正では、地方六団体[注1]は国への意見提出権が認められ、早速に地方六団体は地方分権に向けた論議を開始した。地方六団体は、六団体の地方自治確立対策協議会の下に地方分権推進委員会を設置した。同委員会は「地方分権の推進に関する意見書――新時代の地方自治――」、及び「地方分権推進要綱」をまとめ、九四年九月二六日に政府（村山内閣）への意見提出を行なった。意見書には、政府の分権の進め方として地方分権推進委員会を設けるほか、その法的性格を国家行政組織法三条による内閣から独立した行政委員会とすることを要請した。八条による審議会方式では、官僚によって審議が骨抜きになる怖れと、内閣はその答申に法的な拘束を受けないためである。そして、地方分権推進委員会は推進計画を内閣に提出するだけではなく、国会と内閣に意見を提出し、政府の実施状況を監視する権限も求めた。

意見書にはその後における分権論議のすべての課題が主張として揚げられ、後の第二四次地方制度調査会答申及び行政改革本部・地方分権部会「意見・要旨」の基調をなしたものであった。分権論議の大枠を定めたものと歴史的な評価がなされている。意見書の主要なものを以下にかかげる。①機関委任事務の廃止　②国の事務・関与の限定　③税財源の抜本的な見直し　④課税自主権の尊重　⑤地方交付税制度の改革　⑥国庫補助負担金制度の見直し　⑦地方分権の推進に関する法律の制定　⑧住民投票制度の創設　⑨行政手続条例の推進　⑩外部監査制の導入などである。

注1　地方6団体とは、①全国知事会　②全国市長会　③全国町村会　④全国都道府県議会議長会　⑤全国市議会議長会　⑥全国町村議会議長会の六団体を指す。

羽田内閣と中核市制度

羽田孜内閣は細川内閣の後を受け一九九四年（平成六）四月二八日に成立した。同日に第二四次地方制度調査会（地制調）を設置し、調査会に対し政府は二つの諮問を行なった。第一は、内閣が策定する地方分権推進大綱方針の骨子の考え方をどうすべきか、第二は今後どのように市町村合併を考えるべきかである。この諮問への回答として第二四次地制調は「地方分権の推進に関する答申」を九四年一一月二二日に政府に提出する。政府はすでに村山内閣に代わっていた。

第二四次地制調答申の特徴を記せば、第三章「国から地方公共団体への権限委譲等の推進」として必置規制の縮小・廃止[注1]や機関委任事務の廃止が明記され、第五章「地方行政体制の整備・確率」では、市町村合併の推進と広域連合制度の活用、地方議会の改革が提言されている。第六章「今後の推進方策のあり方」では、①地方分権を推進させるための法律（仮称／地方分権推進法）の制定　②地方分権推進委員会の設置　③地方分権推進計画の作成などが提言された。

羽田内閣は九四年（平成六）五月三〇日、内閣の行政改革本部の下に地方分権部会という新部会を設置した。細川内閣の路線を踏襲したものである。

部会は羽田首相以下八閣僚で構成され、さらに八人の民間専門委員が任命された。地方分権部会は地方六団体の提言書や地方制度調査会の答申を参考にしながら、地方分権部会専門委員の意見がまとめられたのは村山内閣時の九四年一一月末だった。

羽田内閣は九四年四月二八日、国会に地方自治法の一部を改正する法律案を提出、同法律案は六月二二日に「中核市と広域連合に関する地方自治法改正」として可決成立した。同法は八九年（平成元）一二月の第二次行革審「国と地方の関係等に関する答申」、及び前年の九三年四月に第二三次地方制度調査会が提出した「広域連合と中核市制度に関する答申」をもとに法制化されたものである。

「中核市」は日本の新しい大都市制度の一つとして創設

された。政令指定都市と通常の市との中間的存在として、政令指定都市に準ずるいわば県庁所在都市のイメージに近い大都市を指す。人口三〇万人以上および面積一〇〇平方キロメートル以上が指定要件とされ、地方自治法に定める政令による指定を必要とする。

中核市には、政令指定都市に準じた事務権限が都道府県から移譲される。移譲される事務範囲としては、第一に民政に関する事務、第二に保健衛生に関する事務、第三に都市計画に関する事務、第四に環境保全に関する事務であり、事務権限の増大に伴い地方交付税も増額されることとなった。

「広域連合」はこれまで地方自治法では「地方公共団体の組合」と規定され、ごみや産業廃棄物の処理、環境保全など広域行政を共同処理する「特別地方公共団体」の一つとして扱われてきた。

今回の法改正による広域連合の提唱は単なる事務の広域処理以上の、府県間を超える広域的な行政あるいは広域連携を可能とする新しい組織概念として都道府県や市町村が設置でき、またこれまでの一部事務組合と異なり国や都道府県からの権限委譲の受け皿対象となった。都市型・大規模自治体構想のさきがけといわれる。

しかし、中核市と広域連合を巡る議論は九五年を境に急速に消滅してゆき、代わって国主導の分権の受け皿論を背景にした市町村合併推進の声が高くなっていった。

分権の受け皿論は多様であり、その論議は錯綜しながら推移しているため、一律な定義は甚だ困難であるが、真の地方自治の確立よりも現行の二層制度をなくし、一定規模の人口と地域をもつ自治体を国が強制的に作り上げることを優先させ、財源移譲なき権限委譲によって地方自治体への国の負担を軽減しようとする分権論といえる。国主導による連邦制や道州制なども一形態である。小泉内閣の三位一体改革も分権の受け皿論の強い影響力の下にあった。

注1　必置規制　法律や政省令・通達などによって自治体が設置すべき機関、施設、組織の設置義務から、職員の採用資格や必要数までも規制している国の基準。

地方分権推進法成立、合併特例法一〇年延長

羽田内閣は「中核市と広域連合に関する地方自治法改正」を成立させたものの、少数与党ゆえに政局をまとめきれず一九九四年（平成六）六月二五日に辞任した。わずか二か月の短命政権であった。代わって政権を担当したのは村山富一連立内閣（在任期間九四年六月～九六年一月／自民・社会・さきがけ）であった。村山内閣は六月三〇日に発足する。そして連立与党も地方分権プロジェクトチームを設置、大綱原案の作成にかかり一二月二日に原案をまとめた。

このような連立与党大綱原案や地方六団体意見書、第

二三次及び二四次地方制度調査会答申、そして内閣・地方分権部会専門委員の意見をふまえ、村山内閣は政府としての地方分権推進大綱方針及び市町村合併特例法一部改正案、地方分権推進法の立案作業に入った。立案過程では、分権推進委員会設置の根拠法をどこに求めるのか、分権推進の根拠法となる地方分権推進法（仮称）の性格規定や所掌の範囲、とりわけ国と地方の役割分担とその権限・責務の範囲、機関委任事務の処理手法（廃止か整理・縮小か、検討という先送りか）、時限立法として有効期限（五年か一〇年か）の時期をめぐって各省庁との激しい論議と駆け引きが行なわれた。権限を削減されることになる中央省庁の抵抗はすさまじかったと聞く。

一方、政府は九四年（平成六）一〇月に「地方公共団体における行政改革推進のための指針の策定について」と題する自治事務次官通達を出した。これは各自治体が行政改革推進を目的とする新組織（行政改革推進本部）の立ち上げと改革大綱の策定を指示したものである。

この通達を契機に福祉医療、衛生、清掃、介護などの現業部門の外注化、アウトソーシング、公的施設への指定管理者制度の導入、外郭団体の整理統合、福祉行政の縮小、自治体職員の定数削減、といった自治体リストラの嵐が吹き荒れ、職員のモラルハザードが進んで行なった。

九五年（平成七）の通常国会では、まず合併特例法改正法が成立し、合併特例法は〇五年（平成一七）年三月末まで一〇年間延長された。この合併特例法の延長は、「市町村合併のバスに乗り遅れるな」という声となって全国の自治体を合併に走らせる事態を生んだ。

大綱方針は九四年（平成六）一二月に「地方分権の推進に関する大綱方針」としてまとめられ、九四年一二月二五日に大綱方針は閣議決定された。大綱方針では、政府による分権推進計画の策定、分権推進委員会の設置、関連法律案の次期通常国会への提出が明示された。関連法案は「地方分権推進法」として九五年（平成七）二月二八日の閣議決定を経て、九五年五月一五日に「地方分権推進法」が五年間の時限立法（二〇〇〇年七月まで）として成立、五月一九日に公布された。

地方分権推進法とは何か

地方分権推進法は次のような枠組みで構成された。政府は国家行政組織法第八条に基づいた内閣総理大臣の諮問機関として地方分権推進委員会を設置する。委員会は七名の委員からなり、内閣総理大臣が両議院の同意を得て任命する。分権推進委員会は地方分権推進に関する基本的事項を調査・審議して、地方分権の具体的指針を内閣総理大臣に勧告する。内閣総理大臣は委員会の勧告や意見を最大限に尊重する義務があり、勧告・意見に基づいて地方分権推進計画案を作成し、閣議決定を経て必要な法的、行政的措置をとらねばならない。さらに内閣総理大臣は勧告を受ければ、国会に報告することも義務づけされた。

推進計画の実施段階では、地方分権推進委員会は実施状況を監視し、その結果を内閣に意見を述べることになった。つまり、勧告の内容が政府の分権実施の内容及び方向性を決定づけたのみならず、実施状況の監視業務が加わることで実現可能性は限りなく高くなった。

地方分権推進委員会は、国家行政組織法三条に基づくものとはならなかったが、ほとんど三条機関といえるほど強い権限をもつ諮問機関であるといえた。八条による委員会となったのは官僚の抵抗が激しかったからだ。しかし、村山内閣を支える自民、社会、さきがけの連立与党による三党合意が分権推進委への追い風となった。

三党合意は六月二九日にまとめられた。内容は地方分権委員会の検討作業を促し、機関委任事務の原則廃止、負担金・補助金の整理合理化、国の関与の適正化などの課題について、九四年度中に中間報告を求めるよう政府に要請するものとなっており、推進委の強い後ろ盾となった。

地方分権推進法は、第一章「総則」、第二章「地方分権の推進に関する基本方針」、第三章「地方分権推進計画」、第四章「地方分権推進委員会」、の四章で構成されている。

地方分権推進法の目的（総則及び二章）としては、地方分権を総合的且つ計画的に推進するため、国及び地方公共団体の責務を明確化し、そのための国・地方の役割分担を区分し、且つ地方分権の基本的な施策として国の関与、必置規制、負担金及び補助金などの国庫支出金の整理・合理化、その他所要措置を講ずることを義務化し、国と地方の役割分担に応じた地方税財源の充実を法律で明記した。

三章「地方分権推進計画」においては、総合且つ計画的な推進を図るために講ずべき法制上・財政上の措置が定められた推進計画の作成を政府に求め、政府に対し策定義務や国会への報告義務、要旨の公表義務を規定した。四章「地方分権推進委員会」では、前述した委員会の所掌事務の範囲と内閣の義務が規定された。

推進委の根拠法が国家行政組織法八条によって制約があるとはいえ、推進委の勧告はほぼ実現するはずであったが、現在の地方自治体を見れば勧告の内容とはほど遠い状況に置かれていることに驚かされる。その大きな原因の一つに地方分権推進法が五年の時限立法であったことだ（推進法は二〇〇〇年五月に一年間のみ延長された）。

推進委の権限は同法の期限切れとともに失効し、推進委は解散となった。政府の実施状況を監視しその実行を担保する組織がなくなることで、勧告の理念は次第に後ろに追いやられたのだ。

地方分権推進委員会の設置と中間報告

地方分権推進法に基づき、九五年（平成七）七月三日に地方分権推進委員会が総理府に設置され、委員長に諸井虔（日経連副会長）氏が就任した。推進委員には堀江湛（慶応大学教授）、長洲一二（神奈川県知事）、山本壮一郎（元宮城県知事）、桑原敬一（福岡市長）、西尾勝（東京大学教授）、樋口恵子（東京家政大学教授）の各氏が就任した。

就任日の七月三日には第一回会合が開かれた。推進委員会は「地域づくり」「くらしづくり」の二つの部会を設け、部会長にはそれぞれ成田頼明（横浜国大名誉教授）氏、大森彌（東京大学教授）氏が就任した。地方分権推進委員会は各省庁や地方六団体、有識者などとのヒアリングをはじめとして集中審議に入り、年末には機関委任事務廃止後の事務取扱いについての検討試案を作成、また試案についての関係各省庁とのヒアリングを実施。連立与党の三党合意に沿って、九六年（平成八）三月までに中間発表すべく作業が進められた。

村山内閣は地方分権推進法の成立に先立つ三月三一日に一〇九一項目におよぶ「規制緩和推進五カ年計画」を閣議決定した。さらに村山内閣を支える与党三党は、九五年六月に「機関委任事務原則廃止」で合意し、同合意は九六年一月の橋本龍太郎内閣発足に伴う三党合意にも継承された。「機関委任事務原則廃止」は地方分権推進委員会の中間報告においても提唱されるなど、原則廃止の方向性は決定づけられようとしていた。

一九九五年（平成七）一月一七日。兵庫県南部地域を襲ったマグニチュード七・二、震度七の激震は神戸、西宮、淡路島を中心に死者六四三四名・負傷者四三七九二人、住宅の全半壊は約二五万棟・四六万世帯が被災、被害総額は一〇兆円といわれる未曾有の地震災害をもたらした。阪神・淡路大震災である。

大震災からわずか二か月後の三月二〇日には、霞が関を通過する地下鉄車両で猛毒ガス・サリンが新興宗教・オウム真理教によって撒布され、多くの犠牲者を出す地下鉄サリン事件が発生した。

村山富市首相は、被害者救済活動に段落をつけた一年後の九六年一月五日に退陣を表明した。自民、社会、さきがけ、の三党連立による後継内閣は、前年九月に自民党総裁となっていた橋本龍太郎氏が承継し、九六年一月一一日に橋本内閣が誕生した。

一九九六年三月二九日、地方分権推進委員会・中間報告（副題／分権型社会の創造）は橋本内閣に提出された。

中間報告は、諸井委員長が九五年一二月に発表した見解を骨子として作成されている。見解には各省庁や各界との調整前の推進委員会が考える地方分権イメージが明瞭、且つ簡潔に描かれているので、中間報告と合わせて推進委員会の描いた分権理念や政策、分権手法などについて整理し確認しておきたい。

最初に中間報告の位置づけを再確認しておきたい。地方分権推進委員会は、一九九三年（平成五）年六月の地方分権の推進に関する衆参両院決議と、九四年（平成六）一二月の地方分権推進に関する大綱方針の閣議決定、九五年（平成七）五月の地方分権推進法の制定を受けて設置された。

地方分権推進法は、政府に地方分権推進計画の作成を義務づけたが、推進委はこの分権推進計画作成のための具体的な指針を内閣総理大臣に勧告し、推進計画に基づく施策の実施状況を監視し意見を述べる義務を負うものとなっている。

推進委は勧告業務に応えるため、地方分権の理念や分権推進の背景・理由、改革の方向、調査・審議の手順などについて共通の認識と見解が求められた。中間報告は推進委が今後どのような勧告を出すのか、その内容と実現手法を推進委の総意としてまとめた文書である。つまり、中間報告は勧告のメニューすべてが記載された文書であり、勧告の方向性を決定づけた重要なものとなっている。さらに、同文書は推進委が勧告を出すプロセスの中で各界や官僚に対して妥協する以前の、いわば純粋ともいえる推進委の理念が表出している点においても貴重な文書である。

さて、その中間報告の内容であるが、同報告は全五章で構成され、第一章は「総論」、第二章「国と地方の新しい関係」、第三章「地方公共団体における行政体制の整備」、第四章では地域づくり部会が検討した個別の課題が報告され、第五章ではくらしづくり部会で検討された個別課題関係の報告となっている。一章、二章、三章は推進委の中心課題であるのみならず、日本の地方分権理念の表明といえる文書となっているので以下に報告の要点を揚げる。

第一章「総論」では、地方分権推進の趣意が語られた。地方分権の推進に関する衆参両院決議とそれに続く大綱方針の閣議決定、そして地方分権推進法の制定を我が国憲政史上に残る画期的な政治決断だと評価したうえで、分権による変革は明治維新・戦後改革に次ぐ第三の変革と位置づけた。

それ故にこそ時代認識を共有し、目指すべき分権型社会の姿につき合意形成をなす推進委員会の重大な責務と、合意形成の結果である「総論――地方分権の趣意」の重要性を三項にわたって論述している。

まず一章「総論」一項では「何故に今この時点で地方分権か」を最初に問いかけた。いわば明治以来の中央集権型行政システムの制度疲労とその弊害は、国内外で生じる諸条件の変化への不適合と対応能力の減退、地方収奪による東京一極集中をもたらした。今後の我が国は個性豊かな地域社会を形成し、高齢社会・少子化社会へ対応するためにも分権型行政システムへの変換は避けられないと指摘した。

一章「総論」二項では、地方分権推進の理念と目的、そして「目指すべき分権型社会の姿」が描かれた。推進委は地方分権の理念と目的を、「国と地方」、「国民と住民」、「全国と地方」、「全と個」の間の不均衡を是正し、地方・住民・地域・個の復権を図ることであり、全国画一の統一性と公平性を過度に重視した旧来の「中央省庁主導の縦割りの画一行政システム」から「住民主導の個性的で総合的な行政システム」への変換を図ることとした。

分権型社会のイメージとして諸井委員長の見解である「めざすべき分権型社会のイメージ」を参考にすれば、委員会の諸提言が実現され、地方自治体の自主性や主体性が増すことによって四つの大変換があるとされる。その一つは、国・地方の関係は上下・主従関係から対等・協力関係となる。

二つ目は行政が変わること。これまでの縦割り行政から住民本位の総合行政に変わり、都市公園、再開発、公営住宅建設などにも地域住民の意見を反映した個性的なまちづくりが可能となる。

三つ目は地方自治体が中央依存から住民本位へと変化する。国の画一的基準に従うのではなく、地域ビジョンを住民に提示し、ビジョン実現に向けた地域資源・人材の育成活用に政策が向けられることになる。

四番目として、住民の自己決定権が拡充され、自治への関心が高まり、住民の自主的な政治参加が促されることで真の自治が確立することになるとされた。

一章二項では、分権型社会における地方公共団体と地域住民に対する具体的・現実的なメリットを三点あげている。その一点は自己決定権の拡充である。

住民の共同参画、男女協働によって真の民主主義の実現が可能となり、この民主主義を基礎にして国政レベルの議会政治も一層の発展を遂げるとした。二点目に新しい地方分権型行政システムの骨格が語られた。国・地方関係を上下・主従関係から対等・協力関係に改めるために、まず機関委任事務制度を廃止し、国の地方への包括的指揮監督権を最小限度に縮小、そのうえで国・地方の新しい調整ルールと、行政手続きの公正・透明化を図る重要性が説かれた。

三点目として地方公共団体の自己責任が強調された。地方分権型行政システムでは「自ら治める」責任の範囲は飛躍的に拡大する。「条例制定権」「自主課税権の行使範囲」が拡大されることで、地方議会と首長の責任は格段に重くなると指摘した。首長は「住民代表」であるという本来の姿に立ち返ることができ、地方議会は監視・牽制・批判機能の重要性が増すことで、責任の重要性も増大することが指摘された。

第三項は推進委の調査審議の進め方についてである。

地方分権推進法は、分権推進に関する国の措置を5条、6条、7条2項に規定があることから、推進委の調査審議の対象項目と範囲は権限委譲の推進・国の関与・必置規制・機関委任事務・負担金補助金等の整理合理化であると定めた。そのうえで国と地方公共団体の役割分担という制度的課題とともに上記事項を優先課題と位置づけている。

二章「国と地方の新しい関係」では、第二項において「機関委任事務の全面廃止」が明言され、主要テーマとしてとりあげられた。機関委任事務とは、地方公共団体の長である都道府県知事や市町村長が法律、あるいは政令によって国の地方機関と位置づけられて、国の事務の執行が委任される制度である。執行にあたって都道府県知事は、主務大臣（国）の市町村長は知事の指揮監督下に置かれ、地方公共団体の首長は国の下級機関とみなされる。機関委任事務は自治体の行政事務の七割程度を占めるといわれ、その数は一九九六年三月現在で五六一件に上った。これが三割自治と呼ばれる理由の一つである。機関委任事務に関しては地方議会の審査、監査、検閲の対象とはならず、監査委員による監査対象とも、住民による監査請求の対象にもなっていなかった。

その理由を歴史的にさかのぼれば、明治時代には知事は官選であり、市町村長は知事の指揮監督下に置かれ、中央――知事――市町村長は一本の行政系統（指揮命令系統）で結ばれていた。

戦後になって知事は選挙による直接公選となり、法制度上は下級機関ではなくなった。そこで戦前の行政制度との一体性、整合性、指揮監督の一貫性を維持するために導入されたのが機関委任事務である。同制度は明治の中央集権国家の中核をなしていた遺制であり、国と地方との対等・平等関係を構築するうえで最大の障碍となっていた。

そこで推進委は機関委任事務の戦前的な歴史性を遮断し、現行制度がもつ行政の上下・主従関係を否定したうえで、第二章「国と地方の新しい関係」の第三項では「地方公共団体が担う事務の整理」、第四項「廃止後における従前の機関委任事務の取り扱い」、第五項「国と地方公共団体との新しい関係調整ルールの創設」、第六項「必置規制」、第七項「国庫補助負担金と税財源」において委員会の考え方が述べられた。

推進委の改革スタンスは国の関与の緩和・縮小である。従って、国と地方の協働関係までも否定するものとなっていない。機関委任事務とそれを補完する必置規制の原則廃止と、新しい国と地方の関係づくり及び新しい事務区分と国の関与のルールづくりが検討対象となっているのはこのためである。

推進委の機関委任事務についての考え方を整理すると、廃止を除いた事務を原則的には自治体固有の事務として執行する「自治事務（仮称）」と、国の事務であるが国民の利便性や事務処理の効率性から自治体が事務処理を行なう「法定受託事務（仮称）」、そのほかの返還すべき事務などに区分する。自治事務および法定受託事務については、ともに国の関与の態様が異なるものとなるが、いずれも根拠法を法律に定めることを求めた。

分権によって対等・協力関係となった国と自治体との調整は、中央による行政統制ではなく、法による立法統制と裁判所による司法統制によるべきとした。係争が生じた場合には中立・客観的・公正・透明・迅速を旨とする第三者機関の設置を一般法により定めることも提案された。

第六項の必置規制は国が法律や政令、通達などによって自治体が設置すべき行政機関・組織、施設、人事配置基準、特別資格を義務づけることをいう。例えば、保健所法によって都道府県には保健所の設置が義務づけられるが、保健所長は医師でなくてはならない。図書館の設置では図書館長は司書資格が求められた。福祉事務所では所長や指導監督所員、現業所員にも専任・専従規定や配置基準が定められるなど、社会福祉、医療保健、教育行政に多く見られた。推進委の調査では九五年現在で必置規制は全省庁で八一八件に及び厚生省所管が全体の約八割を占めたという。

必置規制改革は地方分権推進法第五条を根拠法とし、五条では必置規制改革は「整理及び合理化その他所要の措置を講ずるもの」と規定されたことから、必置規制の廃止は権限外とされていた。だが、推進委員会は「その他所要の措置を講ずるもの」の中には「廃止も含まれる」との首相発言の引き出しに成功し、法令に基づかない広義の必置規制も見直し、法令の定めのないものは原則廃止とし、存置する場合も法律の定めを要するとする改革案が明確にされた。

第七項「国庫補助負担金と税財源」では、改革の方向性が次のように示された。地方公共団体の事務として定着・同化しているもの、人件費補助などに係る補助については一般財源化を原則とする。補助は真に必要がある場合にのみ限定するとして整理合理化の指針を示した。自主財源である地方税は課税自主権を尊重しながら、その充実確保を図るとされた。そして地方の財政力格差是正とともに、地方税の財政調整機能が今後も重要と位置づけ、その安定的確保と地方公共団体の自主的・主体的な運用が図れる方向での検討がなされるとした。

ここで中間報告の限界性を指摘しておく必要がある。中間報告では国の関与は限定列挙され、以前と比較すれば大きな前進といえた。しかし「法定受託事務」には国との事前協議が何らの要件もなく「措置することができるもの」と規定された。「自治事務」は「法律に定めのある自治事務」と「法律に定めのない自治事務」に区分されたが、後者については「特に必要がある場合」は事前協議の対象とされた。特に必要がある場合についての解釈はなく発動の要件も定められなかったから、国の思惑のみで措置が可能となっている。事前協議も国の承認・承諾を要するものではなく、「意思の合致を必須の要件としない」の文言が入っていることは評価できるが、国の関与を制約できるのか疑問である。仮に国との意思の合致に至らない場合に、地方自治体は事前協議は終了したとして席を立つことができるのか。「自治事務」「法定受託事務」の双方に国の関与を認めたことで政府の拡大解釈の余地はないのか、その取扱いには細心の注意を必要としたものだが、事前協議制度が残されたことで自治確立への大きな過誤となった。

さらには「自治事務」「法定受託事務」のすべてに報告徴収・届出の措置が可能とされたことにも疑問を呈しておきたい。地方自治体の報告・届出について国が意見や要望・勧告、あるいは批判といった何らかの意思表示を示さない、示すことができないとするならば、報告徴収・届出は無用とされてよいはずだ。国の関与を限定することが推進委の使命であるならば、報告徴収・届出の厳格な要件も示すべきだった。ここにも国の関与が残ったことで後の『自治体財政健全化法』制定の端緒をひらいたのではと懸念が残る。

橋本政権は九六年（平成八）一一月に行政改革会議（行革会議）、九七年一月に財政構造改革会議（構革会議）を設置し審議を開始した。審議対象とされたのは行革会議では、①二一世紀における国家機能の在り方　②それを前提とした中央省庁再編の在り方　③官邸機能強化の具体的方策である。

構革会議では、〇三年（平成一五）度までに国と地方を合わせた財政赤字をＧＤＰ比三％以下、赤字国債発行をゼロとするなどの財政健全化目標の具体的な実行策が論議対象となった。二つの審議会の設置内容は、推進委の課題と重複する面も多く、会議は短期間での政策効果を求められたため、政府の改革論議は行革会議と構造改革会議に重点が移るようになっていった。中長期的な課題であった推進委の中央政府の機能限定策と税・財政改革は大きく制約され、両審議会との齟齬も生じ出し改革は次第に後退していった。

第一次勧告と機関委任事務制度廃止の意義

一九九六年（平成八）三月末における中間報告の後に、分権推進委員会は九六年一二月二〇日に第一次となる勧告を橋本内閣に行なった。第一次勧告は、中間報告によって明らかにされた推進委の基本姿勢と検討方向をさらに敷衍化し、より具体的且つ詳細な検討を加えたものとなった。

第一章第一項「国と地方の新しい関係」では、国と地方の役割分担が截然と区分され、国の役割は、①国際社会における国家としての存立にかかわる事務　②全国的に統一して定めることが望ましい国民の諸活動または地方自治に関する基本的な準則に関する事務　③全国的規模で行なうべき施策事業（これにはナショナルミニマムの維持達成にかかる根幹的社会資本整備が入る）、という三類型に限定された。

地方自治体に対する国の法律の定め方にも基準が設けられ、新法の制定は「地方自治の本旨」および「国と地方の役割分担の原則」に沿ったものでなければならないとされた。

かような役割分担を受け、自治体の事務も大きな変換を遂げた。第二項において「機関委任事務の全面廃止」が正式に勧告された。中間報告で機関委任事務の廃止の強い決意を示した後に、推進委は地方自治法の別表に掲げられた五六一項目の機関委任事務のうち、一六五項目について調査審議を行ない、原則として機関委任事務の廃止が決定主体された。機関委任事務は「自治事務」と「法定受託事務」、「国の直接処理に戻す事務」に三分類された。

三項で地方自治の事務の新しい考えが述べられたが、「自治事務」と「法定受託事務」は中間報告において定義されたものと同様である。「自治事務」はさらに、法律で実施を求められる「必要事務」と、自治体の任意となる「随意事務」に分けられた。「必要事務」の典型例として都市計画、道路、河川管理、農地転用、義務教育、生活保護、消防・清掃などを揚げている。「随時事務」には公民館、図書館などのサービス行政や、各種の計画行政などである。

「法定受託事務」は国の事務であるが、自治体が法律によって規定されることで事務を受けるものとなり、国の機関として受けるものではないとした。「法定受託事務」も二分類され、「事実行為に係る事務」と、「処分行為に係る事務」となった。前者には国勢調査などの指定統計などがあげられ、後者では旅券の交付や外国人登録、国政選挙などの国政事務があげられた。「自治事務」及び「法定受託事務」については国の関与をルール化、基準化して、制度の透明化をはかることとされた。

五項では「国と地方公共団体の関係についての新しいルール」としての三原則が示された。その一つは「法定主義の原則」であり、二つ目は「一般法主義の原則」である。三番目は「公正・透明の原則」である。この三つの原則は、国が地方自治体への関与においてはその根拠と態様は法令をもって定めることを要し、関与の基本類型は国と地方公共団体との関係に関する一般法に規定されるべきとし、その関与は必要最小限且つ地方自治体の自主性や自律性に配慮することとされた。

関与に関する手続きにおいては、書面の交付や許認可などの審査基準の設定・公表が求められた。関与の類型も示された。国の関与の仕方では、これまでの事前に国の承認や認可を求める仕組みを変え原則として事前協議によるべきとし、例外とされる事項は限定列挙された。

五項二節「国と地方公共団体の関係調整ルール」では、①書面主義の原則　②手続きの公正・透明性の確保　③事務処理の迅速性確保の三点に従った一般ルール法の制定（現行の地方自治法の全面改正）を要請している。さらに紛争処理の仕組みにも言及し、第三者機関の設置と構成、処理する紛争の範囲などが定義された。「第二章新たな地方自治制度の枠組み」では、第一章で記述された事項のさらに詳細な制度設計としたものとなっている。

地方分権推進委員のひとりとして分権推進論の実質的な理論的リーダーであった西尾勝・東京大学教授は、九九年（平成一一）一一月に著作『未完の分権改革』を出版した。同書は九四年（平成六）一一月から九八年（平成一〇）一一月までの四年間に西尾氏が各地で行なった講演記録を書籍化したものである。推進委が地方行脚を繰り返し実施し、推進委の改革姿勢やその理念、分権手法への周知や理解および啓蒙に向けた世論喚起に努力したことが伺える。

だが、表題が『未完の分権改革』とされ、副題に『霞が関官僚と格闘した１３００日』とつけられた同書からは、遅くとも九八年末頃には分権改革の実現が官僚の抵抗によって困難視されていたことが推測できる。

西尾教授は同書の中で機関委任事務制度の全面廃止によって得る四つの効果を次のように語った。第一として、機関委任によって生じていた都道府県が市町村に対する関与や指揮監督権がなくなることで、上下・主従関係も消滅し、対等・協力関係に変換される。そして都道府県も広域自治体にふさわしい組織と行政力が求められることにより意識改革も進展するとした。

西尾教授によれば、従来の機関委任事務の六割程度が自治事務に変わると推定しているが、この自治事務の拡大は当然に条例制定が可能な事務となるので、都道府県及び市町村の条例制定権の範囲は大きく広がり、地方議会の役割もさらに重要度を増すことになる。これが第二点である。第三として、国の関与の縮小は通達行政といわれる不透明な行政が少なくなることを意味し、今後の自治体は自らの判断で地域に合った個性的な街づくりを計画・運用する独自の基準を作成し、自らの条例、規則、要綱をもつこととなる。自己決定権の増大である。そして自治体職員も、地域性、独創性ある施策を立案、施行する能力が求められ、あるいは再教育による育成によって職員の質の向上をはからなくてはいけない。

最後の四点目は、国と地方自治体が対等・協力関係であることを保障する第三者機関が創設されることである。国の関与を巡る係争は、従前であれば国が解釈権を有することから一方的に処理されてきたが、今後は国と地方自治体が対等関係となることで、国の関与の適法、合法の判断を下す公平中立な第三者機関が必要となる。いわば係争処理の新しい仕組みを創設することで、対等関係を法的に担保することになる。

この四点は真の地方自治と新しい街づくりを求める市民にとって、今なお分権改革の理想と論拠となり得るものである。中間報告と勧告以降の歴史が分権改革の修正・後退の歴史となり、新しい中央集権国家への再編成の道となったが、少なくともこれまでの推進委の勧告は政府の主導によって、つまり政府の意思として提案された政府案といってよいものである。推進委の勧告をこのまま埋もれ指すことなく、掘り起こし広めることで新しい息吹を吹き込まなくてはならない。

推進委員会「国庫補助負担金・税財源に関する中間とりまとめ」

地方分権推進委員会は第一次勧告と同日に、「国庫補助負担金・税財源に関する中間とりまとめ」（以下／中間とりまとめ）を発表した。

推進委員会は一九九六年（平成八）年三月の中間報告提出以後に、地方分権のより一層の推進と内容の充実および実行可能性を追及し、改革のメインテーマである行政事務改革と自治事務強化を達成する財源確保を並行して審議する目的をもって、委員会に直属する二つの検討グループを四月に発足させた。一つは機関委任事務の廃止後の制度設計を構想する行政関係検討グループ（座長・西尾勝委員）であり、もう一つは国庫補助負担金や税財源の移譲を検討する「補助金・税財源検討グループ」である。

補助金・税財源検討グループの構成は推進委員会側から堀江、山本委員の二名が入り、専門委員は伊藤元重（東京大学教授）、大森彌（東京大学教授）、川島正英（元朝日新聞編集委員）、河野光雄（元読売新聞論説副委員長）、神野直彦（東京大学教授）、持永堯民（財　地方財務協会理事長）、保田博（日本輸出入銀行総裁）の七名である。検討グループの座長には神野教授が選出された。

「中間とりまとめ」は、補助金・税財源に関する改革の論点整理と検討の方向性についての報告となっている。「中間とりまとめ」は、第一章「国と地方の財源関係の基本的な見直し方向」第二章「国と地方の経費負担のあり方」第三章「国庫補助負担金の整理合理化」第四章「存続する国庫補助負担金の運用・関与の改革」第五章「地方分権と地方税財源の充実確保」、の全五章で構成された。

検討グループは、地方自治体の担う事務経費の負担は、当該自治体がその費用を負担する地方財政法九条の原則を堅持することを確認。この原則に立った改革の方向性を、①国庫補助負担金の整理合理化　②存続する国庫補助負担金の運用と関与の改革　③地方税・地方交付税の地方一般財源の充実確保、の三点とした。その実現方策として、①地方公共団体の担う事務区分の明確化と、事務区分に応じた負担金・補助金の区分　②すでに地方公共団体の固有の事務として同化、定着、定形化している事務に係る補助の一般財源化と、地方一般財源の確保　③国・地方の役割分担の見直しにより必要な補助を限定し、積極的な整理合理化を進める　④国が一定の行政水準を確保すべき行政分野（例　生活保護や義務教育）での経常的国庫負担金については、その対象を限定すべき　⑤地方公共団体の課税自主権を尊重、その充実確保と地方税体系の構築　⑥として、推進委は分権型社会を支えるためには、団体間の財政力格差の是正が必要との認識にたち、今後とも地方交付税の財政調整機能の維持と、地方交付税の総額の安定的な確保の必要性を提言した　⑦地方債の許可制度とその運用改善については改革の方向性は一致するものの、歯切れの悪い表現となった。地方債の円滑な発行と財源保障の強化充実を検討するのか、地方自治体の自主性重視の観点から制度自体を見直すべきか、ともに検討課題となった。

天王山となった第二次勧告

地方分権推進委員会の改革論議は第一次勧告と「中間とりまとめ」を経て、一九九七年（平成九）七月八日には〈第二次勧告〉を出した。検討項目は、①事務区分（従前の機関委任事務の取り扱い、都市計画制度等）②国地方関係調整の新ルール　③必置規制　④国庫補助負担金の整理合理化　⑤都道府県と市町村の新しい関係　⑥行政体制の整備などであった。

九七年九月二日に〈第三次勧告〉が出された。項目は地方事務官制度についてである。九七年一〇月九日には〈第四次勧告〉が出された。検討項目は、①国の関与の基準と従前の団体事務　②国・地方との係争処理の仕組み　③権限移譲である。

九七年一二月には『機関委任事務制度の廃止後における地方公共団体の事務のありかた等についての大綱』が作成提出された。推進委はこのように論議と検討を重ね、関係省庁へのヒアリングを集中して実施し、矢継ぎ早に勧告を提出していった。

地方分権推進委員会の実質的指導者であり、且つ理論的リーダーであった西尾東大教授は推進委の改革手法と戦略にふれて次のように陳述した。

国が地方自治体をコントロールする関与には三つの類型がある。第一は法令に基づく関与だ。訓令通達によって事務処理方法を詳細なマニュアルによって指示することで実施される。第二は、地方公共団体の組織管理と人事管理を拘束する関与方法である。これが「必置規制」

である。そして第三の関与が「補助金行政」である。資金を交付することで制度政策、事業を優先的に誘導する手法である。

第一次勧告の主要課題が機関委任事務制度の全面廃止であったのは、国の第一義的な関与手法は法令に基づく関与であり、この改革が、「通達行政を縮小廃止する最も有効な戦略だと判断」（西尾・前掲書）したことにほかならない。いいかえれば第二次以降の勧告の成否は、残された国の関与手法の第二と第三、つまり必置規制と補助金・負担金改革の行方にかかっていた。

推進委第二次勧告

推進委の分権論議でターニングポイントとなった、国の関与手法としての必置規制と補助金・負担金改革は、第二次勧告のメインテーマとなった。前述した「中間とりまとめ」は二次勧告の第四章「国庫補助負担金の整理合理化と地方税財源の充実確保」として同様の内容で盛り込まれた。第二次勧告は全七章で構成されるが勧告の概要を記しておきたい。

第一章「国と地方公共団体の新しい役割分担」では、第一次勧告の審査対象から外されたそのほかの機関委任事務に検討を加え、新たな事務区分を設定した。このうち、廃止されるべき事項は限定列挙され、存続すべき事項については第一次勧告通りに定義された。

さらに都道府県と市町村との間にも法定受託事務と同様の性質を有する事務についても定義を定め、法定受託事務と同様に法令による根拠が必要との認識を示した。

法定受託事務は新たに事務とされたものを加え、その性質に応じて再編成した。再構成は、①国家の統治の基本に密接な関連を有する事務　②根幹的部分を国が直接執行している事務　③全国単一の制度又は全国一律の基準により行なう給付金の支給等の関する事務　④広域にわたり国民に健康被害が生じること等を防止するために行なう伝染病のまん延防止や医薬品等の流通の取り締まりに関する事務などに八分類された。勧告において区分された機関委任事務の全体は別表として作成している。

第一次勧告では国と地方の役割分担の原則が示されたが、第二次では国の直接執行事務に対して事務例が整理され限定列挙で記述された。

自治体の固有事務である自治事務については、その基本類型を定め、国の関与を例外としながらも、限定された関与については事前協議が必要となり、その事例も示されたが事前協議の対象範囲は広く、事前協議といえども国の関与を残したという点において今後の改革に問題を残した。関与の方式がどうであれ、わずかでも関与が残れば国はそれを最大限に利用することで、関与は従前と変わらぬ権力的なものになっていく。国と地方との力関係を見れば当然に理解されよう。

都市計画は街づくり・地域づくりの中心的な行政課題であるが、第二次勧告・第一章二項では次の認識が示されている。

都市計画決定は市町村が為すべきとの原則が掲げられ、都道府県の都市計画決定は、市町村の区域を超える特に広域的・根幹的な都市計画に限定するなど各種の制限が加えられた。そして用途地域及び都市施設・市街地開発事業については以下のように都道府県の事業区分が規制された。①用途地域は三大都市圏の既成市街地と近郊整備地帯などに限定される　②都市施設・市街地開発事業では道路幅員は一六m以上から四車線以上となり、公園面積はこれまでの四ha以上から一〇ha以上に変更された。土地区画整理事業・市街地再開発事業の事業面積はそれぞれ五〇ha超、三ha超と従来の倍以上の規模が求められた。都道府県の都市計画は国との調整が必要とされたが、国の許可を要する都市の規模は一〇万人以上から三〇万人以上に緩和された。

都道府県の定める都市計画と国との調整は、広域的観点や国土政策、国家的利害といった国家的観点からの調整を行なうように明確化し、都道府県への後見的関与は排除するとした原則が示された。都道府県と市町村の定める都市計画間にも同様に後見的関与の排除の調整ルールが提唱された。

第二章は「国と地方公共団体の関係についての新たなルールの創設」となる。第一次勧告では新ルールの考え方の枠組みが提示されたが、第二次勧告では国・地方の関係においても行政手続法が適用されることが原則として確認され、その内容の具体策が勧告された。その第一は書面主義の原則である。合意または許認可などのとり消し行為での理由を付した書面の交付、及び手続きの公正・透明性を確保するために合意・許認可の基準の定めの必要性とその開示の義務づけである。

第三章「必置規制の見直しと国の地方出先機関のあり方」では、地方分権推進法第五条が適用される検討・見直し対象であることが明記された。従って、必置規制に関連する国の出先機関・施設とその職員の身分・資格が検討対象となった。

必置規制とは、地方公共団体の組織や職の設置に関する国による義務づけのすべてを広義には意味するが、推進法五条では「国が地方公共団体に対し、地方公共団体の行政機関若しくは施設、特別の資格若しくは職名を有する職員又は設置しなければならないと義務づけているもの」と、狭義に解釈されていた。ただし、補助要綱による必置規制は広義ではあっても、補助金の交付条件や運用関与の問題も生じることから別途ではあるが検討対象とされた。

地方事務官とは、一部の機関委任事務に従事する都道府県職員であるが、身分は国家公務員であり、人事権は知事にはなく、職務は都道府県知事の指揮監督下にあるという変則的制度である。その沿革は、戦前に国の地方行政機構であった都道府県が、新憲法の基で地方公共団体として刷新されたが、それまで国の事務とされた事務を都道府県が継続して司るための暫定的制度であった。一九九五年（平成七）当時では、地方事務官は厚生省関係で一万六三〇〇人、労働省関係で二二〇〇人にのぼった。過去にも何度か改革の声が上がったが、改革されることなく現在に至ったものである。従って、国の機関委任事務の廃止によって地方事務官制度も原則として廃止されるべきものであった。

推進委は必置規制の見直しとして次の四点を改革視点としてあげた。

第一は自主組織権と必置規制との関係である。地方公共団体は地域の総合的行政主体として、地域づくりに必要な職員配置と組織編制という自主組織権は憲法で保障された地方自治の本旨であること。従って、自主組織権を必置規制によって国が制限を加える場合でも法律又は政令の定めのある場合に限定する。

第二は機関委任事務制度の廃止と必置規制である。機関委任事務の廃止とともに、国と地方の関係も対等・協力という新しい関係に入った。この意味からも従来の包括的指揮監督権の行使である通達による必置規制は全廃されるべしとした。

第三として行政の総合化と必置規制である。必置規制の多くは行政の技術水準の維持や専門性の確保を目的として設けられたが、今後は地方公共団体が住民本位の柔軟で総合的な行政サービスを提供すべきである。行政サービスの専門性や技術的水準を確保の必要がある場合は最小限度にとどめ、できる限り弾力的なものにするよう求めた。

第四は定員管理（行政の効率化）と必置規制である。必置規制は、地方公共団体の効率的な行政体制の整備や適切な職員配置・転換を阻害することで組織の硬直性をもたらしている。簡素で効率的な行政体制の整備を図る観点から、必置規制を行なう場合であっても、代替手段がないなど特別な場合に限定すべきとした。

以上の四つの観点から見直される必置規制は、①保健所、福祉事務所、児童相談所など、地方自治法一五六条一項の規定による行政機関　②地方公共団体が設ける相談所やその他の組織で、地方自治法上の行政機関又は附属機関でないもの　③保健所長、食品衛生監視員など、地方自治法一七三条の二の規定による職員又はこれに準ずる職員　④審議会、審査会など、地方自治法一三八条の四第三項の規定による附属機関、と具体的条文をあげて対象となった。

推進委は必置規制の廃止・緩和の最大の意義として、地方公共団体の自主組織権の尊重と行政サービスの向上にあることを強調した。見直しによって国の関与としての必置規制はすべて「法律又はこれに基づく政令」に拠るものに限定されることで、従来の省令、告示又は通達などによる「法令に基づかない必置規制」は根拠法を要するか、廃止することとなった。

第四章が「国庫補助負担金の整理合理化と地方税財源の充実確保」である。改革の視点として、国庫補助負担金の交付による責任の所在の不明確化や自治体の自主的な行財政運営の阻害などをあげながら次の三点を改革の基本的な方向性として示した。①国庫補助負担金の整理合理化　②存続する国庫補助負担金の運用・関与の改革　③地方税・地方交付税などの一般財源の充実確保である。

①の方策として、地方公共団体の事務として同化・定着・定型化しているものに係る補助金・負担金については原則として一般財源化を図る。人件費補助にかかる国庫補助負担金も一般財源化する。国庫補助金は原則としてサンセット方式を導入し、五年を終期として期限延長は行なわないとした。

さらに国庫補助金と国庫負担金の区分を再定義したうえで、地方財政法一六条に基づく国庫補助金については一部を除いて原則として廃止・縮減し、国庫補助金削減計画の策定を求めた。経常的国庫負担金・建設事業などに係る国庫負担金・災害関係の国庫負担金・国直轄事業負担金についても見直し対象、もしくは廃止・縮減の対象とされた。第四章第四項では、国庫補助負担金の廃止が九件、同じく一般財源化が一四件、国庫補助負担金の交付金化七件、採択基準の重点化一三件、補助条件の適正化・緩和一二件、事務手続きの簡素化など三一件など、具体的事業名や補助負担金の名称及び数値をあげて廃止・縮減を迫った。

地方税財源の充実確保では、課税自主権を尊重する立場から次の提言がなされた。①法定外普通税の許可制度は廃止する。都道府県又は市町村が法定外普通税を新設又は変更する場合は国との事前協議を要する。この場合は国の同意が必要とされた　②法定外目的税については一定の要件のもとに創設を認めたが、国の同意が必要とした　③標準税率を採用しない場合の国への事前届出制は廃止とする。制限税率も廃止となった　④地方交付税総額の安定的確保を最大限に図りながら、地方交付税・特別交付税の算定の簡素化を進める　⑤地方債許可制度は廃止とするとされたが、地方債の円滑な発行の確保、地方財源の保障、地方財源の健全性を図る目的をもって国又は都道府県との事前協議が必要とされた。

第五章では、「都道府県と市町村の新しい関係」が提唱された。現行の自治制度では対等の関係である都道府県と市町村であるが、実際には都道府県単位で事務処理の統一性を図るため都道府県条例によって市町村の行政事務に関する規定設定や、事務処理に関する基準や水準の維持が図られていた。

さらには機関委任事務の下で都道府県が市町村に対して指導監督を行なうことが多く、一般的には都道府県が市町村に対して優越的地位にあった。推進委は都道府県と市町村の関係においても、国との関係同様に対等・協力関係を新しく構築する必要を認め、都道府県の役割・権限である広域事務・統一事務・連絡調整事務・補完事務への見直しが勧告され、統一事務は廃止とされた。具体的には、①都道府県条例による市町村の行政事務に関する必要な規定の設定（地方自治法一四条三項）②都道府県知事の市町村長への事務の委任（同法一五三条二項）③都道府県知事が市町村職員をして補助執行させること（同法一五三条三項）の規定の廃止または見直しを求めた。

上記の目的を実現するために都道府県・市町村間の事務の配分を、①全国的な制度としての事務移譲　②市町村の規模、組織体制などに応じた全国的な制度としての事務移譲　③地域の実情に応じた事務移譲、に三分類し、事務移譲についての考え方も示した。

市町村に対する国及び都道府県の関与においては極力縮減することが原則とされ、存続することが必要と認められる場合であっても、その関与の根拠法を法律、もしくはこれに基づく政令又は条例に定めなければならないとした。

第六章では「地方公共団体の行政体制の整備・確立」として、①行政改革大綱と実施計画の策定　②定員管理・給与の適正化　③自主的な市町村合併の推進　④地方議会の活性化　⑤住民参加の拡大・多様化が論じられた。

推進委は、国が地方分権推進への改革方策を講ずることの重要性を認めつつ、地方公共団体自らの一層の行政能力の向上と行政体制の積極的な整備・確立を求めた。行財政改革への取り組みは地方公共団体が地域において総合的・効率的・個性的な行政体制の整備にとどまらず、あせて自主的合併や広域行政を推進しその行財政能力の充実強化を図るべきとした。そのうえで地方公共団体の首長・地方議員・地域住民の自覚と責務の重さを訴えた。

その具体策であるが、①行政改革大綱と実施計画の策定では、地方公共団体が事務事業、組織・機構、定員管理など、行政全般にわたる総点検を実施するとともに行政改革大綱を策定、そして年度ごとの具体的且つ計画的な改革措置を盛り込んだ行政改革実施計画の策定と公表を求めた。国に対しては地方交付税の算定方法や地方債制度の見直しに言及した。定員の管理、給与の適正化についても①と同様に計画期間を定め、数値目標を掲げた定員適正化計画の策定と公表を求めた。
③では、自主的な市町村合併の実現に必要な国の措置として政令市や中核市など従来の大都市制度の大胆な制

度変更と、中核市に準ずる広域市町村圏の中心都市への特例の創設及び移譲すべき権限などの検討、地方分権推進計画への盛り込みが提言された。

④地方議会の活性化では、臨時議会の招集要件（地方自治法一〇一条一項）、議員の議案提出要件（同法一一二条）、議員の修正動議の発議要件（同法一一五条の二）などの緩和が求められた。議員を補佐する議会事務局職員の調査能力、政策立案能力、法制能力などの資質向上が謳われ、且つ執行機関からの独立性の確保の重要性が指摘されている。

⑤住民参加の拡大・多様化では、首長・公務員に対する住民の解職請求の要件緩和や住民投票制度の検討、小規模自治体における議会の廃止と町村総会への移行の検討などが提言された。ただし、ここには自治体課税自主権の確立を目的とする住民直接請求権への言及が見られない。機関委任事務の廃止に伴う自治事務の増大は、それに相応する財源移譲がなくては地方自治の拡充は困難なものになる。

地方自治は、課税自主権を保障するものでなくてはならない。課税自主権の保障は自治体の最適な財政規模を定めていくと同時に、地方住民も自らに課せられた地方税・手数料などに関する問題への意見をもち、その表明の場が提供され、税条例改廃への請求権を保障すべきと考える。

第五次勧告と地方分権一括法の成立

地方分権推進委員会は第四次勧告（一九九七年一〇月）をもって勧告作業任務を終了させ、今後の業務を推進計画進捗への監視活動に重点を移し、さらに監視活動と並行して関係法令改正化に向けた具体的な法制化をめざすことを共有の認識としていた。しかし、橋本龍太郎首相から事務権限の移譲に関するさらなる検討を要請され、推進委の勧告業務は第五次勧告へと続くことになった。

政府は第一次から第四次までの推進委勧告を受けて、その具現化を目的とする第一次の地方分権推進計画の策定作業に入った。策定作業とは勧告内容を具体的な関係法令として改正してゆく作業となる。また勧告の中にはかなり抽象的に表現された文言もあり、このような文章をさらに具体化することで法制化につなげる作業ともなった。さらには勧告項目の内容についてそれぞれの実施時期も計画に盛ることとした。つまり、地方分権推進計画とは勧告内容を法的・政治的文言に変更し、その実現工程を加えたものといってよい。第一次推進計画は第四次勧告の翌年九八年（平成一〇）五月二九日に橋本内閣によって閣議決定された。

第一次地方分権推進計画が閣議決定されたわずか一か月あまりを経た七月一二日、第一八回参議院議員選挙で、自由民主党は一〇三議席となり、過半数一二七議席を割って敗北した。橋本首相退陣表明を受け実施された自民党総裁選挙において、二人の対立候補である梶山静六、小泉純一郎両氏を破り、自民党総裁となった小渕恵三氏が九八年（平成一〇）七月三〇日に内閣総理大臣となった。そして推進委第五次勧告は一九九八年一一月一九日に小渕内閣に対して提出された。

第五次勧告は、勧告の「はじめに」の記載にあるように、橋本首相（当時）が九七年一二月に、「国及び都道府県からの事務権限の移譲についてさらに検討してほしい」との推進委への要請と、九八年六月九日に成立した中央省庁等改革基本法に伴った中央省庁のスリム化に関する部分を検討し、第五次勧告となったものである。

中央省庁等改革基本法は、総理府に設置された行政改革会議の最終答申に基づいて法制化されたものである。同会議の座長に橋本首相自身が就任し、中央省庁の再編などの行政改革にリーダーシップをもって取り組んだ。

中央省庁の再編は省庁を統合することで省庁数を減らす数合わせに終始させず、中央省庁のスリム化と、省庁及び内閣府の機能強化を目的とした。地方分権の推進によって中央から地方へ権限と事業、それに伴う税財源が移譲されれば、当然に中央の直轄事業は廃止・縮小せざるをえない。これが省庁のスリム化であり、それはより一層の地方への権限移譲を促進させることを意味した。

従って、第五次勧告は第四次勧告に新しいテーマを首相から付与された新たな勧告となることが期待された。

これは行政改革会議と地方分権推進委員会の論議及び課題が共通なものとして交錯した一瞬であった。各種審議会や諮問会議の答申を積み重ね重層化、多角化させることで、霞が関官僚の抵抗の排除を狙ったものと推測できよう。

だが、推進委は公共事業に的を絞った第五次勧告を提出したが、さらに討議を深化させた第六次勧告にはいたらなかった。推進委の勧告業務はこの第五次で最終となった。第五次勧告は、第一章「公共事業のあり方の見直し」、第二章「非公共事業等のあり方の見直し」、第三章「国が策定又は関与する各種開発・整備計画の見直し」で構成された。

小渕内閣は推進委の第五次勧告を受けて、九九年（平成一一）三月二六日に第二次となる地方分権推進計画を閣議決定した。そして同日には地方分権一括法を閣議決定したのだった。

地方分権一括法は『地方分権の推進を図るための関係法律の整備等に関する法律』として、第一四五国会において九九年七月八日に成立し、翌二〇〇〇年（平成一二）四月一日から施行された。九五年（平成七）三月に地方分権推進法が成立した以降、同法に基づいて同年七月に地方分権推進委員会が設置され、そして推進委による第一次勧告（九六年一二月）から第四次勧告へと続き、ここに地方分権一括法がおよそ五年の歳月をかけて誕生したのだ。

地方分権一括法

地方分権一括法は、同法によって四七五本の法律を一括して改正する戦後最大の法律改正となった。改正内容は推進委第一次から第四次勧告、及び第一次地方分権推進計画を基礎として多岐にわたっており、内容については個々に論述をしてきたが、これまでに記述が欠けた部分についていくつか補足し、残された課題も以下に整理しておきたい。

①一括法による改正の最大の成果は何といっても機関委任事務の廃止と、国と地方公共団体の役割分担が明記されたこと、及び国の地方への関与の見直しである。

改正地方自治法では、地方公共団体は「住民の福祉の増進を図ることを基本として、地域における行政を自主的且つ総合的に実施する役割を広く担う」ことが第一条の二で規定され、立法における地方公共団体に関する法令の規定は、「地方自治の本旨に基づき、且つ国と地方公共団体との適切な役割分担を踏まえたものでなければ」ならないと明記された（二条一一項）。

また、司法においても二条一二項は、「地方自治の本旨に基づいて、且つ国と地方公共団体との適切な役割分担を踏まえて、これを解釈し、及び運用するようにしなければならない」と規定した。まさに地方自治法にとって画期的な条文の創設となった。

機関委任事務の廃止によって、従来の通知・通達はその根拠法がなくなったことにより当然に廃止となった。機関委任事務の前提とされていた包括的指揮監督権も自然に消滅となった。

②一括法では、地方自治法を改正して「特例市制度」が創設された。概要は中核市が処理することができる事務のうち、都道府県の事務処理の方が効率的である事務を除いて、特例市に権限移譲するもの。人口二〇万人以上の要件があり、政令で指定される。移譲される事務の例として、環境保全行政事務や都市計画などに関する事務があげられた。

③同じく地方自治法の改正によって、同法二五二条の一七の二第二項「条例による事務処理の特例制度」（条例特例制度）が創設された。都道府県知事がその事務の一部を市町村長に機関委任する規定が廃止された。

代わって都道府県から市町村への権限移譲の推進を図るため、都道府県の権限を市町村との協議のうえで都道府県条例でもって、対象となる市町村や移譲事務などを定めることとなった。

④「市町村の合併の特例に関する法律」の改正では、合併特例債が創設された。合併特例債は合併後の自治体の公共的施設建設や基金積立事業に限り、一〇か年を限度として地方債の発行が認められ、元利償還金は基準財政

需要額に算入されることで、自治体負担の軽減を図った。さらに、交付税算定替の期間延長（合併算定替）がなされた。合併後一〇か年度は合併前の交付税額を全額保障した。

若干の進展を見たとはいえ、地方公共団体の税財源の充実確保の観点からは不満が残った。課税自主権の拡充強化は中央集権国家から地方分権型国家への転換の根幹部分をなす改革である。地方自治体が地域・住民に必要な行政サービスの量と質を計画し提供し、それを保障する自主財源を自らの権限である課税自主権でもって対応しうることが、地方自治の本旨であり分権改革の目的ではなかったのか。むしろ、合併特例債の創設は自主財源の恒久的な確保ではなく、地方交付税交付金改革と相まって「合併の受け皿論」を補強し、中央主導の合併を準備するものとなった。

⑤地域の活性化に関しては、地域審議会制度が創設された。合併後も旧市町村単位でもって設置が可能となる審議会で、地方議会が汲み取ることができない地域の民意を施策に反映させることを目的とした。

創設の背景にあったのは、「周辺地域の声が届きにくくなる」「過疎地域は捨てられるのではないか」などの不安が高まったことだ。同制度が活用されたことでこうした不安が解消され、あるいは合併後も周辺地域の声が行政に反映されるようになったことは寡聞にして聞かなかった。

⑥地方議会の活性化では、自治法改正によって議案提出要件、修正動議の要件が緩和された。議員定数の要件も緩和され、地方自治体が条例で定めることとなった。

だが、改革はわずかこれだけであった。第二次勧告において地方議会改革をあえて取り上げた意義を失わせるものとなった。第二次勧告で改革テーマとなった議会事務局の予算・人事は現在においても首長にあり議会事務局の独立性が保たれているとは程遠い状態にある。議会事務局の独立性の確保はかねてから地方議会の念願であったにもかかわらず言及がまったくされていない。

地方議会改革では最も重要な課題が残された。議会は審議機能の形骸化が久しく批判されてきた。地方分権の進展によってこれまで以上に地方公共団体の主体的・自律的・総合的な行政主体（組織）と行政サービスが求められている。いうなれば、地方公共団体の意思決定に重要な影響力を行使でき、且つ住民の代表機関として地域住民の声を行政に反映させ、さらには行政機関への監視機能の強化が求められるなどこれまで以上に議会の重要性が高まっている。それにもかかわらず、議会の招集権は地方自治法一〇一条（旧法）によれば首長のみに属し、議長・議員は自ら議会を招集できないとされている。平成一八年の改正によって議長も一定の要件のもとで議会招集ができることになったが、招集は首長への要求が必要となっている。これでは議会の独立性の確保どころか、首長が提案する予算、条例、各種議案に賛同するだけとなる地方議会の総与党化が進展しよう。

議会の招集は首長が議長の同意を得て招集請求をすべきであるし、議長も一定の手続きと要件のもとに首長を介せず議会招集権をもつべきである。今回の改革は地方自治法が規定する二元代表制に法制度をできるだけ近づけるものとはならなかった。

⑦国と地方公共団体との関係は「上下・主従」から「対等・協力関係」へと変更され、機関委任事務に基づく包括的指揮監督権も失われた。国の関与は法定主義や一般法主義などの三原則が示された。ただし、国の関与がまったくなくなったのではなく、不必要とされたのでもないので、新しい国・地方関係の下での係争も必然的に発生する。

従来は国と地方公共団体との係争は処理のルールが確定しておらず、法律の定めもないことから訴訟の提起はできないとの解釈が一般的であった。今回の地方自治法の改正によって、国・地方の係争を行政内部において簡易・迅速に処理する公平・中立な機関として総務省に「国地方係争処理委員会」（地方自治法二五〇の七以下）が設けられた。また、都道府県と市町村との係争については、「国地方係争処理委員会」に準じる権限をもつ「自治紛争処理委員」による紛争処理制度となった。

推進委、最後の功績と限界

地方分権推進委員会は二〇〇〇年（平成一二）七月に任期切れを迎えたが、地方分権推進法の改正により二〇〇一年七月まで一年間延長された。延長期間中において推進委は、次の二つの意見書を政府に提出した。

（1）二〇〇〇年（平成一二）八月八日
地方分権推進委員会意見
——分権型社会の創造——（以下　分権社会創造意見）
（2）二〇〇〇年一一月二七日
「市町村合併の推進についての意見」（以下、合併推進意見）

二つの意見書はともに地方分権推進法第一〇条二項に基づいて提出され、これまでの第五次にわたる勧告と同様に、政府が尊重し適切な対処を訴えたものとなっている。だが、森喜朗内閣はこの意見書を尊重する姿勢をみせなかった。

前年の一九九九年（平成一一）七月、政府税制調査会の地方法人課税小委員会は、法人事業税に外形標準課税の導入を求める報告書を発表した。政府税調は同報告をもとに九九年（平成一一）一二月に外形標準課税導入を柱とする「平成一二年度の税制改正に関する答申」を提言した。答申では導入の主旨として次の四点をあげた。①安定的な財源の確保を通じて地方分権を支える　②応益課税としての税の性格の明確化　③行政サービスの受

益を広く薄く分担することによる税負担の公平性の確保
④事業活動を活発化させることによる経済構造改革の促進、である。
法人事業税は法人の事業所得に課税される都道府県税であるが、所得を課税標準（課税ベース）とするため税収が景気に左右されやすく、赤字法人は課税されないため税収が安定しない欠点をもっていた。

外形標準課税は課税標準を資本金、売上高、従業員数、給与総額、建物床面積など事業規模や活動量を示す外形的基準を課税標準とする課税方式であるため、安定的な税収が望めた。

推進委の二つの意見書は、時を同じくして政府税制調査会報告の内容に沿ったものとなっていることに注目したい。推進委（分権社会創造意見）の文言を借りれば、「法人事業税に外形標準課税を導入し、税収の安定化を図るとともに、都道府県の基幹税においても自主性を高めることは、地方分権を推進するうえで極めて重要な課題である。――中略――外形標準課税は、応益課税としての税の性格の明確化につながるとともに、地方公共団体の提供する行政サービスによって受益を得ている法人が薄く広く税を分担することを通じて税負担の公平化につながることとなる。――中略――法人全体で薄く広く税負担を分かち合うことにつながることから、より多くの利益をあげることを目指した事業活動を促し、経済の活性化、経済構造改革にも資するものである」とした。

さらに推進委（合併推進意見）では、「担税者、生活者としての国民の幅広い理解を得なければならない。――中略――現行の地方行財政運営の仕組みに対して国民の中には厳しい意見もあることなどにかんがみ、これを見直し、地方公共団体において、徹底した行財政改革を実施するとともに、市町村合併を強力に推進する必要がある」と、合併を位置づけると同時に、担税者・生活者としての国民の意識の変化に対応する地方行政改革制度の転換の必要性を説いている。

地域住民の権利と義務に関して、旧地方自治法第一〇条二項は次のように定めている。「住民は、その法律の定めるところにより、その属する普通地方公共団体の役務の提供をひとしく受ける権利を有し、その負担を分任する義務を負う」。

このように権利の受益と負担の公平は自治の原則であり、自治の原則とは「自己決定、自己責任、自己負担」にほかならない。つまり、自己の責任負担原則を税制面から表現したものが、推進委のいう「担税者としての国民」だと考えられる。地域の存立と発展に不可欠なコストを自ら負担し、地域の運営に責任をもつことが自立性であるならば、課税自主権は地域の自立に欠くことができず、課税自主権とはまさに地方自治の本旨の根幹ともいえる。

地方交付税は、基準財政需要額と基準財政収入額との差額が交付税額となっている。交付税制度の下では、どのような地方新税を導入しても自治体にとっては無意味なものとなる。仮に新税を導入し地方税収が増額となっても、地方交付税が財政調整され、減額交付されるだけとなるからだ。

従って、政府税制調査会と地方分権推進委員会がともに、地方税である法人事業税に外形標準課税の導入を求めたことは、地方交付税の廃止・縮小を含む改革を求めたことと同義であり、地方交付税制度はナショナル・ミニマム（国が保障すべき最低基準）の維持に必要な財政調整機能のみが残されるはずであった。地方分権推進法は第六条において国の責務として、「国と地方公共団体との役割分担に応じた地方税財源の充実確保を図るものとする」と規定し、推進委の勧告業務に地方税改革を検討対象としていた。

交付税改革は我が国の将来の形をみすえた国・地方関係の再構成と、日本の税体系の根本的な改変をもたらすものといえた。だが、推進委の税制についての審議はこの二つの報告書の提出に止まり、税制審議は政府税制調査会に委ねられた。さらにいえば、九六（平成八）年一一月に橋本内閣が総理府に設置した行政改革会議、同じく九七年（平成九）一月に設置された財政構造改革会議の審議の影響も考慮せざるを得ない。

行政改革会議は、中央省庁再編を論議の軸としながらも中央政府改革を審議対象としたし、その審議委員に地方分権推進委員会委員長が一委員として参加していたから行政改革会議を主導する形での勧告はできようもなかった。さらに、財政構造改革会議は中央政府と地方公共団体を含む税・財源改革が中心的な議題としており、具体的には九六年末で二四五兆円にまで膨れた公債残高の縮減を目指し、財政赤字を対GDP比で三％以内とする短期での政策実現が求められていた。地方分権推進委員会の審議は大幅な制約を受けざるを得なくなり、推進委は二〇〇〇年（平成一二）、二つの報告書の提出をもってその勧告業務を終了した。

（二）巨大官庁を誕生させた行革会議最終報告

地方分権推進委員会・第五次勧告を受けた第二次地方分権推進計画が小渕内閣の下で九九年（平成一一）に閣議決定され、同年に地方分権一括法は成立した。一括法は翌二〇〇〇年四月一日に施行された。

施行日の翌日である四月二日に小渕首相は脳梗塞で倒れ、四月四日小渕内閣は総辞職した。次期首相には森喜朗氏が自民党両議員総会で指名され、四月五日に森内閣が発足した。

森内閣の発足に三か月程さかのぼった二〇〇〇年一月六日、中央省庁等改革基本法（九八年六月九日成立）に基づき再編された中央省庁が発足している。これまでの一府（総理府）一二省八大臣庁は再編によって、新しく一府（内閣府）一二省庁となり現在にみる形となった。

省庁再編は巨大官庁を誕生させた。旧総理府は沖縄開発庁と経済企画庁を統合して内閣府となった。総務庁と自治省、郵政省が統合し総務省が生まれた。国土交通省は旧運輸省、建設省、国土庁、北海道開発庁が統合して生まれ、まさに巨大な利権官庁となった。

環境庁は環境省として独立を果たした。旧厚生省と労働省は統合して厚生労働省となった。再編統合で誕生した巨大官庁は行政改革でスリム化されたのではなく、むしろ焼け太りとなった。

巨額の財政を扱うだけでなく、許認可の権限は件数及び機能ともに強大なものとなった。「開発と保全」「競争と抑制」など相互矛盾する政策を同一官庁で取り扱い、あるいは「執行と監査」に見られるように政策当事者がチェック機関を兼任するなど、行政活動の基本ルールとされる政策の透明性や公平性、中立性、平等性は以前にも増して曖昧・不透明になった。

巨大官庁を誕生させた中央省庁等改革基本法であるが、中央省庁再編論議は行政改革会議から始まった。行政改革会議は九七年（平成九）九月三日に中間報告を提出、続いて同年一二月三日に最終報告がまとめられた。

中央省庁等改革基本法は、行政改革会議の最終報告を尊重する旨の閣議決定（九八年二月）を経て法案が国会に上程され、九八年（平成一〇）六月九日に成立、六月一二日に公布された。

行政改革会議は「中央省庁の半減」をメインテーマとして審議する組織として、橋本龍太郎首相が総理府に九六年（平成八）一一月に設置した審議機関であり、九六年一一月から九八年六月まで活動した。

会長には橋本首相が自ら就任し、官僚ＯＢを除く一三名の学識経験者が委員に任命された。会長代理には武藤嘉文・総務庁長官が行政改革担当大臣として就任した（後に佐藤孝行氏、次いで小里貞利氏が就任）。委員には行政改革委員会委員長、経済審議会会長、地方分権推進委員会委員長の諸氏が任命され、これら諸委員会・審議会の審議との整合性が図られた。

行政改革委員会とは村山内閣時に第三次行革審最終報告を受けて設置された。政府の規制改革施策の実施状況の監視、調査、検討及び総理大臣への勧告する権限をもつ第三者機関（委員長・飯田庸太郎）である。九四年（平成六）に設置されている。

行政改革会議の一三委員は次の諸氏である。

・飯田庸太郎　行政改革委員会委員長・三菱重工相談役
・豊田章一郎　経済審議会会長・トヨタ自動車取締役会長
・諸井虔　地方分権推進委員会委員長・秩父小野田株式会社取締役相談役

・芦田甚之助　日本労働組合総連合会会長
・有馬朗人　東京大学名誉教授
・猪口邦子　上智大学法学部教授
・河合隼雄　国際日本文化研究センター所長
・川口幹夫　日本放送協会顧問
・佐藤幸治　京都大学大学院法学研究科教授
・塩野谷祐一　一橋大学名誉教授
・藤田宙靖　東北大学法学部教授
・水野清　内閣総理大臣補佐官（事務局長）
・渡辺恒夫　読売新聞社社長

最終報告の特徴を二点あげれば、一点目は委員の使命感の高さであり、二点目は新自由主義的な経済思想を下敷きとした諸施策が多く取り入れられたことにある。

まず、第一の使命感だが戦後の我が国の社会・経済システム全体の大転換を、故司馬遼太郎氏の「この国のかたち」を引き合いに出しながら、新しい「この国のかたち」として「自由且つ公正な社会」を形成するにふさわしい二一世紀型行政システムを構築すると宣言した。

この目的の遂行には、肥大化し硬直化した政府組織の改革と戦後型行政の打開がまずもって優先されるべきと論じた。従来型行政・組織とは、欧米先進国へのキャッチアップのように国家目標が単純で、社会資源が拡大し続ける時代に形成された過去のものであったが、かつては有効であったと一定の評価を与えた。だが、現代においては「独創的な着想や新たな価値体系の創造、あるいは未曾有の事態への対応力という点では、決して第一級のもの」とはいい難く、その弊害は縦割り行政の弊害や官僚組織の自己増殖・肥大化のなかで深刻な機能障害に陥っているばかりか、その施策・規制は自己目的化し、且つ一部への既得権益化していると断じた。

戦後型行政の問題点については、次の認識を示し批判して見せた。「すなわち、個別事業の利害や制約に拘束された政策企画部門の硬直性、利用者の利便を軽視した非効率的な実施部門、不透明で閉鎖的な政策決定過程と政策評価・フィードバック機能の不在、各省庁の縦割りと、自らの所管領域には他省庁の口出しを許さぬという専権的・領土不可侵的所掌システムによる全体調整機能の不全といった問題点の打開こそが、今日われわれが取り組むべき行政改革の中核にある」とした。

最終報告は、真剣に日本の国家と未来を憂い志と情熱をもつ多くの官吏にとって、あるいは行政に信頼を寄せる国民にとっても厳しい批判文書となった。

そのうえで戦後型行政の欠陥は、明治憲法体制から戦後体制にまで引き継がれた統治の客体に甘んじる、あるいは統治に依存しがちな国民自身でもあると指摘した。国民精神の再構築は日本国憲法の精神によってこそ成し遂げるべきであり、そこにこそ今回の行政改革の目標・使命があると謳いあげたのだ。国民精神の変換は国民自身の手によって行なわなければならず、その国民とは憲法前文が謳う自律した個人の集合体である「われわれ」が統治の主体として、個人の尊厳と幸福に重きを置く社会を原理として構築することにあると明言した。

委員会は行政改革の目的とした「自由で公正な社会」の実現とは立憲主義を基礎とした国家でなくてはならず、先進立憲主義諸国との価値観の共有は国際社会に寄与するのみならず、人類が直面する新たな課題に対しても独自の解決策を提示し得ると述べ、我が国民の高い未来への可能性に期待した。

立憲主義に無理解な政治家やジャーナリズムの発言が多く聞かれる時代ではあるが、改革は立憲主義を基礎として自律した国民が担うことの重要性を最終報告は教えている。だが、この批判が書かれてから二〇年余を経過した現在において、我が国行政にどれほどの進化や進展があったのかを改めて問い直さなくてはならない。

さて、最終報告の二点目の特徴はその思想的背景に新自由主義的色彩が濃く反映されていることである。八〇年代に入って行政改革は世界的潮流となった。発端となったのはイギリスやニュージーランドの国内地方改革である。その理論的背景とされたのがＮＰＭ（エヌ・ピー・エム）と略称されるニュー・パブリック・マネージメントだった。

我が国では「新行政学」、「新行政管理学」、「新行政理論」、「新たな公共概念」などと称された。「公共選択理論」もこの範疇と考えられる。ＮＰＭとは公共部門に民間の経営手法を導入し公共部門の活性化・効率化を図りながら、最終的には公共部門そのものを民間化させる役割を担った各種の行政手法である。

ＮＰＭの共通点は、第一に極端な市場原理の重視である。従って、市場への国家の介入の排除と競争原理の尊重とも重なる。第二の共通点として行政概念の転換がある。アドミニストレーション（統治・支配）からマネージメント（経営）への転換と解釈されている。

これまでの行政概念を大雑把に括れば、国家の社会政策として国民的福祉の向上を図ることとされてきた。生活保護を含む社会的弱者へのケア及び年金・医療・介護政策は国民福祉国家の中核的事業として、公正・公平な資源の再配分を通じて日本社会の平等化・格差なき社会の実現に寄与することが行政機能とされた。

だが、福祉国家を形成させた行政機能は高いコストや行政のムダといった批判をしばしば受けがちだった。ＮＰＭはかような行政を批判し、行政に生産性向上やコスト意識、効率化、最大利益の追求といった民間企業経営の手法を導入することで、従来の行政に無縁であった市場原理あるいは競争原理を組み込もうとしたのだ。

第三の共通点は企画・調整といった政策立案部門と実施部門の分離である。分離された実施部門には市場原理が無批判的に導入された。行政サービスが民間企業に外部委託・アウトソーシングされ、各自治体の首長はこれまでの行政費用と外部委託との差額を行政改革の成果であると位置づけ喧伝した。

行政改革の成果とは、民間労働者の賃金引下げによるコスト削減を意味した。すでに行革先進国であるイギリスやニュージーランドでは所得格差の広がりが社会問題化していたが、格差問題を提起し警鐘を鳴らした学者やジャーナリストはわずか一握りにとどまった。そしてここを突破口として実施部門全体の民営化へとつながっていったのである。

最終報告の構成と内容を見てみたい。最終報告は一章「行政改革の理念と目標」、二章「内閣機能の強化」、三章「新たな中央省庁の在り方」、四章「行政機能の減量(アウトソーシング)、効率化等」、五章「公務員制度改革」、六章「その他」、の全六章で構成された。

橋本首相が行政改革会議の会長としてまとめた最終報告による提案した改革の方向性は次の三点に求められる。

第一は中央省庁の改革再編であるが、結果として中央省庁等改革基本法を成立させ、一府一二省庁の巨大官庁を誕生させたことは先にふれた通りである。

改革の第二は内閣の強化である。内閣の強化には、内閣総理大臣の指導性の強化と、内閣及び内閣総理大臣を補佐・支援する機構、機関の整備の二つが含まれた。前者では内閣総理大臣の基本方針、これには外交政策や安全保障政策、マクロ経済政策、予算編成や組織・人事の基本方針などを含む政策の発議権を内閣法として法制上から明記することを求めた。

後者の補佐・支援体制の強化として内閣府を設置して内閣官房を首相の戦略機能を担う強力な企画・調整機関とする。総務省を内閣及び首相の補佐・支援機関として設置し、基本的行政の管理・運営を担う行政機関と位置づけた。我が国において国務大臣は省益を代理するかの行動が多く、セクショナリズムに陥り、各省庁の代表だと批判されてきたが、縦割り行政を排し、官僚主導から政治主導への転換を図ったものといえる。

改革の三点目は、行政の組織と機能を分離・縮小させるアウトソーシングと独立行政法人化の提案である。アウトソーシングと独立行政法人化構想は「官から民へ」、「国から地方へ」のスローガンの下に実施されたが、同構想は我が国における行政組織・機能論の概念を根底から覆すものであった。すなわち、行政の政策立案機能と実施機能を分離させ、実施事務・事業を民営化、民間委託、民間移譲させるために、外局制度と独立行政法人制度(エージェンシー化)の活用が図られたからである。

そして、同構想の思想的核心となったものは、『「公共性の空間」は、決して中央の「官」の独占物ではないということを、改革の最も基本的な前提として再認識』(最終報告・第一章）すべしという命題であった。つまり、行政の事務・事業という公益・公共性の場を、市場原理・競争原理が働く「民間」の空間に変えることで、私企業が参入し、私的利益が追求可能な空間への転換を目指したのだ。とりわけ改革の目玉としてターゲットにされたのが郵政三事業の民営化であった。

（二）二〇〇〇年行政改革大綱とその評価

二〇世紀最後の年となった西暦二〇〇〇年（平成一二）における地方分権の動きを概観しておきたい。

小渕首相の脳梗塞による入院とそれに伴った内閣総辞職は、次期内閣として森義朗内閣を二〇〇〇年四月五日に発足せしめた。地方分権一括法が施行された四月一日からわずか四日後となる。

森首相は内閣発足から二か月後の六月二五日に実施された第四二回衆議院議員選挙において、与党三党（自民、公明、保守）で安定多数となる二七一議席を獲得し、七月四日に第二次森連立内閣を発足させた。森首相は市町村合併に強い意欲を示し、地方分権推進委員会に対して市町村合併促進の要請を行なった。自治省に対しては合併促進への強い指示を与えたほか、さらに合併促進を阻害する制度として交付税制度をあげ、同制度への批判を繰り返すことで翌年に予定される再編中央省庁の発足に向け、政権基盤を固めながら地方分権改革の促進を図った。

要請を受けて、分権推進委は二つの意見書「分権社会創造意見」（二〇〇〇年八月）および「合併推進意見」（同年一一月）を提出した。意見書は、国庫補助負担金の削減・地方税財源の充実、それに伴う外形標準課税の導入（分権社会創造意見）と、地方税の充実確保・徹底した行財政改革、担税者としての国民意識改革（合併推進意見）、といった税制改革が主要なテーマであったが、結果論として見るならば、国のメリットとなる国庫補助負担金の削減を除けば、改革課題は実現されなかったものばかりが並んだ。

森首相の強い要請を受けた自治省は九九年（平成一一）八月に次いで、二〇〇〇年一一月二二日に「市町村の合併の推進についての指針」を出し、指針では合併特別交付税や住民投票制度の導入を盛り込むことで内閣との融和を図ろうとした。

二〇〇〇年一二月一日、森内閣は「行政改革大綱」を閣議決定した。大綱は、二一世紀を目前にひかえ、「中央省庁改革の成果をより確実なものとする」ための今後の行政改革の重要課題をあげ、より集中的且つ計画的な実施を図るものとなっている。「行政改革大綱」の意義とその時代的背景とは何だったのか。

結論からすれば地方分権改革とは、八〇年代から九〇年代にかけて日本が直面した政治・経済・社会・文化・思想的な危機の認識を共有しつつ、その打開を目指した一連の国家改造運動の一局面であった。つまり新しい「この国のかたち」を模索する国家の自己改造・改革を国内的視点から、あるいは国内的側面からいい換えたものといえる。

この文脈からすれば、平成の地方制度・分権改革において中央集権国家再興の意図が見え隠れし、且つ国家主導に終始した地方制度改革であったことは否めない事実である。もとより地方自治・分権は「地方主権」の名で語られようとも、国家主権と対峙し、あるいは地方が国家にとってかわる独立宣言ではない。

「大綱」とは新しい国――地方の関係を国家の側から国民に提示された「この国のかたち」だった。だが「大綱」は、地方制度・分権改革について積み重ねた論議、とりわけ地方分権推進委員会の意見、勧告とは距離があった。いうなれば推進委の理念・理想からより、現実的且つ対処療法的対策となって国家財政危機への配慮が目立つ文書となった。

二〇〇〇年四月成立した森内閣は、「行政改革大綱」を閣議決定後の二〇〇一年（平成一三）四月に在任期間わずか一年で終焉し、同年四月には第一次小泉綬一郎内閣が成立する。通説的にいえば、本格的に新自由主義的な経済政策が導入されてゆく時期に入ってゆく。いわば「大綱」決定前の時期とは、地方分権推進委員会をはじめとする各種の審議会や諮問委員会が、地方制度改革・分権改革を理念的に、理想論として純粋な論議を積み重ねることができた、いわば地方分権前期ともいえる時期を示している。

そして「大綱」以降の地方制度・分権改革論議は、予算・税財源の縮減・合理化に見られるように、政策の短期的効果、数値目標の実現といった政策効果に焦点が絞られ、行政技術的な側面が強調されていった。まさに分権論議の空洞化であり、「分権の逆コース」だった。

（三）大綱の特徴

「大綱」は今後の重要課題を次の七つに分類し、それぞれに改革の方向性を示した。

一章「行政の組織・制度の抜本改革」、二章「地方分権の推進」、三章「規制改革の推進」、四章「行政事務の電子化等電子政府の実現」、五章「中央省庁等改革の的確な実施」、六章「既往の閣議決定等の推進」、七章「今後における行政改革の推進体制」、の七つである。

だが、大綱前文では四つの目的と四つの重要課題が特徴的にあげている。目的としては、①内閣機能の強化、省庁再編による総合性や機動性を備えた行政の実現　②国民の主体性と自己責任を尊重する観点から、事後監視型社会への移行などを図ることによる簡素且つ効率的な行政の実現　③行政情報公開と説明責任の徹底による透明性の高い行政の実現　④行政事務の電子化などによる質の高い行政サービスの実現の四点をあげた。

この実現の見地にたった重要課題として、①特殊法人改革、公務員制度改革、行政評価システムの導入、公会計制度の見直し ②さらなる地方分権の推進 ③行政と民間の新しい関係を構築する規制改革 ④省庁再編に伴う運営・施策の統合、行政組織・事務の減量・効率化、の四点である。

いわば、小さな政府の実現を図るために、行政組織とその所掌範囲および事務事業をできる限り縮小し、縮小によって生じる行政的空白は、個人の責任原理と企業活動への規制緩和による市場原理でもって埋めようとするものである。

事後監視型社会とは、行政指導をはじめとする不透明な事前規制・事前救済措置の廃止と、市場での自由競争によって生じる係争・紛争処理及び経済的・社会的落後者、敗北者などの救済を事後において司法的な救済が図られる社会を指す。従って大綱では、行政改革の推進と併せて司法制度改革が「改革の最後のかなめ」になるとしてその重要性を強調している。

事後監視型社会への移行については、三章「規制改革の推進」の項において重点的、具体的記述がなされている。三章は主に規制改革委員会の見解を踏まえて策定されており、医療、福祉、雇用・労働、教育分野に改革の焦点が当てられている。規制改革委員会については次節で後述する。

策定の意図は「市場機能をより発揮するための競争政策の積極的展開」にある。医療分野では「医療機関相互の競争を促す」ことであり、福祉分野では「多様な事業者の参入、競争などを通じた利用者の選択の拡大」、雇用・労働分野では「労働市場における事前規制を緩和し、セーフティネットの整備を伴う事後規制への変化を促進するなど経済社会の構造変化や労働者の働き方・就業意識の多様化に対応した規制改革」。教育分野では「児童・生徒・学生が自らの能力や適性に応じて多様な教育を受けられるよう、教育分野の規制改革」、が改革の目的とされた。

自己責任・自己負担の増大、規制緩和と給付の抑制によってあらゆるセーフティネットが崩壊し、日本型雇用システムの解体による格差・貧困の増大、あるいは医療崩壊による「医療難民」「介護難民」が大量に発生してゆく原点が「行政改革大綱」に見出すことができる。

地方制度・分権改革に関しては、二章「地方分権の推進」において「市町村合併後の自治体数を一〇〇〇とする目標」（当時の自治体数は約三二〇〇）が政府方針として具体的に定められ、その実現の強化が図られた。

一〇〇〇自治体という数値目標は、与党行財政改革推進協議会の決定が踏まえられている。数値目標が定められたことで数値は、義務化として捉えられる傾向が強まったことは否めない事実である。大綱の段階では「自主的な市町村合併の推進」の文言は残っているが、次期小泉内閣の「骨太方針」では自主的合併の文言は消え、強制的色彩が濃いものとなってゆく。大綱は、平成の大合併が市町村の自主的な合併か否かの転換点を示す文書となった。

大綱の実現の強化策として七章「今後における行政改革の推進体制」においては、〇五年（平成一七）までの大綱の集中的な実施を目指し、内閣総理大臣を本部長とする行政改革推進本部を内閣に設置することが定められた。

（四）規制改革の推移と推進組織

前章では、「自治体一〇〇〇の数値目標」が規制改革委員会の見解に基づいたものであり、大綱の実現推進機関として行政改革推進本部が内閣に設置されたことは前述した。そこで規制改革に関するこれまでの流れを補足しておきたい。

規制改革の歴史は長く、高度成長期である一九六一年（昭和三六）年二月に池田勇人内閣の下に臨時行政調査会が設置されたのを嚆矢とする。いわゆる、第一次臨調と称される。

第一次臨調は「許認可等に関する意見」に見られるように、規制改革とは「規制緩和」が中心課題となっており、行政のスリム化や国民の負担軽減、ひいては内需拡大や経済の活性化につながるものと期待された。しかし、第一次臨調会長の佐藤喜一郎氏（故人）が「政府はわれわれの努力を無視し、やれることもやらなかった。国民も十分理解してくれたとはいえない」といみじくも語ったように、行政改革に対する政府、政党、官僚の抵抗が挫折の原因となった。

第二次臨調は鈴木善行内閣の下に一九八一年（昭和五六）三月一六日に設置された。会長は土光敏夫経団連会長がつとめ、会長名をとって土光臨調といわれる。

土光臨調の発足から、後継組織である臨時行政改革推進審議会（行革審）が三次にわたり設置され、最終答申を提出する九三年（平成五）までが臨調・行革路線と呼ばれる。いわばこの時期以降から日本は本格的な行政改革の時代に入るのである。

第二次臨調（土光臨調）の基本理念は「増税なき財政再建」にあった。一九八一年（昭和五六）にアメリカの景気後退に端を発した世界経済の縮小は、一九八〇年から下降局面に入っていた日本経済に深刻な経済打撃を与えた。経済調整は比較的短期で終わるとの楽観論が優勢であったが、結果的には三年に及ぶ長期不況となった。

我が国の財政指標では一九七五年末（昭和五〇）における国債発行残高七〇兆五〇〇〇億円超に対し、一九八五年末（昭和六〇）には一三四兆四三一四億円に達し、大量の国債発行に依存した財政運営を余儀なくされていた。一九七六年（昭和五一）から八〇年（昭和五五）にかけて一般会計予算の公債依存度は三二％を上下する高い水準を推移した。

一方で国民の税・社会保険料負担も増大していた。「増税なき財政再建」とは国家の公債依存を抑制し、且つ企業増税を避けて徹底的な行政の事務・事業の削減によって小さな政府を目指したものだった。いわば企業増税を封じられた政府が八〇年代以降に国民課税を次第に強化していき、国家財政機能が再分配を通じた国民生活の最低保証することから脱却し、財政収支バランスを重視する財政運営を取らざるを得なくなった政策時期と一致するものとなった。

第二次臨調（土光臨調）は、一九八一年（昭和五六）七月一〇日に「行政改革に関する第一次答申」を発表し、これが「増税なき財政再建」の方向性を定めた。そして八二年一一月の第二次答申に続いて一九八二年（昭和五七）七月三〇日に「行政改革に関する第三次答申」、いわゆる基本答申を発表した。

同答申では三K（国鉄・健保・米）の赤字解消、三公社（日本国有鉄道・日本電信電話公社・日本専売公社）の民営化、合理化が改革の目標とされた。だが、鈴木内閣は八二年（昭和五七）一一月に総辞職し、第二次臨調の実現は中曽根内閣がひきつぐことになる。

中曽根内閣は第二次臨調基本答申をうけ「行政改革大綱」を八二年九月二四日に閣議決定し、基本答申への政府の対応状況の監視、及び具体的促進を目的とする新機関として臨時行政改革推進審議会を設置した。これが「第一次行革審」（会長／土光敏夫・経団連会長）である。

第一次行革審は八三年（昭和五八）年五月二三日に設置されてから、解散する一九八六年（昭和六一）六月までに「行政改革の推進方策に関する答申」、「今後における行財政改革の基本方針」と題する二本の答申を提出、規制行政への批判と、規制緩和の推進へのレールを敷いた。

第二次行革審は八七年（昭和六二）四月二一日に発足した。第三次中曽根内閣の時代となる。会長には大槻文平・日経連名誉会長が就任した。

この八〇年代後半の日本経済は、株価や地価の高騰というバブル時代として特徴づけられる。第二次行革審が発足した八七年の一月には日経平均株価が二万円の大台に乗せ、八七年一〇月二〇日に発生したブラックマンデーの直前には二万六六四六円をつけていた。日本の戦後経済システムは、経済大国としての日本の国際的地位を押し上げたが、一方で、国民の経済格差は広がりつつあり、経済大国としての生活の豊かさを国民は実感できないでいた。

日本経済の急速な発展は、とりわけアメリカとの間に軋轢をよび、アメリカは、国民生活をなおざりにした日本の産業・企業の保護政策は不公平だと非難し、日本の経済構造の変換・門戸開放を迫った。これが日米貿易・経済摩擦である。

平成元年（一九八九）九月からは、これまでのMOS協議（市場分野別協議）に代わって日米構造協議が開始された。我が国では海部俊樹内閣が、アメリカはブッシュ大統領が政権を担っていた。日米摩擦は個別品目を巡る貿易摩擦から通商摩擦を経て、日本の産業構造の在り方にまで波及し、我が国民の生活までもが協議の対象とされた。

アメリカ側は自らの要求を「日本の消費者の利益」であると一貫して主張した。東京大学経済学部教授・武田晴人氏は、国民生活の向上を他国から要請される日本政府の性格を次のように記述している。

「貿易立国を目標とする政策を推進する政府は、翻って考えてみると国民生活の向上に関心の薄い、国民に冷たい政府であった」（武田晴人著『日本人の経済観念』岩波書店）。

武田教授はその例証として、一九五三年度の経済白書が「正常貿易の拡大」を阻害する要因として「国民の消費購買力の存在」を上げていることを指摘した。続けて、「第二次世界大戦後、主権者となったはずの国民は、主権者であるにもかかわらず、経済発展という国家目標の前には影の薄い存在でしかなかった」、「経済官僚など政府側の見方は、国民経済としての全体を捉えるだけで、そのなかでの所得分配のあり方に関心が薄く、ミクロの生活者・消費者の視点が乏しいという傾向を持っていた」と論じ、歴代政府がもつ強い輸出志向と輸出主導型経済成長が豊かな国民生活の不在を招いてきたと批判した。

第二次行革審は八八年（昭和六三）一二月一日に「公的規制の緩和等に関する答申」を、八九年（平成元年）一二月には「国と地方の関係等に関する答申」を竹下登首相に提出した。九〇年（平成二）四月の「最終答申」では海部俊樹首相に提出された。

「公的規制の緩和に関する答申」に見える「公的規制」とは、「許認可等の手段による規制を典型とし、その他にも、許認可等に付随して、あるいはそれとは別個に行われる規制的な行政指導や価格支持等の制度的な関与」を指すとしたうえで、経済的規制を政策の重点に求めた。

そして最終答申では、公的規制の緩和・廃止は、「市場原理に基づく自由で公正な競争を促進し、民間の活力を十分に発揮させるうえで不可欠の条件である。これはまた、内外価格差の是正にも役立つ」として世界経済への波及効果をも評価し、「公的規制の実質的半減を目指す」ことを政府目標に掲げた。

九〇年（平成二）年一〇月、東証株価は二万円を割った。昨年の一二月二九日（大納会）に史上最高値三万八九一五円をつけてから、わずか九か月で五〇％下落したことになる。バブル経済の崩壊であった。

第三次行革審はバブル崩壊と同時期にスタートした。海部内閣は九〇年一〇月に第三次行革審（会長・鈴木永二・経団連会長）を総理府に設置した。第三次行革審は九一年（平成三）一二月に「公正・透明な行政手続法制の整備に関する答申」を宮沢喜一内閣に提出し、行政手続法の制定に寄与した。

続いて九二年（平成四）六月に提出された「国際化対応・国民生活重視の行政改革に関する第三次答申」では、「地方分権特例制度」（パイロット自治体）を提言し、これも一応の実現化をみた。パイロット自治体とは、遅々として進まぬ地方分権の閉塞状況を打破する突破口として、後見的補助制度ではない各種の優遇措置を盛り込んだ特例的・実験的な分権制度であった。しかし、パイロット自治体は地方自治体の自律性を高める特例制度であったにもかかわらず、制度の適用にあたっては従来と変わらぬ煩雑な申請手続きがとられたために、その意義を急速に失っていった。

第三次行革審「最終答申」は九三年（平成五）一〇月に細川護熙内閣へ提出された。最終答申には、①公的規制緩和のためのアクション・プログラムの策定　②規制緩和推進のための第三者的な推進機関の設置が提言された。

提言にある第三者的推進機関が村山内閣から引き継がれた「行政改革委員会」（平成六年一二月設置／村山内閣）であり、規制緩和のためのアクション・プログラム（行動計画）が「規制緩和推進計画」（平成七年四月）である。同推進計画は、行政改革委員会が設置した規制緩和小委員会が実施状況の監視、調査などを行なう推進主体となった。

規制緩和推進計画は九五年（平成七）四月から九八年（平成一〇）三月まで実施されたが、新しいアクションプランが九八年四月から「規制緩和推進三カ年計画」として実行に移された。この推進・監視主体となったのが行政改革推進本部・規制改革委員会である。行政改革推進本部とは内閣に設けられた実施機関（平成六年一月設置／細川内閣）である。

二一世紀となった〇一年（平成一三）三月に森首相は「市町村合併推進本部」（本部長／総務大臣）を内閣に設置した。二〇〇一年（平成一三）四月二六日に成立した小泉純一郎内閣は市町村合併推進本部をそのまま継承する。

規制緩和推進三か年計画は、〇一年からは「規制改革推進三カ年計画」に改められ、推進・監視主体も内閣府総合規制改革会議（同年五月一日設置／議長宮内義彦・オリックス社長）へと変わった。

地方分権推進委員会は〇一年七月に最終答申を行なった。推進委の設置法である地方分権推進法の同年七月の失効期限を前に、小泉首相は内閣府に地方分権改革推進会議の設置を決定、同会議は七月に発足した。

〇一年六月二一日に経済財政諮問会議は、「経済財政運営及び経済社会の構造改革に関する基本方針」を答申した。これがいわゆる「骨太方針第一弾」である。

経済財政諮問会議は総理大臣の諮問機関として経済・財政に関する基本方針を答申し、政府の政策の柱となるものである。そして「骨太方針第二弾」では、「三位一体改革」の言葉が初めて使用された。「骨太方針」は「三位一体改革」として位置づされ、小泉構造改革路線を特徴づけることになった。

7章　小泉構造改革を継承するアベノミクス

第二次安倍内閣の発足と白川日銀総裁の辞任

民主党は二〇一二年（平成二四）一二月に行なわれた第四六回総選挙で大敗北を喫し、わずか五七議席に後退し、四八〇議席を獲得して政権についた〇九年（平成二一）から三年三か月でその政権の幕を閉じた。民主党政権最後の野田佳彦内閣に替わって、安倍晋三自民党総裁が第二次となる安部内閣を一三年（平成二五）一二月二六日に発足させた。

安倍内閣成立後の一三年一月二八日、第一八三回国会での最初の所信表明演説で安倍首相は、デフレと円高の泥沼から抜け出せない日本経済の現状を「危機」にあるとの認識を示したうえで、デフレ脱却と経済再生が「最大且つ喫緊の課題」であると、安倍内閣が最優先すべき政策課題とした。現代のデフレ不況を危機の本質と理解し、デフレ脱却を自らの政策の第一義的な優先課題としたことは正しい方向性を示すものといえた。

危機の本質の認識とは、永続的デフレによって日本経済の産業構造が破壊されるに止まらず、国民の心理的抑圧が継続することで社会が荒廃していくことへの危機感にほかならない。そして「中長期の財政健全化に向けてプライマリーバランスの黒字化を目指す」として、財政均衡への目配りも見せた。

そのうえで、安倍内閣の経済政策を「これまでとは次元のちがう大胆な政策パッケージを提示」したと胸をはった。政策の内容では、「大胆な金融政策、機動的な財政政策、そして民間投資を喚起する成長戦略という『三本の矢』で経済再生を推し進める」と述べ、毛利元就の故事を引き合いに出しながら強い決意と、深い憂国の念を語った。ここにアベノミクスと呼ばれる安倍内閣の金融・財政政策が本格的に始動したのだ。

所信表明演説中での一本目の矢である「大胆な金融政策」とは、白川方明日銀総裁への批判を意味していた。安倍首相は白川総裁の下での日銀の金融政策に対して以前から批判的であり、総選挙中では日銀への批判はさらにエスカレートしていた。いわく「輪転機をグルグル回して、無制限にお札を刷る」「建設国債は日銀に全部買ってもらう」と遊説し、白川日銀総裁の金融緩和策を中途半端なものと断じていた。それゆえに、デフレ脱却を目的としたアコード（政策協定）を政府と日銀が結び、両者が一致してリフレ政策をとることを公約に掲げて衆院総選挙に圧勝し、政権成立後に日銀への圧力をかけることは当然の成り行きとなった。

二本目の矢である「機動的な財政運営」は、財政出動を迅速にさせ、建設国債や赤字国債の大量発行を随時に行なうことにある。

安倍首相は一三年二月に「日本経済の再生に向けた緊急経済対策」一三兆一〇五四億円を一二年度補正予算として成立させ、続いて五月一五日に一三年度予算九二兆六一一五億円を成立させた。この切れ目のない一五か月予算編成で補正と本予算の総額は一〇〇兆円を超えた。一三年度予算では税収四十三・一兆円に対し、新規国債発行額は四二・九兆円であった。

三本目の矢である「成長戦略」の具体策は所信表明演説では明らかにされなかったが、四月一九日の日本記者クラブでの記者会見では、「挑戦」「海外展開」「創造」をスローガンに掲げながら、「再生医療」「雇用」「女性」をテーマにした成長戦略を発表した。

具体策としてあげられたのは、先端医療研究分野では戦略や予算配分決定権をもつ「日本版ＮＩＨ」の創設、待機児童解消、育児休業の延長、上場企業役員への女性登用を拡大などであったが、いずれもこれまでに何度か提案された新味のないものであり、成長戦略の柱としてはパンチ力が欠けるものが並んだ。

自民党も日銀法改正を視野に入れた政府・日銀との連携強化や、物価上昇率二％の目標設定(インフレターゲット)、金融緩和の追加策を求めており、金融政策に関すれば野党である民主党、日本維新の会、みんなの党も同様の歩調をとっていた。日銀法改正では、政府と中央銀行との間に政策の齟齬が生じたり、実効性が担保できないような場合に、日銀総裁を含めた役員の解任権を政府側に付与しようとすることが目論われていた。安倍首相も「日銀法改正も辞さない」との発言を繰り返し、日銀へ金融政策の転換を強く迫った。

二〇一三年（平成二五）一月二二日、安倍内閣成立後の最初の日銀金融政策決定会合では、日銀法改正を除いたほかの金融政策すべてに、安倍首相と自民党の主張を取り入れた決定を下した。決定の最大の特徴は、「物価安定目標」と「期限を定めない資産買入れ方式」の導入だ。「物価安定目標」とは、二年以内に継続的な物価上昇率を二％以上にすることでデフレ脱却を図ろうとするものであり、後者はこの目的実現の手法として一四年（平成二六）から期限を定めず毎月一三兆円程度の金融資産の買入れを行なうものだった。この決定の下に、日銀と政府は「デフレ脱却と持続的な経済成長の実現のための政府・日銀の政策連携について」の共同声明を発表する。

共同声明は政府・日銀間の合意として以下の四項目について成された。

一項目は政府と日銀が政策協定（アコード）を強化し、早期にデフレ脱却と物価安定の下での経済成長の実現に取り組むことへの確認である。二項目は日銀が行なうべき政策内容が謳われ、三項目では政府が実施すべきものとして、マクロ経済政策運営に努め、日本経済の競争力と成長力の強化に向けた具体的な取り組みを実施し、持続的な財政構造の確立するための取り組みも着実に推進するとした。四項では、経済財政諮問会議においてマクロ経済政策運営や物価安定状況、雇用・経済・財政状況、構造改革進捗状況などの検証を行なうとした。

日銀が行なうべきとされた第二項であるが、最初に日銀の義務が改めて確認された。政府の義務はほかの項でも書かれていないのに、日銀の義務だけは書き込まれたのだ。ついで、「日銀は今後、日本経済の競争力と成長力の強化に向けた幅広い主体の取り組みの進展に伴い持続可能な物価の安定と整合的な物価上昇率が高まっていくと認識している。この認識に立って日本銀行は物価安定の目標を消費者物価の前年比上昇率で二％とする」として、数値目標が書き込まれた。

そして日銀は「物価安定の目標の下、金融緩和を推進し、これをできるだけ早期に実現することを目指す」ことも約束させられた。これは当初、日銀案にあった目途と中長期という表現が曖昧だとする政府側の批判を受けて、「目標」「早期」へと修正されたものだった。

安倍首相はこの共同声明を評価して、「二％の物価安定目標を書き込んで責任を明確化させた、画期的な文書だ。マクロ経済政策のレジームチェンジが行なわれてゆく」と、今後の政策運営に自信をのぞかせた。つまり二％の物価安定目標の実現に不退転の決意を示し、目標達成へのあらゆる方策を辞さないことを表明することで「レジームチェンジ（枠組みの変更）」に対する信頼を高め、インフレは実現するだろうとの予想インフレ水準の上昇を図ったのだ。

共同声明は安倍首相と自民党公約の丸のみであったといえる。これまで自民・公明の与党ばかりではなく、野党やマスメディアも含めて、繰り返し日銀批判が行なわれてきた。白川日銀総裁はこれまで自らが実行してきた日銀金融緩和政策の正しさを訴え、あるいは政府・自民党の主張するインフレ目標（つまり物価目標）は金融政策になじまないこと、ゼロ金利政策の問題点への言及、デフレ脱却に対する政府と日銀の認識、および方法論的な相違などについて反論を繰り返してきた。

安倍内閣成立後には、政府と日銀の間で激しいデフレ論争がまきおこった。だが、白川総裁は最後までリフレ派批判を貫くも、任期満了をまたずに退任することとなった。前述（四章・小渕内閣の登場）した白川前総裁の金融論は、この退任時での敗北宣言ともいえる発言録である。

アベノミクスの定義

リフレーションとは、通貨再膨張を意味する英語である。安倍首相の唱えるデフレからの脱却と経済成長を図るポリシーミックス（複合的政策）はアベノミクスと呼ばれ、金融の量的・質的緩和によって通貨を膨張させ、いわば人為的なインフレーションを起こすことによってデフレ脱却を図る金融政策を基調としている。

　経済学では「リフレ派」として知られている。「リフレ派」とはリフレーション派の略であり、景気回復対策に通貨膨張政策を提唱する経済学派である。リフレ政策によってデフレ克服を目指す学者、政治家、評論家、エコノミスト、アナリスト、ジャーナリストなどの一群を指す。

「リフレ政策」とは、「不況下で生産活動が停滞しているとき、インフレを避けながら金利の引き下げや、財政支出の拡大などにより景気を刺激し、景気回復を図ること」（経済新語辞典／日本経済新聞社）と定義される。金融政策によるデフレ解消を理論構成の主体とし、財政政策をその補助政策としている。なぜなら、リフレ派はデフレを「マネー不足に起因する貨幣現象」と見るから、最終的には通貨・金融政策のみがデフレを解消する手段とされるからである。

　アベノミクスの提唱者の一人である岩田規久男・学習院大学教授（後に日銀副総裁）の著作を引きながら、リフレ政策としてのアベノミクスの定義を明らかにしつつ批判的検討を行ないたい。リフレ政策における金融論の主要な枠組みは次の三点にある。

　第一がインフレ・ターゲット論（インフレーション・ターゲティング／インフレ目標政策）と呼ばれる金融政策である。インフレ・ターゲット政策とは、「目標とするインフレ率とその達成時期を設定し、中央銀行がその目標インフレ率を達成するように、金融政策を運営すること」をいう（岩田規久男著『デフレの経済学』東洋経済新報社）。

　インフレ・ターゲットを設定する理由の一つは、金融政策の達成目標を数値で示せば金融政策の透明性と説得性が高まり、民間部門も投資計画や消費計画を立てやすくなること。もう一つは、資産価格の変動を抑制することが可能となる。例えばバブル崩壊後に株価の大幅な持続的下落が起き、バランスシートが悪化することでデフレ圧力となった。だが、日銀がバランスシート悪化による物価下落を予想し、金融政策を一層の緩和の方向に運営すれば、株価下落は抑制され株価の安定が図られるとした。

　岩田氏の著作『日本銀行デフレの番人』（日本経済新聞）によれば、インフレ・ターゲット政策は七つの要素から構成されるというが、以下の五点が重要であると考える。①インフレ目標である物価上昇率を数値で定め、これを中央銀行である日銀が中期的なインフレ目標として達成する義務を負うものとする　②数値目標の決定主体は政府と日銀となるが、数値目標の達成手段は日銀が決め、達成責任は日銀にある　③達成時期を明確化すること。具体的には一年半から二年程度で達成させる　④達成できなかったときには国民への明確な説明責任あるいは達成責任を負う　⑤政策実施後においても国民への約束を破らないこと。つまり一時的な経済的な混乱が起こっても、予め約束した条件を満たすように政策を修正しながら確実に実行するからである。岩田氏はこれを動学的整合性と呼んだ。

岩田氏は上記の金融政策にふれて、「インフレ目標政策は一年半から二年程度の合理的期間内に、インフレ率を目標値の範囲内に維持しようとする政策」であるから、短期的な要因である石油価格の上昇や付加価値税増税などのコスト・プッシュ型インフレの影響を考慮した、つまり金融拡張政策をとることによって生じる、インフレの昂進がもたらす生産の縮小や失業率の上昇といった事態を回避できる金融政策であるとした。そのうえで「中央銀行が目標達成に対して厳しい責任を負わない限り、中央銀行の金融政策は市場から信頼されない」と述べ、インフレ目標を達成し得なかった場合に言い逃れをすることを自ら禁じても見せた。

リフレ政策の二点目の柱がマネーの大量供給、つまりマネタリーベースの拡大だ。実際のインフレ率を二％引き上げるには、中期的な予想インフレ率を二％引き上げなくてはならず、そのために必要なマネタリーベース残高を二一一兆円と岩田氏は推定している。マネタリーベースと予想インフレ率との関係から岩田氏が導き出した数字である。マネタリーベースの拡大に用いられる最も適切な手段が国債購入であるとしている。この政策を岩田氏はマネタリーベース・ターゲティングと呼んでいる。日銀の金融市場調節の操作目標を金利から貨幣供給量に変えることが重要とした。

インフレ目標（予想インフレ率）の設定とマネタリーベースの拡大がどのようにして経済成長を促すのか、そのメカニズムを岩田氏は次のように説明する。

マネタリーベースの拡大は過去の経験則から予想インフレ率が上昇する。予想インフレ率の上昇によって外国為替市場や株式市場が反応するが、外国為替市場における効果では、日米金利差と日米予想インフレ率差の過去のデータから、日本のインフレ予想率の上昇は円安・ドル高をもたらすことがわかるという。円安になると輸出が増え、自動車産業や電気機器産業などの輸出産業の設備投資の増大と、非製造業への需要拡大へと波及し総需要は増加する。総需要の増加は生産の増大につながることで国内総生産は増加する。そして国内総生産が増加すれば雇用も増加する。

株式市場における予想インフレ率の上昇効果も高くなる。予想インフレ率の上昇は円安と輸出の増加となるが、輸出産業の利益の増加予想は株式投資家が株式投資する誘因となって輸出産業の株価は上昇する。株価の上昇は株主資本による資金調達力を高めるので、設備投資に有利となる。さらに株価上昇は、企業の純資産価値を増大させるというバランスシートの改善効果もある。債券市場での予想インフレ率の上昇がもたらす効果も上げた。

この説明には大きな疑問が残る。円安誘導による輸出促進は戦後の経済成長を支えた経済政策の主流とされてきたものであり、新たな経済理論の衣装を纏っていても旧態依然とした経済政策でしかない。現代日本の苦境は、戦後日本を支えた経済環境の変化がもたらしたものである以上、経済理論も経済政策も転換しなければならない。円高は我が国への信認が裏打ちされたものであり、その信認が崩れれば国債の消化も結果的に困難となって、予算編成ができないばかりかアベノミクス自体が崩壊しよう。

岩田氏は、予想インフレ率が上昇すると予想実質金利は低下することをデータで示し、予想実質金利の低下によって設備投資の増加を証明して見せた。もちろんこの実証は短期的なデータに基づいた証明であって、長期的には予想インフレ率の上昇がなかったことは四年後となった現在においては自明のこととなった。

リフレ政策の第三の柱は「予想インフレ率」、言い換えるならば「インフレ期待」である。国民心理にインフレが起こるぞという期待を膨らますことによって、国民が期待に沿う行動をとることになり、この行動が新しい期待やコンセンサスを形成し、さらなる行動を呼び起こすことでやがて期待は実現化してゆくとする説である。おそらく合理的期待仮説の準用だと考える。

インフレ期待＝物価高は、国民に貯蓄よりも消費活動を選択させ、企業の投資活動も積極的になっていくメカニズムは前述したが、メカニズムが期待どおりに動くかは、やはり国民心理の動向如何なのである。国民心理はリフレ政策が期待したようには動かなかったが、やはり合理的なコンセンサスと良識を示した。それは将来の生活不安が重くのしかかっていれば、日銀がマネタリーベースを増やしたからといって、貯蓄より消費を選択するなどあり得ないのであった。

動き出したリフレ派の金融政策

二〇一三年（平成二五）三月二〇日、白川日銀総裁の後任として黒田東彦・元アジア開発銀行総裁が就任した。副総裁には岩田規久夫学習院大学教授、日銀内から国際担当理事の中曽宏氏が就任した。黒田総裁、岩田副総裁ともにリフレ派論者として知られ、中曾副総裁もアベノミクス肯定派である。

インフレ・ターゲット論の経済学上の本来の意味は、物価目標をインフレ目標より下方に誘導し、インフレを抑制することにある。歴史的にもインフレ・ターゲットを導入した国々（ニュージーランド・カナダ・イギリス・スウェーデン・オーストラリア・韓国など）は、通貨基金や金融危機に見舞われた際にインフレ抑制を目的に採用されている。

だが我が国における使用法は、政府及び中央銀行が物価上昇目標（インフレ・ターゲット）を定め、物価がその上昇目標に達し、且つ一定期間の安定的な物価水準を維持するまで金融緩和策を続け、そのための経済政策手段を集中動員するという世界に前例のないものだった。世界とは逆のインフレ・ターゲット政策への批判に対して岩田氏は、「批判は前例のないことはやらないという前例主義にすぎず、批判に値するほどの批判になっていない」（前掲書『デフレの経済学』）と切って捨てた。

インフレ・ターゲット政策は、いわば人為的にインフレを起こさせ、物価を上昇させることで景気回復を図ろうとするものであり、この究極の政策が黒田日銀総裁の提唱する「異次元緩和」である。アベノミクスの第一矢である「大胆な金融政策」の核心とされていた。

「異次元緩和」策は黒田総裁就任後、初めてとなる四月四日、金融政策決定会合において決定された次の四政策を指す。

①量的・質的ともに次元のちがう金融緩和を実施

物価目標を二％上昇におき、二年を念頭に早期に実施。

マネタリーベース及び長期国債、ＥＴＦ（上場投資信託）の保有額を二年間で倍増。

②金融市場調節の操作目標を、無担保コール翌日物金利（市中金融機関の一時的な支払準備を調整する市場での金利）からマネタリーベースに変更。

一二年末に一三八兆円あった資金供給量を、一四年末には二七〇兆円に増大する。

③長期国債の保有残高を年間五〇兆円のペースで増加。

一二年末の約九〇兆円から十三年末には一四〇兆円。一四年末には一九〇兆円に増やす。

不動産投資信託（ＲＥＩＴ）、上場投資信託（ＥＴＦ）などリスク資産を買い増しする。

④「資産買い入れ基金」を廃止

政府の財政規律の確保を踏まえ銀行券ルールを一時停止。

上記の四政策はまさにアベノミクスの第一の矢といえる金融政策の大転換であり、従来の量的緩和策の枠を超える「異次元緩和」の名にふさわしい量的・質的緩和策と言えた。アベノミクスはこれまでの金融政策を中途半端なものと断じ、さらなる徹底的の金融緩和をもってデフレに臨もうとする金融政策であった。

四政策について補足をしておきたい。まず①及び③についてであるが、日本銀行は財政法によって国債の直接引き受けが禁じられている。従って、マネタリーベースの拡大は、民間金融機関が保有する国債を日銀が購入する代金の支払いの形で行なわれる。

日銀はこの一〇年間で通貨供給量をおよそ一四〇兆円も増加させてきた。だがモノ、サービスの価格である物価は上昇せず、デフレ脱却はできていない。なぜならば、市場に供給された通貨が実体経済への設備投資としてではなく、企業利益の蓄積である預貯金として内部留保され、あるいは金融市場での投機に費やされているからだ。しかも企業内においては、従業員の賃上げさえも抑圧してきた。経済成長に安定的な雇用と賃金水準の確保が不可欠であることはいうまでもない。

そこで、さらなるマネタリーベースの拡大につなげるため、ＥＴＦ（上場投資信託）、Ｊ―ＲＥＩＴ（不動産信託）というリスク性資産の購入を倍増させた。ＥＴＦは年間五〇〇〇億円から一兆円に、さらには一四年には三兆円、一六年（平成二八）には六兆円にまで膨れ上がった。Ｊ―ＲＥＩＴは年間一〇〇億円から三〇〇億円に増額されたが、一五年（平成二七）には九二一億円もの買い入れとなった。

②の金利市場調節の変更は、これまでの伝統的金融政策である短期金利の操作（誘導金利としての「無担保コール翌日物金利」）では、ゼロ金利の下では金利引き下げによる需給調整メカニズムが機能しないため（これを『流動性の罠』という）、資金供給量の操作に政策の比重をかけたものだ。（３）はマネタリーベースの増加を図る手段として長期国債の購入額をほぼ倍加させるもの。これによって長期金利の低下も図れることになる。（４）日銀は二〇一〇年（平成二二）の包括的金融緩和政策の一環として、国債やリスク資産の購入は「資産買入れ基金」を通じて行ってきたが、これを廃止することで基金の上限枠にとらわれずに国債・リスク資産の購入ができることになった。大量の国債購入は、日銀の保有する国債が市中に出回っている銀行券の額を上回らないとする銀行券ルール（日銀の自主ルール）に抵触する恐れが高まるのでこれを停止させた。

安倍新政権の登場を市場はすかさず好感をもって反応し、二月には円相場は対ドルで一ドル＝九四円台にまで下落し二〇一〇年五月以来の円安となった。日経平均株価は一三年（平成二五）三月には一万二〇〇〇円を超え、五月には五年五カ月ぶりに一万五〇〇〇円台に達した。一二年一一月には平均株価が九〇〇〇円前後だったことからすれば実に六〇％以上の上昇となる。アベノミクスは当面ではあるがインフレ予想を生み出したことで、デフレ脱却と経済成長政策への期待を抱かせることに、まずもって見事に成功した。

だが政策とは、「異次元」だったり、あるいはパラダイムの変換に伴う創造的なものであったとしても、政策が実行性をもち、デフレ脱却を実現させ、且つ日本経済を成長軌道に乗せられるか否かは別問題である。問われているのは経済理論ではなく、政策の実現可能性だからだ。この視点から「異次元緩和」をどのように捉えるべきなのか、その成否・実現可能性はあるのか、あるいは国民のための政策となりうるのかを考えるうえで、次の三つの視点を提示しておきたい。

第一の視点は政府・日銀の金融政策への信認度が得られているのかが問われることだ。「時間軸政策」あるいは「インフレ予想水準」といい換えても、ともにいかにも学問的な科学的根拠のある経済用語として捉えられている。しかし、この用語には何の実体もない。要は「一〇〇万遍の念仏を唱えれば救われる」の類の言葉でしかないのだ。政府と日銀の「インフレ予想水準を実現するまであらゆる方策を尽くす」という言葉が機能するには、政府と日銀への信認が不可欠となる。信認があれば企業・国民は必ず動く。逆に信認がなければ動かない。

二〇一五年（平成二七）三月の日銀短観では、大企業製造業の業況判断指数（ＤＩ）は、前回（一四年一二月）に続いて横ばいとなっている。大手の新聞各紙（朝日、読売、毎日、日経）も原因について、「内需低迷　個人消費を中心に」、「円安による輸出増の効果は一時的」、あるいは「消費税増税後、国内販売の落ち込みが続く」などの記事を掲載し、日本経済の本格的な回復に企業は自信をもっていないことを指摘した。企業も様子見なのだ。公約の言葉だけで設備投資に動くほど企業は甘くない。

企業が将来展望に自信がもてないとするならば、それは公約への、ひいては政府・日銀への不信と同義語である。企業は今後の設備投資や賃上げに慎重となり、景気浮揚は困難になる可能性が高くなる。長引くデフレからの脱却は喫緊の課題であり、物価安定目標であるできるだけ早期な実現は、安倍首相の所信表明演説でも述べられた。デフレからの脱却は長期間かけて実施するものではなく、まさに迅速さが求められている。

黒田日銀総裁が金融政策決定会合後の記者会見で、達成期間は二年と期間を区切ったことはその証左である。岩田副総裁が教授時代に再三にわたり述べてきたように、達成期間二年は目途ではなく理論上の数値であり、これが破られることは理論的破綻を意味した。しかも、日本経済が安定成長の軌道に乗るまで財政出動を無制限に実施するとなれば、国債の消化能力からしても短期決戦しかあり得ない。企業マインドの高揚を短期に如何に図るかは、政府・日銀への信認を如何に図るかと同様の意味をもつこととなろう。政府・日銀にとっても残された時間は少ない。

視点の第二は、リフレ派が長年の経済論争を打ち切れるか否かだ。リフレ政策に対してはこれまで多くの批判があり、日本のみならず、世界の中でも反リフレ派との経済論戦に決着がついていない。対立の背景にあるのは政治イデオロギーだ。リフレ派には、新自由主義者が多くを占めている。政策論争は常にイデオロギー論争となって不毛な対立を生んできた。

新自由主義は、行政組織論としては小さな政府論にたち、政策制度としては反福祉、社会保障削減、消費増税もしくは国民課税の強化、反累進課税（フラット課税）、キャピタルゲイン課税（有価証券の売買益に対する課税）反対、法人税減税、トリクルダウン理論などを唱えてきた。まさに富裕層優遇策のオンパレードであり、貧困・格差問題への言及は理論的にも存在しない。

これまで国民的合意として維持されてきた国民福祉の向上が財政・租税の目的であるとする福祉国家論は風前の灯火となっている。グローバル化による市場主義の浸透を阻止できるのは唯一、財政によるマクロ経済政策のみなのだ。

トリクルダウン理論とは、涙の雫理論やおこぼれ効果と呼ばれ、規制がない自由市場におけるグローバル企業や、経済エリートたちによる自由闊達な経済行為のみが経済成長をもたらす最大の要因であり、その成長の恵みがやがて滴り落ちて、経済下層も恩恵に預かることが可能になるという理論である。

新自由主義とは、経済エリート達が自らの力や能力を讃美する、経済エリートのための経済理論といえる。従って、所得税の累進課税による経済的弱者への所得再分配政策や、経済強者・富裕層への課税強化は反対であるし、ましてや経済的弱者を救済する福祉政策はとんでもない誤った経済政策となる。しかし、富裕層から低所得層への、あるいは豊かな都市圏から周辺地方圏へのトリクルダウンは日本国内ばかりか世界のどこにも見い出せられることはなかった。トリクルダウン理論は、海外ではすでに誤謬《ごびゅう》の理論と見なされている。

新自由主義者である安倍首相は、黒田日銀総裁と岩田副総裁を就任させたことで、政府・日銀のトップにリフレ派が座った。もはやリフレ政策の実践を阻止するものが見あたらないのが実状である。

つまり、リフレ派の主張する経済理論及び政策を実施し、その効用を実証するならば、これまでの神学論争を終結させ、無意味にすることが可能になる。実証すべき論点は、国債は無制限に発行可能か、いい換えれば国債発行によって実体経済を永続的に成長させることは可能なのか。次にハイパーインフレーションを起こさずに金融緩和策が物価をコントロールできるのか。また、無制限な国債発行は財政破綻をひき起こし国家をデフォルトさせることはないのかなどがあげられよう。

視点の第三は、歴代政権の経済政策との類似性を比較検証することの重要性である。歴代政府は、財政再建と経済成長という異なるベクトルの政策を同時に追求してきた。この政策の両立は歴代の政府が挑戦し、且つ敗北してきた歴史であった。国債の野放図な発行抑制するとして、財政規律を求めプライマリーバランス（基礎的財政収支）を導入、その実行手段として大衆増税と法人税減税、および社会保障削減を求めてきた。その一方で、経済成長策として大量の国債増発と公共投資の増大化がある。しかし、時の政府がいずれかの政策を選択しようとも国民負担だけが増大してゆく構図は変わらなかった。歴代首相の中では唯一小渕元首相だけが、「二兎を追うもの一兎をも得ず」として、財政再建を放棄、経済回復路線を走った。

アベノミクスは一兎を求める政策範疇にはいるといってよい。異次元緩和なる超金融緩和策をとりながら、財政規律を求める立場からプライマリーバランスの重要性をも訴えてきたことから、二兎を追う政策範疇かと思はれるが、プライマリーバランス回復への熱意はさほど感じられず、一五年の時点においてすでにその目標達成は困難視されていた。その理由はプライマリーバランスを実現させるいくつかの前提条件が実行不可能なことにある。その一つが経済成長率の過大な見積もりである。

財政諮問会議がまとめた『財政健全化計画基本方針』では、経済成長率を名目三％、実質二％の達成を前提として、一八年度までにプライマリーバランスの赤字額をGDPの一％前後（五兆円前後）にまで縮小、二〇年度までに黒字化させる目標だ。だが、日本の経済成長率は過去一五年間では一・八％が最高値なのである。市場予想である一％前後の伸び率だと、二〇年度のプライマリーバランスの赤字は一六・四兆円に上るとの指摘がある。

一三年五月二七日に財政制度等審議会（吉川洋会長／東京大学教授）は、「一刻も早く財政健全化を進めることが必要」との報告書を麻生副総理・財務相に提出した。報告書では、プライマリーバランスを一〇年度対比で一五年度に半減させるために、消費税を一五年度に一〇％にまで引き上げるとともに、一五兆円規模の財政収支の改善が必要として社会保障費のさらなる効率化を政府に求めた。

政府はさらなる社会保障費の削減に迫られることになるが、医療、年金、介護費用の削減は国民の将来への不安を呼び起こし、消費購買力を弱めデフレ化を促す要因ともなる。新政権発足直後のこの提言は、そもそも実行可能性があるとはいえず、以上の理由からプライマリーバランスの黒字化はアベノミクスでは第一義的なものと捉えられていないと考えられる。とはいえ、短期間のうちに成果が得られなければいずれ財政の健全化は避けて通れない課題となる。漫然と財政出動を続けることはできないからだ。

しかも、国債発行についても市場の懸念材料は解消されていない。財政規律が緩むことで長期金利が高騰し、やがて財政破綻する最悪シナリオである。安倍首相はその就任以前から「建設国債は日銀に全部引き受けてもらう」などの財政法を無視した発言が目立った。

　財政法五条によって赤字国債の発行は制限されているが、建設国債も国の借金（公債残高）であり、両者は原則と例外という形式的な区分にすぎない。しかし、建設国債を日銀が直接「引き受け」すれば、政府の財政赤字を「財政ファイナンス」（赤字の穴埋め）することになる。

　現在、日銀の国債買い取りは、国債市場において一定期間を経過した国債を買い入れているが、市場で買おうと「直接引き受け」だろうが、国家財政うえでのちがいはない。つまり、財政ファイナンスは事実上行なわれているのだが、日銀が市場で国債を調達することでわずかに市場からの信用が得られている。この信用を失えば、国債の引き受け手は日銀のみとなってしまう。これが財政破綻である。市場からの信用は市場にしか存在しない。市場で国債を購入するというわずかな財政規律だけが日本経済の命綱となってしまっている。

　つまりは、アベノミクスも歴代政府が直面した課題に突き当り、やがて歴代政府と同様の途を辿らざるを得ないのではないかという疑問が生じる。財政再建か景気回復かどちらを優先させるのか、あるいは二兎を追うのか、いずれにしても小泉内閣と安倍内閣が我が国の直面する課題を共通に抱えるのならば、その対策も同様のものになる可能性は否定できない。小泉内閣が累積する赤字国債に対して財政・構造改革を打ち出し、財政再建を目指して国庫補助と地方交付税交付金の削減を主眼とした平成の大合併を促進したことが、安倍内閣の下で起こらないとは誰も断言できないのだ。

　合併に至らずとも国庫補助・地方交付税交付金の削減は、早晩にも政策日程に上りうる。政策の歴史的分析・検証によって政策の差異性と近似性の確認作業を怠ることはできない。といっても、一市井の民間人が現代の経済学を独学で学ぶことは不可能に近い。また金融財政政策をはじめとする政府・日銀の施策もおびただしく変遷し、時系列的に理解するだけでも甚だしい困難がつきまとう。だが、よき読者がよき出版文化を支え、よき出版文化がよき作者と作品を生み出すように、我々国民も政策制度のよき読者であれば、やがて国民に優しいよき政策が必ず生まれると信ずる。

アベノミクスの変遷

大胆な金融政策の転換とは一体どのようなものであったのか。アベノミクス論者である岩田規久男・学習院大学教授（後に日銀副総裁）の主著『リフレは正しい』（PHP研究所・二〇一三年刊）によって語らせたい。

　まず岩田氏は、安倍内閣発足前後から『リフレは正しい』執筆時である二〇一三年（平成二五）二月末まで約三か月間の経済効果を手放しで礼賛し、以下この様に書いている。政権発足前に「大胆な金融政策」を日銀にもとめた一二年（平成二四）一一月一五日の前日の日経平均株価は八六六四・七三円だったが、発言以降株価は一本調子で上がり始め、一三年二月二五日には一万一六六二・五二円となった。円ドルレートは一ドル＝七九・九一円だったものが同時期には九四・一四円と一五％もの円安となった。

この株高と円安をもたらしたのは市場の投資家たちが、日銀のこれまでとは次元の異なる金融緩和策に期待したからだ。この期待の変化は、国債の名目金利、予想インフレ率、予想実質金利の表れているとして、図表によって変化の推移を説明した。国債の名目金利は大きく低下、中でも満期二年物の名目金利は五五％の低下を見ている。市場では今後三年間の平均インフレ率を〇・九七％と予想していることから、予想インフレ率は一四七％の上昇に相当するとした。そしてこの数値上の劇的な改善を〝安倍ショック〟と名づけ、「安倍ショックの金利引き下げと予想インフレ率引き上げ効果は絶大です」と述べるなど、三か月間の経済効果を絶賛している。

アベノミクスは岩田副総裁が述べるように、順調に船出したかに見えた。だが、すぐに暗転する。その契機となったのが一三年一〇月一日の安倍首相による消費税増税方針の発表だった。同時に総額五兆円超の経済対策も発表された。逆説的にいえば、これは消費税増税がもたらす危険性の大きさへの懸念ともいえた。

消費増税そのものはすでに、消費税増税関連八法案「社会保障の安定財源の確保等を図る税制の抜本的な改革を行うための消費税法等の一部を改正する等の法律案」として、一二年八月一〇日に野田佳彦首相（民主党政権）の下に成立していた。法案成立によって現行五％の消費税率は、一四年四月に八％、翌一五年一〇月には一〇％へと引き上げられることが決定された。だが、これには重要な伏線があった。消費増税の施行については厳格な要件が付されていたのだ。これが附則第18条である。その全文を記載しておく。

「消費税率の引き上げに当たっての措置（附則第18条）」（全文）

消費税率の引き上げにあたっては、経済状況を好転させることを条件として実施するため、物価が持続的に下落する状況からの脱却及び経済の活性化に向けて、平成23年度から平成32年度までの平均において名目の経済成長率で3％程度且つ実質の経済成長率で2％程度を目指した望ましい経済成長の在り方に早期に近づけるための総合的な施策の実施その他の必要な措置を講ずる。

2　税制の抜本的な改革の実施により、財政による機動的対応が可能となる中で、我が国経済の需要と供給の状況、消費税率の引き上げによる経済への影響等を踏まえ、成長戦略並びに事前防災及び減災等に資する分野に資金を重点的に配分することなど、我が国経済の成長等に向けた施策を検討する。
3　この法律の公布後、消費税率の引き上げに当たっての経済状況の判断を行なうとともに、経済財政状況の激変にも柔軟に対応する観点から、第2条及び第3条に規定する消費税率の引き上げに係る改正規定のそれぞれの施行前に、経済状況の好転について、名目及び実質の経済成長率、物価動向等、種々の経済指標を確認し、前2項の措置を踏まえつつ、経済状況等を総合的に勘案したうえで、その施行の停止を含め所要の措置を講ずる。

一四年四月の消費増税は、経済状況の好転をもって実施されることが条件とされ、その条件を満たすため経済成長率や物価動向などの経済状況の確認を求めていた。一三年一〇月の安倍首相の唐突な消費税増税宣言は、上記の要件が満たされていたのだろうか。

附則第18条第3項が求める名目及び実質経済成長率や物価動向などの確認とは、少なくとも暦年、もしくは年度における平均成長率及び物価が上昇していることをデータ上で裏づけたものでなければならないはずだ。しかし、安倍首相によって消費税増税が実施できると示された経済指標は、二〇一三年第2四半期（四～六月期）のものであった。わずか三か月間の経済指標の上昇をもって二〇年に及ぶデフレ不況が脱却されたと判断され、消費税増税は実施されたのだ。

なぜこの時期なのかといえば、二〇一三年第2四半期は、一二年度補正予算と一三年度予算として一五か月予算の総額一〇〇兆円超が成立・執行された時期であり、この期の経済指標は必ず上昇するからである。いい換えれば、第3四半期以降では経済成長や物価上昇が危ぶまれたからであり、消費税の増税にはこの時期しかなかったのだといえよう。

明白な法律違反を犯してまで成立させた消費税増税は、我が国の経済に大きな打撃を加え、政府と日銀の公約である一五年度におけるデフレ脱却は困難となった。

アベノミクスはおそらくこの時期に、だが確実に失敗となった。アベノミクス推進派である経済学者やエコノミストのほとんどが消費税増税に反対であるにもかかわらず、アベノミクスの行方を左右する恐れのある危険な賭けともいえる消費税増税をなぜ実施したのか。諸説は多々あるも真相は今もって大きな謎となっている。

消費税はやはり魔物だった

二〇一三年（平成二五）度の経済成長率は増加した。GDP（国内総生産）の実質成長率は一一年度の〇・三％、一二年度の〇・七％増から、一三年度は二・三％の上昇に達した。項目別では民間需要が二・二％、公的需要は四・

二％の伸びとなった。

財貨・サービスの純輸出はマイナスであったから成長率は公的需要が牽引したが、民間需要も大きく改善されてきたと解される。だが、一三年度を四半期ごとに見ると様相はガラリと変わる。岩田規久男教授が礼賛した一二年度第4四半期（一三年一月〜三月）以降、つまり一三年度第1四半期から第4四半期（一三年四月〜一四年四月）までを内閣府『四半期別GDP速報』によって見てゆく。

一三年（平成二五）度第1四半期（四〜六月）のGDP成長率は〇・九％増加し、第2四半期（七〜九月）は〇・四％となり、第3四半期（一〇〜一二月）には〇・〇％にまで落ち込んだ。

それが一三年度の第4四半期（一四年一〜四月）の伸び率は一・五％、年率換算では六％の成長率を示したのだ。第4四半期の内訳を見ると、民間需要が二・四％増加している。公的需要がマイナス〇・六％、財貨・サービスの純輸出（輸出から輸入を控除したもの）はマイナス〇・二％だから、GDPの伸びは民間需要が支えたのだ。中でも民間企業設備は七・七％もの増加となった。財貨・サービスの部門でも純輸出はマイナスであったが、輸出・輸入ともに六％超の伸び率となった。

この要因となったのは、一四年四月に消費増税の実施が予定されており、増税前の駆け込み需要が生じたことが、第4四半期のGDPの伸びにつながったのだ。一三年度の経済成長は、アベノミクスへの期待による前半と、アベノミクスの経済効果ではない駆け込み需要による後半部分によって支えられたものと解される。政策効果はタイムラグをおいて生じるのであるから、一三年度の経済成長には、アベノミクスの経済効果の貢献はまったくなかったといってよい。

消費増税実施後の日本経済は激しい民間需要の低迷に襲われた。一四年四月〜六月（第1四半期）の成長率はマイナス一・七％、年率換算では六・八％もの減少となった。中でも民間需要はマイナス三・七％（年率換算では一三・九％のマイナス）となった。民間需要を項目別に見ると、民間最終消費支出がマイナス五・〇％（同マイナス一八・七％）、民間住宅マイナス一〇・三％（同マイナス三五・三％）、民間企業設備マイナス二・五％（同マイナス九・七％）と、大幅な需要減少となった。

日本経済が消費税増税によるマイナスの影響を克服する兆候を見せ始めたのは、二〇一五年（平成二七）の初頭となった。内閣府が五月に発表した一五年一〜三月期のGDP速報値は、前期比〇・六％増、年率換算では二・四％増となった。設備投資や個人消費がプラスに転じたが伸び率は小幅であり、GDPの六割を占める個人消費は前期比〇・四％増となったがほぼ横ばいだった。住宅投資は一・八％増で、消費税増税後初めてプラスに転じた。ただ、駆け込み需要の反動減少の回復にはほど遠い状況である。

ＧＤＰを押し上げた最大の要因は、民間在庫投資の増加となっており、個人消費のもち直しは依然弱いままとなっている。理由は実質賃金のマイナスが続いているためだ。サラリーマンや公務員などが受け取る給与・報酬の総額である雇用者報酬は、実質賃金で〇・六％減少となった。甘利明・経済財政担当相（当時）は発表後の記者会見で「物価の上昇を賃金上昇が超えていく過程にある」と述べ、政府が経済界に要請している賃上げ実施による個人消費回復に期待をつなげた。

だが、甘利明担当相の期待に反して一五年度、一六年と日本経済は漂流を続けた。一五年八月に内閣府が公表した四～六月期ＧＤＰ速報値（一次速報値）では、実質マイナス〇・四％と3四半期ぶりにマイナス成長となった。

落ち込みが大きかったのは、内需では民間最終消費支出の〇・八％減、外需では輸出がマイナス四・四％、輸入が二・六％のマイナスとなった。日本経済のマイナス成長は一五年一〇～一二月期まで続き、プラスに転じたのは一六年一～三月期に3四半期ぶりに〇・六％増となった。だが、一六年四～六月期は〇・四％、七～九月期〇・三％、そして一〇～一二月期は〇・二％とほぼゼロ成長であった。

二〇一六年六月一日、安倍首相は国内消費の低迷と国民世論の批判の高まりを考慮して、一七年（平成二九）四月に延期されていた消費税八％から一〇％への増税を、二〇一九年一〇月まで二年半再延期することを表明した。やはり消費税は魔物であった。

マイナス金利の導入と揺れる金融緩和策

日本銀行が史上に例を見ない大規模な金融緩和策の開始から約三年が経った。二〇一六年（平成二八）一月二九日、日銀の金融政策決定会合はマイナス金利政策の導入を決めた。黒田日銀総裁は二月二一日の記者会見で、「年初から原油価格の下落が続き、中国その他の新興国、資源国の経済の不透明感が高まるなか、世界的に株価や為替の変動が続いていたというのが、導入を決めたころの状況でした。人々のデフレマインドの転換が遅れるリスクが高まっていた」として、導入の背景を対外的要因に求めた。

マイナス金利とは、民間銀行が日銀に預けている「当座預金」の金利をマイナスにする政策をいう。当座預金は金融機関同士の決済や現金の支払い準備の機能を有し、日銀は当座預金の金利を調整することで金融政策を行ってきた。当座預金の残高は一六年二月現在で二五九兆円。これまではこの残高の大半に〇・一％の金利がついていたが、今後は当座預金残高は三つに区分され、金利はそれぞれ〇・一％、〇％、マイナス〇・一％となる。

マイナス金利となるのは、新設された政策金利残高である二月一六日以降の残高である。金融機関への手数料に近いものとなる。民間金融機関は金利で損するより、企業や個人への貸し出しや投資を増やすことで、最終的には物価や賃金が上がり、景気が回復してゆくということが日銀の期待だ。

この政策効果を黒田日銀総裁は次のように述べた。

「イールドカーブ（利回り曲線）の起点を引き下げるとともに、従来の大量の国債買入れを続けることで、短期から長期まで金利の水準全体を引き下げることです。狙い通り、企業向け貸し出しの基準となる金利や住宅ローンの金利が下がっています。これから、設備投資や住宅投資が増え、経済にプラスの影響が出てくると考えます」（朝日新聞二〇一六年二月二四日付特別インタビュー）。

はたしてそうであろうか。個人の銀行預貯金にマイナス金利の適用はないとはいえ、預金金利の水準は、国債売買における金融市場の金利水準の目安とされ、事実上連動している。市場金利を反映して個人向け預金金利が下がる可能性は否定できない。導入決定後の二月一日、横浜銀行と八十二銀行（長野市）は早くも一年以下の定期預金金利を引き下げ、ソニー銀行は普通預金金利を引き下げた。さらに、メガバンクである三井住友銀行、みずほ銀行、三菱東京ＵＦＪ銀行、ゆうちょ銀行も二月末には普通預金金利を引き下げたほか、現金自動預け払い機（ＡＴＭ）手数料の値上げや、大手企業向けに口座手数料の新設や維持手数料を課すなどを検討中であるとの報道もされた。

日銀の当座預金金利がマイナスになることで高まる預金者の不満や将来不安、現金預貯金へのシフトによる生活防衛、投資や消費への慎重姿勢、新政策の公表後も進む円高や株安といったリスク要因に対して、黒田総裁は「そういう懸念は持っていない。いろいろな意見が出ていることは承知している。預金金利は非常に低い水準にあり、それが少し引き下げられたということ。これに比べ住宅ローンの貸出金利の低下の方が経済全体への影響が大きく、家計にとってもプラスになる。企業向け貸し出しは伸びており、今後も前向きな効果が出るとみている」（朝日新聞一六年二月二四日付特別インタビュー）として懸念を一蹴した。

だが、近時では住宅ローンを設定できる者は富裕層を中心とした限られた層であり、国民の不安に正直に向き合った説明とはなっていないことは明白である。

さらに黒田総裁は、預金金利がマイナスになる可能性は否定せず、今後についても「さらなる引き下げの余地は十分にある。（政策が失敗したかについての質問に回答して）そのような指摘をする一部の専門家いるかもしれないが、ほとんどはそうした見方ではないし、私自身も失敗したと全く考えていない」（朝日新聞一六年二月二四日付特別インタビュー）として、新政策の効果を強調した。

現実の世界は学問や科学のもつ精緻な理論を裏切ることが往々にしてあるものだが、この度の新政策（マイナス金利の導入）も日銀の思惑とはちがう途を辿った。

マイナス金利の導入から一か月以上たった三月以降の新聞各紙にはこのような見出しで飾られた。

『日銀　金融政策を維持／景気認識は下方修正』（読売新聞三月一五日）、『新興国減速　国内に影』（読売新聞・三月一六日）、『波及効果「時間かかる」／家計に副作用も』（毎日新聞・三月一六日）、『量的緩和拡大も提案、議論はせず／日銀　マイナス金利決定の1月会合』（朝日新聞・三月一九日）、『短観悪化　3つの要因／円高　新興国の減速　消費低迷』（読売新聞・四月二日）、『マイナス金利不安／「タンス預金」拡大』（産経新聞・四月六日）。

世界経済が減速し出していた。原因は原油価格の下落と中国経済の減速だ。原油は株式や債権と並んで国際金融商品として投資対象となっていた。リーマンショック後のFRB（米国連邦準備制度理事会）による量的緩和に始まった世界各国の金融緩和策は、原油高価格を支えていた。それが一変したのはアメリカのシェール革命による石油供給のだぶつきと、アメリカの景気回復により一四年一〇月に米国量的緩和が終了したことで原油価格は下落し始めた。

油価下落は中東産油国やロシアばかりか、ブラジルなどの中南米資源国経済も打撃した。毀損したのは実体経済ばかりではない。オイルマネーは国際金融市場で運用されてきたが、油価下落による財政悪化によってオイルマネーが産油国に引き揚げられた結果、世界の株式市場の下落を誘発し出したのだ。

つけ加わったのが中国経済減速の顕在化だ。中国のGNP成長率は一五年に前年比六・九％となって七％を下回り、二五年ぶりの低成長となった。一六年はさらに下回ると予測されていた。

中国は一〇年にGNPで日本を抜いて世界第二位の経済大国となったが、その実体はヴェールに包まれたままである。〇九年三月、「全国人民代表大会」（全人代）は今後の同国の経済成長率を「八％前後」と決定した。一三億人の人口を抱えた発展途上国である中国の雇用維持、社会安定を図るために絶対的に守るべき数値目標として「保八」と呼ばれた。

一二年一一月、政権は胡錦濤から習近平体制へと変わり、目標経済成長率は「保八」から「保七」になって七％前後の成長確保が新基準となりつつある。中国経済の実態がつかめない中、中国経済減速の様相も不透明であることが、世界大不況の引き金になるのではないかとの懸念が強まっていた。

国際石油市場は、一六年に入っても原油価格の下落に伴う需給アンバランスは解消せず、産油国・資源国、あるいは新興国の経済的苦境と、中国経済低迷の着地点が見えない不透明感といった世界経済リスクが連鎖する危険性をはらんでいた。一五年一二月にはFRBの利上げによって、一五年前半に一バレル＝六〇ドル前後を示していた原油価格は同三〇ドル台にまで下落していた。

世界経済の減速リスクに日本も無縁ではあり得なかった。一六年三月二三日に発表された政府の月例報告では、景気判断が五か月ぶりに下方修正された。日銀の景気認識も同様であり、中国経済の減速が原油・資源価格の下落を通じて新興国経済も減速させ、その悪影響が国内景気を下押しするリスクに警戒感を強めていた。

四月一日の日銀短観によれば、大企業・製造業の景況感はアベノミクスが始動した一三年六月の水準にまで悪化したという。業況判断指数（DI）は前回（一五年一二月）に比べ、自動車は六ポイント悪化し、電気機械・生産用機械は一〇ポイントの悪化、鉄鋼に至っては二二ポイントも悪化していた。

かような閉塞感や不透明感、不安感といった方向性が定まらないことによる漠然とした恐れの社会的心理は国民だけにとどまらず、マイナス金利を決めた日銀政策決定会合（一六年一月二九日）にも反映されていた。

マイナス金利は政策委員九人のうち、賛成五人に反対四人として可決されたが、提案者となる正副総裁三人を除けば、過半の政策委員は反対票を投じていたのだ。前述した三月一九日付け朝日新聞の見出し『量的緩和拡大も提案、議論はせず／日銀　マイナス金利決定の1月会合』は、決定当日の議事要旨を報道したものであるが、それによれば日銀執行部はマイナス金利政策のほかに量的緩和拡大策も提案していたが、政策委員の論議はマイナス金利政策の是非に議論が集中し、ほかの量的緩和政策についてはまったく論議されなかったという。黒田日銀総裁の「さらなる引き下げの余地はある」との強気の発言とは異なり、日銀政策決定会合はマイナス金利政策の効果に万全の自信をもち切れていなかったことが伺われる。

マイナス金利政策導入から八か月後となる一六年九月二一日の日銀金融政策決定会合では、マイナス金利政策の修正が決定された。「デフレはマネー不足に起因する貨幣現象」だから、市場に大量のお金を流せば物価は上がるとしてきたこれまでの説明を一転させ、金融緩和の手段としてマネタリーベースの拡大から長期金利の操作に変えたのだ。つまり新たに長期金利目標を「ゼロ％程度」と設定し、金利の急低下を防ぎながら低金利を維持する政策に修正するという。日銀用語に従えば、「マイナス金利付き量的・質的金融緩和」を「長短金利操作付き量的・質的金融緩和」に変えるのだという。何のことはない。金利操作による物価の調整という日銀本来の伝統的金融政策に舞い戻っただけである。

修正の背景にあったのは、一つには長期国債の金利低下によって国債で運用する年金や保険の利回りが悪化し、金融機関の収益悪化と国民の消費性向に悪影響を及ぼす恐れがあること、二つ目として安倍政権による財政規律の緩みを抑制することにある。

異次元緩和開始前の一三年三月に一三五兆円であったマネタリーベースは、一六年九月には四〇八兆円に達していた。保有額は三年半で三倍超に増加、発行額の四割を日銀が保有することになる。一八年中には日銀保有分は五割に達すると見られた。修正とはいっても金融緩和政策の事実上の大転換といえるが、国債の購入ベースは「年八〇兆円をめど」とすることは維持される。なぜなら、すでに日本の財政赤字は日銀の量的緩和によって、「国の借金の多くを日銀が引き受けている状況で、財政ファイナンスに近い（みずほ総合研究所・野口雄裕氏）」と化しているので、急激なマネタリーベースの縮小は国家財政の破綻を引き起こしかねなかった。

そしてついにその時がきた。日銀は同年一一月一日の金融政策決定会合で二％の物価上昇率の目標達成時期を「二〇一七年度中」から「一八年度ごろ」に先送りした。

日銀が一日にまとめた「経済・物価情勢の展望」（展望リポート）では、今後三年間の物価見通しを下方修正し、一六年度はプラス〇・一％からマイナス〇・一％に、一七年度はプラス一・七％からプラス一・五％に、一八年度はプラス一・九％からプラス一・五％にそれぞれ引き下げた。この下方修正によって一八年四月までの黒田総裁の任期中には「二％インフレ目標」は達成できないことが確実となり、事実上の異次元緩和策の「敗北宣言」となった。

アベノミクスによる法人税率の引き下げは、企業の設備投資に結びつかず、度重ねた規制緩和も何らの成果を生むことはなかった。国民に残されたのは国債リスクによる将来不安だけだ。二〇一七年（平成二九）には、日銀が保有する国債残高は四〇〇兆円を超え、GDP（国内総生産）の八割に達し、国債発行残高一一〇〇兆円の四割に迫ろうとしている。

黒田総裁は「出口について議論するのは時期尚早」と語るが、仮に目標達成ともなれば大量にため込んだ国債を消化しなければならない。緩和を縮小して「出口」を模索しようにも、金利の急騰などの副作用が予想される。いわばアベノミクスの金融緩和策は、これ以上の量的・質的緩和の拡大は効果が見えず頭打ちとなり、量的緩和策縮小による出口戦略も描けない迷路に陥っている状況に陥っていた。

アベノミクスの行方と政治の要諦

二〇一七年（平成二九）の現在において、政局は安倍一強といわれる状況が続いている。だが、政局は森友学園（大阪府）への国有地払い下げや加計学園（愛媛県今治市）獣医学部新設を巡り、安倍首相の特例的な指示が行政を歪めたとの批判を浴びて、「安倍首相及びその側近達の忖度問題」で混乱に陥っている。

本稿は政局を論じることが主題ではないので、同問題への論評は控えるが、アベノミクスが今後どのような展開をしてゆくのかはまったく不明である。安倍政権が続く限り、アベノミクスは形を変えて存続するのかもしれない。現時点でいえることは、これまでに国民に繰り返し説明をしてきたリフレ理論を基調とする金融財政政策と、経済成長政策は完全なる失敗に終わったことだ。政府・日銀のみならず各政党も含め国全体として次なる金融財政政策を模索すべき段階にきているといえよう。

デフレ脱却を最優先課題においた安倍首相の政策判断はまちがってはいなかった。政策手法において見解を異にするといえど、デフレから日本経済が脱却できなかったことは残念でならない。だが、最も残念なのは、アベノミクス理論の中核でもあった政策への説明責任の重さ、及び動学的整合性と名づけた政策遂行にあたっての国民と政府・日銀との信頼性の確認が守られなかったことである。そしてこの二点は理論のみならず政権公約でもあり、公約を守ることは将に政治に必須の要諦でもあった。広辞苑を引くと要諦《ようてい》とは、肝要なさとり、肝心な点・大切なところとある。アベノミクスはこの政治の要諦を自らの金融財政政策に織り込んだ稀有な政策として存在していたはずだった。

改めて過去の発言を振り返ってみよう。「中央銀行が目標達成に対して厳しい責任を負わない限り、中央銀行の金融政策は市場から信頼されない」、「日銀法を改正して、政府が物価安定目標を決定し、日銀にその目標を中期的に達成することを義務付ける」（以上『日本銀行デフレ番人』）、「二％の物価安定目標を書き込んで、責任を明確にした、画期的な文書だ。マクロ経済政策のレジームチェンジが行われてゆく」（第二次安倍内閣と日銀の共同声明における首相発言）とまで断言し、政治責任の重要性を強調したのだ。それにもかかわらず、当初国民に示した公約の行方はどのようになったのか。

中央銀行の政権からの独立性は、世界の中央銀行がその生成の歴史の中で獲得してきた経験知であり、日銀法改正には異論が多いのは事実だ。だが、日銀法改正の是非はともかく、リフレ理論によれば日銀法を改正すれば、共同声明やアコードを政策ごとに結ぶ必要もなく、日銀法改正こそが信認の第一の手段となっていた。リフレ派が総裁・副総裁に座れば改正はもはや必要がないのか。黒田日銀体制の発足以降の日銀政策決定会合では改正が提案された形跡はない。
すでに四年を経過し、任期満了が迫った黒田総裁への批判は政権中枢からも各政党やマスメディアからも聞こえてこない。たいした瑕疵もないのに批判され続けた白川前日銀総裁とは何と大きなちがいなのか。五度にわたった経済見通しの修正と達成目標の延期への弁明も説明責任を果たしたとはいえないものだった。

説明責任の説明とは、都合のよい事実を一方的に並び立て説得させるものではなく、政策の信認に関わり、政策の実現の可能性に直結させるために必要不可欠なものとして国民への理解に努めることではないのか。

アベノミクスは国民心理に働きかけ、インフレ期待を醸成することを内包させた理論・政策である。国民心理をインフレ期待に誘導するためには、インフレ期待を阻害するような、あるいはアベノミクスに反する不都合な事実はあってはならず、知らせてはならないという危険な傾向をもちがちであり、真実を国民の目から覆い隠す行為が見受けられた。黒田総裁の弁明の空々しさもここに要因がある。

問われなくてはならないものは、我が国の政策が信頼性・透明性・中立性・公平性に欠け、その結果政治への無力感が広まり信頼が極めて低くなることにある。社会から排除されている意識は、社会への信頼感の喪失にもつながるばかりか、政策の実効性の低下につながっている。政治のベクトルが国民を向いていないから、あらゆる政策が疑惑でしか見られないためである。そのため、制度に信頼性が保持できない。政治の要諦とは政治への不信感を払拭し、社会的連帯を基礎とした社会的統合を果たすことにある。政治の要諦とは政治家に求められる要件とも重なる。

政治の要諦について財政・租税からのアプローチ

政治の要諦が政治への不信感を払拭し、政治への信頼を回復することによって政策制度への信頼性を結果的に高め、最終的には政策制度から疎外されている人々との社会的連帯による社会的統合を図ることが可能ならば、その社会的統合は「新しい国のかたち」として新しい社会の構成原理となりうるだろう。実現に向けて政治家、政党人、国民はどのように関わるべきなのか、実現に向けての具体的方策とは何かが問われなくてはならない。

一口に政治といっても幅広い概念をもち、政治制度論、政治構造・組織論、政治機能論、政治行為論、統治行為論、政治過程論、政治意識論、政策決定過程論など様々な局面からの政治分析が学問的にも確立している。だが、ここでは多くの国民が政治＝政策制度から排除されている、あるいは疎外されている要因を我が国の財政制度が果たすべき資源再分配機能と、予算の規模を規定する租税制度の所得再分配機能の不全にあると捉え、財政の歳入と歳出という二つの側面からアプローチする。

税制とは「公平、中立、簡素」を租税原則とする税制体系であるといわれる。しかるに、我が国の八〇年代以降の税制改革の歴史は、増大する財政需要を賄い財政収支の均衡を目的とした改革抜きの増税の歴史であった。しかも、法人税は増税対象から除かれており、「公平、中立」の租税原則は破られていた。日本の税制改革の歩みを概括しておきたい。

法人税への課税は、鈴木善幸内閣が一九八〇年度予算において法人税増税を実施して以来、法人税増税は現在に至るまで実施されていない。法人税増税によって経済産業界の猛反発を受けた鈴木内閣が財政再建のためにひねり出した施策が「増税なき財政再建」であった。いわば「増税なき財政再建」とは法人税増税という租税収入を奪われた政府が行政改革を通じて、財政均衡を図った政策スローガンであったとともに、財政支出の増大や減税の財源として公債依存が深刻化し、税制原則が歪んで行く契機となった。

シャウプ勧告以来といわれた一九八八年（昭和六三）の抜本的税制改革において、消費税が税率三％で創設された。竹下登内閣は消費税導入の際に中小事業者への特例措置として簡易課税制度（適用上限五億円）、事業者免税点（適用上限三千万円）、限界控除（適用上限六千万円）を設け、消費税申告の煩雑さの緩和を図った。

一九八八年（昭和六三）、抜本的税制改革では同時に大幅な法人税減税が実施され、現行税率四二％から三七・五％へと二段階で引き下げられた。所得税はそれまで一〇・五％～七〇％だった一五段階の累進課税が緩和され、一〇％～五〇％の五段階となって、低所得者層への増税と富裕層への減税となった。資産課税関連では、相続税の累進緩和、利子課税の源泉分離課税の導入、株式譲渡益の源泉分離・申告分離の選択制などが導入され富裕層の税負担は大きく軽減された。

一九九八年（平成一〇）に法人税は税率三七・五％から三四・五％に引き下げられ、法人事業税も引き下げられた。翌年の九八年に法人税は税率の国際標準並みを目的に三四・五％から三〇％に、法人事業税も一一％から九・六％に二年連続で引き下げられた。深刻化する経済不況対策として、個人所得税の定率減税と累進緩和として最高税率が六五％から五〇％に再度引き下げられた。定率減税は恒久減税と国民に説明されたが〇五年（平成一七）には縮減・廃止が決定され、翌年には実行された。累進緩和措置はそのまま維持されたから富裕層優遇であることが顕著になった。

九四～九六年（平成六～八）にかけて、所得税の定率減税（上限二〇〇万円）が実施されたが、これは九七年に実施予定された消費税増税に反対する国民の声を懐柔するためのものだったし、その減税財源に増税された消費税があてられたことはいうまでもない。

個人所得税については、一時的な減税措置がとられても恒久的な減税はまったくなされなかったといえる。二〇一二年（平成二四）四月に法人税の最高税率は三〇％から二五・五％に引き下げられた。同時に消費税率は八％に引き上げられ、一四年四月から実施された。

消費税増税時に法人税減税は常にセットで実施されてきた。日本金融財政研究所所長の菊池英博氏『日本を滅ぼす消費税増税』（講談社現代新書）によれば、消費税が創設された一九八九年（平成元年）から二〇一〇年（平成二二）度までに国民が負担した消費税額は二二四兆円となるが、同期における法人税減税の総額は二〇八兆円であり、消費税増税額とほぼ一致するという。要は国民から大企業への所得移転が行なわれ、巨額な所得移転が我が国の財政を逼迫させ、財政の再分配機能を通じた社会的弱者への救済が我が国においては欧米先進国と比較して著しく劣る要因となっている。

消費税改正による国民へのマイナスの影響は税率引き上げだけにとどまらない。八九年に施行された消費税は、九一年に改正され、一〇月一日から改正消費税が施行された。家賃などの非課税範囲の見直しが行なわれたほか、簡易課税の適用上限が五億円から四億円に、限界控除適用上限が六千万円から五千万円に引き下げられた。

九七年の橋本政権における税制改正では、改正消費税が施行され、五％に税率が引き上げられたが、中小特例措置が再び縮減され、簡易課税の適用上限が二億円となり、限界控除制度は廃止された。さらに仕入税額控除方式が帳簿方式から請求書保存方式に変更となった。

〇四年の改正では、中小特例措置が縮減され免税点適用上限が三千万円から一千万円、簡易課税の適用上限が二億円から五千万円となった。総額表示も義務づけされた。

このような消費税の中小特例措置の縮小・廃止は、中小企業にとって大きな負担となっている。消費税は欧米の付加価値税とちがい、物・サービスが流通過程にある場合に消費税相当額は税金ではなく物価として、すなわちコストとして在る。ここに税金ならば発生し得ない消費税の転嫁を巡るトラブルが常に発生する。

ＥＣ型付加価値税にあるインボイス制は採用されていない。インボイスとは送り状（伝票）である。前の業者が発行したインボイスに基づいて、次の業者が仕入れに含まれた税額を必ず控除することが可能になり、ＥＣ型付加価値税では、インボイスは税額控除に欠かせない制度となっている。このインボイスの添付が日本の消費税との大きなちがいである。ＥＣ型では日本の帳簿式とはちがい、確実に転嫁して税額控除ができるのに対し、日本の帳簿方式では、税額控除は企業間の力関係によって決定される場合が少なくない。大企業は確実に転嫁しうるが、中小企業の場合はコスト削減を理由にした値引きが要求され転嫁が困難となる。

その原因は流通段階にある控除税額＝消費税額は、正確にいえば税金ではなく物価だからだ。ゆえに控除を巡る各種のトラブルの所管官庁は国税庁（国税局・税務署）ではなく、公正取引委員会となっている。国民は税金を支払っていると思っているが、流通段階では税金ではない。消費税は大企業と中小企業との間に格差構造を生む要因となる不公平な税制なのである。

さらには、消費税には輸出免税制度があり、最終消費者が海外の場合、すなわち輸出である場合はゼロ税率となって輸出企業には消費税からの輸出還付金が戻される仕組みとなっている。一二年にはその総額はおよそ三兆円に達している。今では輸出還付金は、企業の社会保険料負担金に必要不可欠な財源として、経済界からの消費税増税の論拠となっている。消費税の税負担者は消費者、すなわち国民であるが納税義務者ではない。納税義務者は全国でわずか三五九万事業者であり、消費税の税負担者が納税権利者にならない世界に例を見ない税法となった。

二〇〇〇年度以降の所得税改革を列挙すると、特定扶養控除の割増特例廃止（平成一二）、配偶者特別控除の上乗せ部分の廃止（〇三年／平成一五）、公的年金控除の縮小、老年者控除の廃止（〇四年／平成一六）、給与所得控除の上限設定（一二年／平成二四）、一三年（平成二五）からは東日本大震災への復興税など、改革のすべてが実質増税となっている。「国民のきずな」を合言葉にした復興特別所得税も法人事業所はすぐに解除された。「きずな」より大事なのは「もうけ」であった。

税制改正の結果、国税収入の構成は次のように変化した。八五年には所得税三九・四％、法人税は三〇・七％、間接税二七・二％であった。九〇年になると所得税四一・四％、法人税は二九・三％となり、消費税は七・四五％、間接税全体では二六・三％であった。九八年度では所得税三三・二％、法人税は二二・三％にまで低下した。間接税は四〇・七％、このうち消費税は一九・七％となった。〇三年は所得税三〇・七％、法人税は二二・三％、消費税は二一・四％、消費税も含めた間接税は四三・九％となった。〇八年では所得税三二・一％、法人税二一・八％、消費税二一・八％だった。消費税の伸びとともに法人税が一貫して低下していることがわかる。

当然の帰結ではあるが、一般会計歳入に占める税収の割合も落ち込み続けている。〇七年決算では五一・〇％あった税収の割合は、〇八年度においては四四・三％に低下し、二〇一〇年ではさらに三七・四％にまで落ち込んだ。

法人税減税に伴う国税収入の減収が財政の逼迫を招き、財政力の弱さが財政の再分配機能をさらに弱め、社会の格差構造を固定化するスパイラルを描いていることが理解される。

日本の消費税率は欧米諸国と比較して低いといわれてきた。ヨーロッパ諸国の大半は標準税率が一〇％後半から二〇％台である。イギリス＝二〇・〇％、フランス＝二〇・〇％、ドイツ＝一九・〇％、イタリア＝二二・〇％、オランダ＝二一・〇％、ベルギー＝二一・〇％、スペイン＝二一・〇％、スウェーデン＝二五・〇％などとなっている。

このことが日本の税負担が軽く、さらに多くの負担を求める政府の論拠となっていた。確かに欧米に比べ税率は低く、税率の引き上げの余裕があるかに見える。だが、EC型付加価値税は標準税率こそ高いものの、税制導入当初から社会政策的配慮から、食料品、新聞、書籍、燃料、住宅、医薬品、電気、ガス、水道、医療、教育などの幅広い分野にわたってゼロ税率や軽減税率を適用することが常態となっている。それ故、国民の税負担がどの程度に重いのかは税率のみではなく、政府の国税収入に占める消費税の割合をも見てゆく必要がある。

〇二年以降は、日本の国税収入に占める消費税割合は二〇％を超え、消費税増税前である一〇年の日本の国税収入に占める消費税割合は二四・三％にまで達した。消費税増税を見込んだ一二年度予算では、国税収入の四五兆二八三〇億円に対し、消費税収入は一七兆四〇〇三億円となって、その収入割合は実に三八・四％にまでに至った。今や消費税は三割台である所得税割合を凌ぐ基幹税に成長しているのだ。

欧米各国の国税収入に対する消費税（付加価値税）の割合は次のようになっている。イギリス＝二一・一％、フランス＝四七・一％、イタリア＝二八・三％、ドイツ＝三五・六％、スウェーデン＝一八・五％などである。

今や日本が主要国中で消費税割合が最も高い部類に入るのである。その原因として、日本の消費税は多段階課税制であること、生活必需品や社会福祉的配慮としてのゼロ税率や軽減税率の適用がないこと、非課税取引の範囲が狭いこと、低所得者層への還付制度がないことなどがあげられる。

なぜこの様になったのかといえば、消費税法が成立する以前から現在に至るまで政府、学者、マスメディアによる消費税の必要性と重要性が強調された一方向の情報のみが、国民がふれることのできる情報となっているからであった。

政府と国民間の情報の非対称性は明らかであり、かような非対称性を政治は問題視すべきではないか。一例として参議院予算委員会調査室が編集した『経済財政データブック』（平成二〇年版）の中の『税制改正の歩み』（以下『歩み』）を参考にする。

『歩み』は平易な文章であるが、設問と相応する解決策がまったく相反しているのに、読み手にそれが意識されない巧みな文章となっている。一九八八年（昭和六三）の抜本的税制改革において、消費税法成立に至る過程を

『歩み』はこう記述した。

「行政改革と増税なき財政再建が進められる中で、所得課税における重税感の高まり、法人税の高い限界税率による企業活力の低下」を理由として、「税制改革に対する国民世論が高まり、昭和62、63年の抜本的税制改革へと結びつくこととなった」とある。

この文章からは、国民が税制改革＝消費税導入を望んだものとの解釈しか伝わってこない。昭和六二年以前の日本経済はバブル景気といわれた時代であり、企業活力の低下などあらゆる経済指標にでもまったく見られなかったではないか。

『歩み』は続けて「クロヨン」（九、六、四）など所得の種類間における捕捉のアンバランスが指摘されていたこともあって、「税負担の水平的公平の確保に対する関心が従来以上に高まった」として、現行税制の欠陥を指摘することで改革の推進を訴えた。ところが、税制の課題は「社会保障をはじめ増大する財政需要を支えるため、安定的な歳入構造を確保してゆくことが重要な課題」であると変えられ、税制改革は財政再建が目的とされてしまうのだ。

『歩み』の消費税導入に対する評価といえば、「公正、中立、簡素の基本原則に基づき、社会共通の費用を賄うための負担はできるだけ国民が広く公平に分かち合うことが望ましい」ので実施したと強調された。つまり増税の目的が、財政赤字削減を目的にするのか、あるいは社会保障の充実の財源なのかが峻別されていない。そればかりか、改革が現行税制の欠陥を修正するかの如き表現を使いながら、増税がいかに正当であるかがたくみに述べられている。

本来の改革の主旨であるはずの「クロヨン」の是正、「社会保障の充実」「国民が等しく分かち合う税制」の改革は当初から予定されていなかったし、なぜ国民増税と法人税減税が同時並行的なのか国民は窺い知ることもできなかった。こうした用語法は「霞が関文学」と揶揄されるが、以上はその一端にすぎない。さらには消費税が抱える逆進性が強いという本質的な欠陥の是正についても議論の俎上にさえのぼらなかった。

消費税が導入される二年前の一九八六年（昭和六一）の国税収入における税目別構成比は、財務省資料によれば直接税が七二・九％、間接税が二七・一％だった。

昭和四五年以降の戦後日本では直間比率は七対三前後で推移してきた。消費税の導入以後は間接税が基幹的な税収となり、消費税率が一〇％に引き上げられれば、消費税及びほかの間接税とを合わせた国税収入に占める間接税比率は五割を超えるものとなる。間接税比率の増加、あるいは間接税収入の増額が意味するものは、主として消費税によって法人税及び所得税の減税という所得移転が行われたに等しい。

八〇年代以降における直間比率の推移を国際比較してもアメリカ、イギリス、フランス、イタリアはほぼ同率で推移している。それに対し我が国の税制改革の歩みでは、昭和四九年以降の法人税率は四〇%台（最高税率は四三・三%）で推移したが、一九九九年（平成一一）には三〇%となり、さらには二〇一一年（平成二三）一二月には二五・五%に引き下げられている。

我が国においては望ましい間接税比率について政府側から国民に提示されたこともなく、税制改正の動向はその時々の財政状況に左右されながら、とりわけ法人税減税と富裕層への減税が実施されてきた。こうしたことが日本の租税体系の歪みを形成したといえる。

原因は政府と国民との間の情報知識の非対称性であり、政策決定過程における国民不在である。かような政策制度の歪みは租税制度に限らず、我が国におけるあらゆる政策制度に見ることができる。

原因とされる情報知識の非対称性や政策決定過程における国民不在への改革の試みは、如何にして可能となるのだろうか。私は民主主義とは何かへの不断の問いかけの重要性であろうと考える。その意義は国民に対し多くの情報や判断材料を開示し、提供することで、国民が多様な選択肢を獲得することにある。民主政治とは世論を背景にもつことで政治的正統性を得る政治制度だからである。だがそれだけではない。政策・制度は常に受益層と不利益を被る負担層とを発生させる。従って、国民が多様な選択肢から最適な判断を選択し合意するプロセスを経ることは、国家としての統一性あるいは団結性を高めることにほかならない。国民一人ひとりにとっても自己の判断力を高め、ひいては自己に対するセーフティネットの構築ともなり得る。

政治の要諦についてのアプローチ・法と世論

政治とは、国民に対する最後の社会的セーフティネットたらんとする意志だと考える。ドイツの著名な政治学者であるカール・シュミットは、民主主義が法律と一般意思との同一性を前提に成立しており、そして一般意思とは「自由なる人民の意志である」『現代議会主義の精神史的地位』（カール・シュミット著・みすず書房）として、民主主義を肯定的に位置づけた。

また、同一性とは統治者と被治者、支配者と被支配者、人民と議会、国家と法との同一性であるとした。もちろん、この同一性とはある種の抽象論であり、現実には直接的な同一性を実現することは絶対的に不可能なことを認めている。

一般意思を国民世論に置き換えれば理解しやすい。国民主権とは国民が統治者であり、支配者であり、代表者であり、法律であり、国家である。この統一性の擬制は、国民の意思が正当性を獲得し、正当性は一般意思（国民世論）が正しく形成されることを前提にしている。シュミットのいうようにそれは現実には存在せず、同一化への永続的な実現努力の中に見い出すほかにない。

世論＝一般意思は、「公開性、特に世論の支配は、自由主義的な思想においては決定的な意義を付与される」と述べ、その重要性を強調した。シュミットにとって公開性とは、「公開性の光明は啓蒙の光明であり、迷信、熱狂および野心的陰謀からの解放であった」。なぜならば、「啓蒙された世論は、あらゆる権力の濫用を自ら全く不可能ならしめるからである」（カール・シュミット・前掲書）。

このような世論や公開性への評価は、現実への批判となって現れた。シュミットは現実の政治決定がその理念と遠く隔絶しているとして、「公開の弁論と反対弁論における意見の均衡化の成果でも、議会における冷戦の結果でもない」と、議会主義と政党政治の現実を否定した。

この言葉には抽象化された理想と現実との超え難い溝が絶望的に表現されている。さらには「代議士と会議の公開に関する規定は、ほとんど無用の装飾物のごとくになり、何らの実益もない――中略――諸政党は、もはや討論を行なう諸意見としてではなく、社会的ないし経済的な権力団体として相互に対立して」いる。議会主義はもはや、「その精神的基礎を失い、言論、集会、出版の自由、公開の会議、議会的諸特権の全体系がその根拠を失っている」（カール・シュミット・前掲書）として、現実の議会に警鐘を鳴らした。

現代日本においても議会主義の最大の擁護者とは議員あるいは政党人にほかならない。「自由なる人民の意志」である世論を守ることができる者は、正統に選挙された議員である。そして政党とは、議会制民主主義の構成要素として民主主義に欠かせない機構・組織と機能を有する団体となっている。それ故にこそ議会主義の正統なる嫡子者、継承者なのだ。改めて租税法をケーススタディとしながら、議会主義下における議員及び政党人の役割について考察したい。

現代世界における近代民主国家の始源は一七世紀～一八世紀のヨーロッパにおいて発生した市民革命の中に求められる。今日では世界のほとんどの国家は成文憲法をもち、その成文憲法には国民の基本的人権の保障が宣言されている。権利宣言とか権利章典と呼ばれる。個人の権利や自由を確保するために国家権力の制限を目的とする。これが立憲主義と呼ばれる近代憲法の根本原則である。

ヨーロッパにおいて一六世紀～一八世紀に成立した絶対王政国家といわれる中央集権的統一国家の唯一の主権者である絶対君主は、その財政を貨幣に依存し、しばしば法を無視した苛斂誅求的な徴税を行なった。ブルジョアジー＝市民は激しく抵抗し、内乱ともなって絶対王政を衰弱させ崩壊させていった。これが一七世紀以降イギリスやフランスに起こった市民革命である。

立憲主義の成立について、芦部信喜著『憲法／第四版』（岩波書店）に次の記述がある。「財政の適切な運営は国民の重大な関心事である。立憲政治が、国王の課税に対する国民の承認という財政問題を契機にして発展したことにも、その重要性が示されている」

近代国家の生誕は、課税権の主体がどこにあるのかを巡る政争と内乱によって、市民が獲得したものである。「代表なければ課税なし」というイギリスの故事が物語るものは、課税とは国民の基本的権利を表すものであった。例えば一六八九年にイギリスで制定された「権利章典」は国民と税の関係について次のように記述している。「大権に名を借り、国会の承認なしに、国会が認め、もしくは認むべき期間よりも長い期間、または認むべき態様と異なった態様で、王の使用に供するために金銭を徴収することは、違法である」『人権宣言集』（高木八尺他篇・岩波文庫）

一八世紀末からはフランス人権宣言の影響の下でヨーロッパ諸国では立憲主義の憲法が制定されてゆくが、そのフランス人権宣言（正式の名称を人および市民の権利宣言という）では、税と国民との関係をこのように規定した。（『人権宣言集』）

第１４条　すべての市民は、自身でまたはその代表者により公の租税の必要性を認識し、これを自由に承諾し、その使途を追及し、且つその数額・基礎・徴収および存続期間を規定する権利を有する。

立憲主義による憲法上での国民の権利保障を、租税法上で担保するものが租税法律主義である。日本国憲法では第三〇条、第八三条、および第八四条において規定される。その主旨は、国家の財政活動は国民の租税負担をもって賄われ、財政は国民の監視下におかれ実行される。つまり、国民の代表である国会が定める法律に基づいて実施され、監査される。すなわち、国民は法律に定めることによってのみ租税を納めることを租税法律主義の原則という。

「法律」によって議決が必要とされるものは、芦部『憲法』によれば「納税義務者、課税物件、課税標準、税率などの課税要件と、税の賦課・徴収の手続きである」とされる。従って、納税者の義務は、憲法及び法律によって保障された国民主権と表裏一体となった法概念が構築されなければならない。権利なきところに義務は発生しないからである。この国民主権の税法的表現が申告納税権といわれる。

しかるに、我が国民は次の二点において租税法律主義と申告納税権の適用から排除され、無権利状態におかれている。その一つが源泉徴収制度にある。ほかの一つは税務調査・税務執行手続きにおいて国民の保護規定がないことの二点である。

まずは源泉徴収制度から見てみよう。同制度では、給与所得者＝サラリーマンの給与への課税は、給与支払者（会社、企業、法人、事業主など）が源泉徴収義務者となって、給与支払い時に所得税額を天引き徴収し、税務署に納付する制度である。源泉徴収され得税額は年末調整制度によってその年分の最終的な税額を確定し精算することになっている。

所得税制度では、納税者が自らの所得金額を計算し、且つ税額を確定させ、税務署に申告納付をする申告納税制度が原則とされ、源泉徴収・年末調整制度は例外だとされる。源泉徴収制度は「主として徴税の確実性と納税者の煩雑な納税手続きを省くために設けられているもの」『日本の税制』（平成一七年版／財経詳報社）とされる。

だが、源泉徴収制度の成立は太平洋戦争の前年、日中戦争の最中、一九四〇年（昭和一五）年に戦時総力戦体制の一環として戦費調達を目的に導入されたことからも理解できるように、単に納税負担を軽減するためにあったのではない。野口悠紀夫東大教授の唱える「一九四〇年体制」の残滓が税法上でも今日において存在し続けている。源泉徴収制度は一九七二年（昭和四七）に年末徴収制度が導入されることで、より精緻になり諸外国には見られない稀有で特異な制度となった。

先ほど申告納税制度は所得課税の原則であり、源泉徴収が例外であると述べたが、これを前掲書『日本の税制』の巻末資料「「国税収入の構成の累年比較」を参照すれば、二〇〇五年（平成一七）度において所得税収入は総収入の二七・九％を占め、その内訳は源泉分が二二・九％、申告分は四・九％であった。つまり、所得税収入の構成でいえば、源泉分が八二％以上を占め、申告分は一八％に満ちていない。これではどちらが原則で、どちらが例外なのか区別がつかない。

ちなみに一九九〇年（平成二）度では総収入に対する所得税収入構成比は、源泉分二九・九％に対し、申告分一一・五％であり、所得税収入の構成では源泉分七二％、申告分二八％であった。申告納税額、申告納税率は一貫して低下し続けている。

このことは本則と例外とのギャップを埋める施策、あるいは例外を適用外として漸次廃止する施策を政府はとってこなかったといえる。

申告納税制度の本則は形骸化しているだけに止まらない。源泉徴収制度が「四〇年体制」下で整備されたとき、徴税義務者に対して源泉徴収事務委託料として国庫交付金が支払われた。交付金額の多寡はさることながら、義務者の徴税負担の軽減として当然の措置だといえる。現在ではこの交付金措置すらなく、徴税義務者のすべての負担によって徴税業務代行がなされることで、源泉徴収制度は維持されている。

国民の申告納税権を取り戻し、納税者タックスペイヤーとしての権利意識を高め、その法的地位を回復させることは、国民主権国家の義務と考える。徴税側の都合による租税体系の構築は、立憲主義や国民主権をないがしろにする歪んだ体系でしかない。

では、租税法において国民主権を取り戻すにはどうすればよいのか。もちろん源泉徴収制度を廃止せよというのではない。国民が納税義務者であることを法律に明記するだけでよい。源泉徴収するか否かは国民の選択に委ねられる。納税義務者である国民とこれまでの源泉徴収義務者との関係は、国民＝納税義務者との委託契約によって新しい法的関係を結ぶことも可能となる。この方式ならば大きな制度変更は要しないし、変更コストも少なくてすむ。新しく受託者となった源泉徴収機関へは適切な手数料が支払われるべきである。税法に対する国民主権の徹底は申告納税者の納税負担を若干増大させるだろうが、確定申告自体はさほど難しいものではない。

国民が租税法律主義、申告納税権から排除されていると見做しうるほかの一点は、税務調査・税務執行手続きにおいて国民の保護規定がないことである。国民が国家と直接に向かい合う機会は、犯罪を除けば、申告納税者が税務調査を受ける場合ぐらいしかない。そのとき、納税者はいかに個々人の抵抗が空しく、権力の前に無防備で裸同然であるかを体験するだろう。申告納税者への調査は通常、所得税法二三四条に基づき実施される。税務当局者の言によれば、二三四条の質問検査権は納税者に対し事実上ほぼ無制限な調査権限をもち、国民はこれに対し受忍義務のみがあるという。その理由は川崎民商事件への最高裁判例を下敷きにしていると推測される。

所得税法二三四条の質問検査権は、国税犯則事件に適用される国税犯則取締法（略称　国犯法）とちがい、税務行政を公正、適切に展開するための権限であるとされる。税務行政庁がもつ各種の検査・捜査の権限及び方法については その典型例として、所得税法二三四条、国税徴収法一四二条、国税犯則取締法二条に規定がある。後者の二法は犯罪を構成する納税者の違法行為を前提にする調査権限であり、権限行使は当然に強制力が付与されることが法律に明記されている。

だが、所得税法二三四条は税務行政上の、つまり司法上ではない目的に限定されることは、同条二項「前項に規定による質問又は検査の権限は、犯罪捜査のためにみとめられたものと解してはならない」によって法理上も認められてきた。通説も然りである。

さらには、国税通則法が国税についての基本法として税法の体系的整備と、「税務行政の公正な運営を図り、もって国民の納税義務の適正且つ円滑な履行に資すること」を目的に定められている。しかし、何をもって「公正な運営」と「納税義務の適正」であるかについては具体的な定義さえなく、所得税法と国税徴収法および国犯法における調査手法、検査権限の相違は明確になっていない。おそらく、税務調査の現場では両者のちがいは意図的に無視されているのではないかと考えられる。

『納税者権利憲章』とは現行の各税法で曖昧のままに放置されていた税務調査や税務執行手続きの共通化、成文化、明確化し、制度化することで国民＝納税者の権利を保障する一般法を指す。『納税者の権利宣言』とも称される。『納税者権利憲章』制定の運動は大別して二つの流れがある。それは『納税者権利憲章』を新たな一般法として制定すし、権利宣言の部分を既存の租税法の中に明記させ、納税者保護規定を挿入することで国税通則法改正をはじめとする手続き法を体系化させるものとなっている。

日本ではこの二つの流れは渾然一体となしており、国内の政治情勢を考慮しながら実現に向けた模索が続けられている。いずれにしても『納税者権利憲章』は行政手続法の税務行政版として捉えられる。行政手続法は、第三次行革審答申『公正透明な行政手続法制の整備に関する答申』を基礎にして、一九九三年（平成五）一二月に成立した。一九八〇年代に日本の「行政指導」が不公正で不透明であるとして、日米構造協議で貿易障壁のひとつとして批判を受けたことを契機として制定されたものである。

『納税者権利憲章』もまた行政手続法と同様に苦難の道を歩んでいる。だが諸外国においては『納税者権利憲章』制定ははるかに進展しており、世界の潮流に対し日本の遅れは明らかである。諸外国における『納税者権利憲章』はフランスが一九七五年に世界で最初に制定した以降、西ドイツが七七年、八五年にはカナダ、八六年にはイギリスとニュージーランドと続き、アメリカも八八年に制定した。

現在、ＯＥＣＤ加盟国では三四カ国中二八か国が制定している。さらには東ヨーロッパ及びＡ・Ａ諸国にまで憲章制定の動きは広がりを見せている。Ａ・Ａ諸国ではインドが九〇年にアジアに先駆けて制定、韓国が九七年に制定した。このほか南アフリカ、ウガンダ、ケニア、オーストラリア、シンガポール、香港、台湾が制定している。

この状況を見れば、我が国における民主的税制への取り組みは、アジアにおいてさえ劣位にあることが承知されよう。明治期にアジアで最初の立憲主義国家となり、戦後においてもアジア最大の経済大国であり、民主国家であり続けたはずの日本は、いつの間にか世界に大きな遅れをとっていたのだ。明らかな政治の劣化現象とさえいえる。

現代における憲章制定の動きは次の三点に特徴づけられる。（立命館大学教授　望月ちか著『納税者権利憲章の国際的展開』、山本守之著『租税法の基礎理論』税務

経理協会を参照した）

①すでに憲章の法的整備が終了した国々ではさらなる制度的向上、機関（組織）整備、具体的な手続法規定といった二次的な法的、機構整備が進みつつある。
②憲章制定の先進国、とりわけＥＵ諸国では域内における納税者関連法制の統一化が企図され、『欧州納税者権利憲章』構想と、欧州納税者法』構想が同時的に進行している。
③ヨーロッパ租税連盟（ＣＦＥ）などの三つの税務専門家の国際団体が共同連携し、各国が今後に採択すべき「モデル納税者憲章」を作成中である。モデル憲章はこれまで各国で制定された憲章の課題や問題点を補正した国際モデルとすることを予定している。

我が国においては『納税者権利憲章』の文言を聞いたことすらないのが現状であろう。国民の権利が法律上でどのように表現され、且ついかような法律効果をもって国民生活に活かされているのか、政治家や政党人は問いかけねばならない。仮に国民が法的保護から排除され、あるいは無権利状態にあるのだとしたら、救済を求める者へのレッテル貼りや政治的争点とすることなく、ただちに救済すべきである。政治の要諦はここにあると存する。

終章「平成の大合併」を検証する

合併の効果と評価

二〇一〇年（平成二二）三月に新市町村合併特例法（新法）は五年の延長期間切れを迎え、「平成の大合併」は幕を閉じた。正確にいえば旧法である市町村合併特例法は〇六年三月をもって終了したが、自治体へのさらなる合併拡大を求めた新特例法（二〇〇五年から五年間の時限立法）による一〇年（平成二二）の新法期間切れをもって、いわば第二次の大合併が終了となったものである。だが、ここでは第一次及び第二次の合併を合わせ「平成の大合併」と総称する。

日本国中が熱にうかれ、且つ旋風が吹き荒れたような市町村再編・大合併（二〇〇五）から早や一〇余年がたった。だが今、誰しもが我が町を見渡してみて、一〇年前と変わらぬ姿しか見えてこないのではないか。街の風景が変わらないだけではない。新しい変化の兆しが見えないのだ。いわば、自治制度改革によって内的発展を遂げるといった街を元気づける要素が欠けているとしか思えない静謐《せいひつ》さとでもいおうか。

平成の大合併とは一体何であったのか、歴史的経緯を辿りながら、地方分権が目指したものとは何であったのか、議論されてきた中心的争点とは何か、そしてその理念はどこまで実現できたのか、成果と評価は如何なるものとなったのか、どのような課題が残されているのかを真摯、且つ冷静に分析する時期に至ったと考える。分析なくして大合併の功罪を論じられるはずがなく、未来に向けた新しい自治の在り方を模索することも困難となろう。地方自治の本旨の実現とは、私たち自身の未来の発見にあるからである。

冷静な分析に求められる視点・視座として以下の五点を上げておきたい。この五点は合併の成否を問う際の判断基準だと考えてもらいたい。つまり今回の合併は地方自治の本旨に沿ったものであるのか否か。あるいはこれまで地方自治六団体や政府・関係省庁、あるいは各種の諮問会議や専門会議において論議されてきた地方分権・市町村合併の方向づけや方法論がどこまで、いかように実現されたのかを知る重要な指標になるものと考える。

①政府の掲げた地方自治の理想や目的、つまり地方自治の本旨である地方の自主性や自律性、つまり住民自治及び団体自治の力は以前に比べて高まったのか。合併によって将来への生存可能性はどのように変化したのか。

②「三割自治」の元凶といわれた機関委任事務は廃止されたが、自治法制上及び税・財政上の拘束性から脱却できているのか。とられた具体的方策はどのようなものであったのか。

③合併後に各自治体が独自に作成した様々な自治力向上

目標の達成度はどうであったか。それによって住民自治力はどのように高まったのか。

④市民にとって、自治体あるいは行政機関は身近で利便性の高い存在のなったのか。

⑤自治体の行政力（企画力、効率性、人材確保・育成、サービスの高度化や多様性、地域の問題解決力など）の具体的な数値の向上はどうか。

以上を視点・視座に置きながら、最初に政府や政府諮問機関などが国民に向けて説明した合併の理念や目的、及びその効果と評価を政府自身の見解として総務省レポート『「平成の合併」について』（二〇一〇年三月作成）を参考に論じておきたい。

総務省レポートは、一九九九年（平成一一）四月一日～二〇〇六年（平成一八）四月一日までの合併市町村・五五八団体を対象（回答自治体数四七四）に、〇六年に実施された調査をもとに作成された。わずか三五ページほどのレポートであるが、平成の大合併の概略を知る手がかりに適している。構成は六章から成り、一章・二章では合併推進の経過及び進捗状況、三章において合併の評価、四章は今後の合併に対する考え方、五章・六章では基礎自治体の課題と展望が記述された。

第三章の合併評価は次の四点からなっている。評価の一点目は、「住民サービス提供体制の充実強化」に合併効果があったとする。特に経営中枢部門が強化され、且つ専門職員（保健師、栄養士、土木技師、建築技師、司書など）の増員配置が可能になったことで、地方分権の受皿体制の整備充実がなったと評価した。

第二点は、少子高齢化への対応について、合併後の住民サービスではすべての福祉分野において拡充が図られたとしている。

三点目は広域的な街づくりについてであるが、日常的な生活圏に応じた街づくりや、公共施設の効率的配置とネットワーク化が図られた結果、受益と負担の適正化に向けた条件づくりが推進された。さらにグローバリゼーションの進展に伴う地域間競争を勝ち抜くための地域マネージメントの充実も図られたと自賛した。

四点目は人事や施設の統廃合による行財政の効率化が計られたとした。この様な政府の評価は合併に実際に携わった関係者の実感からは懸隔《けんかく》が甚だしいものに写ろう。

しかも上記三点の評価については同調査の統計手法に重大な懸念を生じさせるものである。例えば充実した組織の分野と取組事例として、「企画財政・総務分野」「保健・福祉分野「産業振興分野」「教育文化分野」「都市計画・建設分野」「環境・衛生分野」「住民協働分野」「男女共同参画・人権分野」の八項目をあげ、それぞれの回答数とその割合を記載しているが、最も回答数・同割合の高い「企画財政・総務分野」で三一一回答（回答割合六六・六％）、次いで「保健・福祉分野」の二一九回答（同四六・二％）であり、「産業」においては一八二回答（三八・四％）、「都市計画」「環境」では回答割合は二〇％台、「住民」「男女共同参画」になると回答数は一〇〇未満、一〇％台の回答割合でしかない。それにもかかわらずレポートでは、「約9割の474市町村が、合併によって組織が専門化したり、人員が増加したりすることで体制を充実している」と評価した。九割の四七四自治体数とは回答自治体の全部となる。

つまり、八項目の取り組み分野に一つでも該当すれば、合併全体を評価した自治体として計測されている。合併で最も効果が高かった項目を選択するという統計調査なのだろうが、これではすべての回答自治体は合併に全面的に肯定的な団体として見なされる誤認を生じさせかねない。

さらには回答率が最も高い「企画財政」分野での取り組み内容を見ると、「行財政改革推進室」や「監査委員事務局」といった国の行財政改革に沿った、将来の自治体の人員・事業削減に関連する部局の新設・独立が多く、国が評価するのも当然であった。専門職員の増加充実にしても後述する『自治体財政健全化法』によって人員削減やアウトソーシング、請負委託などの対象とされており、当面の拡充を評価し得ても中長期的に見なければ評価し得ないものと言える。

この三点目は国民にとって重大な指摘を含んでいる。政府はこれまで地方交付税は地方公共団体の安定的な自主財源だと位置づけたうえで、実務上の利便性と地域間格差の解消を目的として便宜上、国が徴収する税制だと定義づけてきた。大蔵省出版局（当時）で出版された『地方交付税　仕組と機能』（岡本全勝著平成七年刊）では、地方交付税制度の意義をこのように解説している。少々長いが引用する。

「地方交付税がなかったとしたならば、すなわち、地方公共団体がその地域から徴収する税収のみで行政を行っていたとするならば、我が国社会はどうなっていただろうか。そこでは、過疎地域や後進地域では、税収が少ないことから十分な行政サービスをすることができず、住民は他の地域へ流出し、その地域はますます疲弊したであろう。一方、企業が集積し人口が集中する地域では、企業・人口の集積とともに税収も増え、ますます行政サービスが充実し発展するというように、日本国内の地域間格差は更に広がっていただろうと想像される」

前掲書『地方交付税』では、国家がもつ地方交付税の再分配機能は、国民が求める行政サービスを保証し、国土の均衡ある発展に寄与するとの思想が表明されている。だが、レポートにおいて評価されたのは、地域間競争勝ち抜くことが目的として強調され、もはや国は地域間格差の是正や、「国民が等しく一定の水準の行政サービスを受けることができる」（前掲書）権利を擁護する姿勢は見受けられない。国家責任および義務の放棄と思われるほど『地方交付税』との思想的落差は甚だしい。

総務省レポートでの評価の四点目は、行財政の効率化が図られたとした。その理由として、「今回の合併により、市町村の三役、議会議員が約二万一〇〇〇人減少し、年間一二〇〇億円の歳出削減が図られる」ことをあげている。

さらに合併後の一〇年経過以降では、「人件費等の削減等により、年間一・八兆円の効率化が図られる」（前掲レポート）とされている。だが、これらの数値は行財政削減の結果であっても、効率化とは無縁の数字ではないか。自治省が九四年一〇月に出した事務次官通達「地方公共団体における行政改革推進のための指針の策定について」によって、各地方自治体は行政改革大綱の作成を指示され、事務事業の見直しが強制された。全国の自治体では福祉事業の縮小、水道・衛生・清掃、医療・介護などの現業の再編・統合化とアウトソーシング化、公的施設経営の請負委託、外郭団体の整理統合というリストラの嵐が全国で吹き荒れたことを銘記しなくてはならない。

〇六年七月に埼玉県ふじみ野市の市営プールで小学生女児が水死した事件は、安易な委託契約が重大な事故につながる危険性を認識させた。人員削減は過重労働や無責任体制を生み出し、職場規律を奪いながら自治体職員のモラルハザード（道徳的廃頽）を深刻化させていった。

政府は〇三年から〇六年度までに国庫負担金二・二兆円、やはり同年間での地方交付税の削減額二・一兆円を加えれば、四兆三〇〇〇億円もの削減に成功しているが、地方公共団体の削減効果はわずか一二〇〇億円しかなかったことを誇らしげに報告しているのだ。まさに人を喰った話である。しかもここに示されているのは、人的削減効果を金銭に換算した数字だけを評価の対象としている。議員や議会が議会制民主主義制度の中でどのような機能をもち、またその役割をどのように果たしてきたのか、これから果たすべきなのかの考察はまったくなされず、削減数値だけが戦果の如く語られた。

以上四点の合併効果を伴った平成の大合併は、合併市町村の「行財政基盤が強化されて」おり、住民に最も身近な総合的な行政主体としての「基礎的自治体の姿に近づいたものと考えられる」（前掲レポート）と述べ、合併は地方財政の健全化に資するばかりか、自治機能が強化されるとして政府の満足した評価が伺える。だが、地方財政の逼迫は以前にも増して深刻化し、全国的規模にまで広がりを見せていることは現在に至っては常識化した事実だ。

同レポートでは、一部の合併市町村の行政や住民の意見を世論の声としてその評価を紹介しているが、政府・総務省の意見の代弁であるとしか考えられない。さらに合併による主な問題点や課題も地方の声として記載しているが、主たる論調は合併推進への肯定的評価となっている。総じて政府の合併評価は、第三次行革審最終答申の内容に沿った模範的解答となった。

合併を促進した地方分権論を主導したのは八〇年代後半に始まる第二次行革審最終答申『国と地方の関係等に関する答申』や、第三次行革審最終答申、あるいは九〇年代初頭の地方制度調査会『広域連合及び中核市に関する答申』が示すように、政府の審議会や諮問会議の答申や報告は、以降の分権論議を決定づけた点で地方分権の分水嶺となった。第三次行革審最終答申（九三年一〇月）は、第二次臨調と並び地方行政改革の原点として現在では位置づけられている。そこで政府が評価した地方分権を対比するために第三次行革審最終答申の概要を記しておく。

最終答申では地方分権の必要性をこの様に述べている。地方分権は行政改革の基本的課題の一つであったが我が国を巡る内外の情勢は激変し、中央集権型行政システムの限界から、経済の潜在力を十分に活用できる分権型行政システムに転換が急務とされるとした。そこで二一世紀に向けた分権制度の推進方策を四点につき言及している。

まず第一点は、国と地方との役割分担を大胆に見直すこととされた。基礎的自治体である市町村の行財政能力の拡充と、都道府県については総合的な自治行政主体として広域的行政と市町村行政の補完・支援が求められた。

第二点として、上記を着実に実行すべきとして地方自治体への権限移譲と機関委任事務を含む国の関与などの縮減・廃止が提唱された。ただし、機関委任事務については廃止ではなく縮減・合理化となった。

三点目として地方分権に伴う事務事業の拡大に対応する財政基盤の強化がとり上げられた。財政基盤強化への検討課題として、地方税財源の充実強化、地方交付税の簡素化と配分方法の合理化、補助金の一般財源化と補助基準の緩和・総合化、地方債の許可制度の弾力化・簡素化などをあげている。

四点目は自立的な地方行政体制の確立として現行の市町村、都道府県という二層の自治体を基礎としつつも、自立的地方行政体制に向けた法的・制度的整備と、地方分権の大綱方針の策定、とりわけ地方分権特例制度（パイロット自治体）、中核市や広域連合、地方拠点法の積極的活用、つまり自治体の行政組織の拡大とそれに伴う合併推進のための支援措置が提唱された。さらに都道府県レベルでの広域行政に対処するために広域連合制度の活用と、現行制度によらない新しい広域的自治体制度（いわゆる道州制）の検討を指示し、二段階での自治体広域化を目指したものとなっていた。

最終答申は従来の地方自治制度やイメージを転回させ

る革新性をもたらした。列挙すれば、①国と地方の役割分担を文章で明確にして、そのうえで国の役割を限定列挙したこと ②機関委任事務の縮減・合理化を明言し、将来の廃止にむけた端緒となったこと ③地方分権の手順と手法を示すことで錯綜した論議を収束させたことにある。

地方分権の手順と手法とは、内閣の責任とリーダーシップの発揮によって地方分権大綱の作成、および大綱に基づく地方分権推進基本法の制定を指示し、今後の分権改革は現行の市町村および都道府県を対象に実施することを指す。第三次行革審最終答申といえども合議による作成物であるし、機関委任事務に見られるように妥協の産物でもあったが、分権改革の実施過程においてさらなる換骨奪胎を余儀なくされていった。

しかし、最終答申が地方自治の理想に近い形を文章で明確化したことは、自治の原点を最初に示した点からも歴史的意義が認められるものであり、現状との差異を理念とのギャップとして捉え直すことで現代を検証することも可能となろう。

総務省レポートが示すように、「平成の大合併」は最終答申の四点目を除けば、第三次行革審最終答申に沿い、内閣の管理下の下で実現された官製の合併だったことが理解できる。これでは政府の評価としては充分に納得いくものだったといえる。

平成の大合併の成果と課題

それではここで平成の大合併の結果と、政府の語る成果をデータを基礎に見てみたい。全国の自治体数の推移から見る。

合併前にあった自治体総数は一九九九年（平成一一）三月末の三二三二団体から、二〇一四年（平成二六）四月には一七一八団体に減少した。減少自治体数は一五一四団体に及び、減少率は四七％となった。約半減したことになる。

同時期における市町村別の増減内訳では、市が六七一団体から七九〇へと一一九団体の増加をみた。増加率では一八％も増加となる。町は一九九〇団体から七四五団体と激減し、減少数一二四五団体、減少率は六三％に達した。村は五六八団体から一八三団体となり、三八五団体が減少、六八％の減少率となった。

減少した一五一一団体の多くは町と村であり、両団体の減少率は六割を上回った。全国でも同様の状況が見られ、合併前に村のない県は兵庫県と香川県だけであったが、合併後には、栃木、石川、福井、静岡、三重、滋賀、広島、山口、愛媛、佐賀、長崎県が加わり一三県に拡大した。

平均人口は合併以前の三万六三八七人から、合併後には六万八九四七人へ一・九倍に増加し、平均面積は一一四・八平方キロから二一五平方キロと一・八七倍に広がった。

全国における人口比率を平成一一年から平成二〇年までの推移を見ると、市の人口比率は七六・八％から八八・八％にまで増加し、町は二一・一％から一〇・四％に下落し、村は二・一％から〇・八％に落ちた。面積比率では市が二八・三％から五六・三％と大幅に増加し、町は五五・五％から三七・〇％へ、村は一六・二％から六・七％にそれぞれ下落している。

これまで見たように、「平成の大合併」は全国の自治体数を半減させた。政府は二〇〇〇年（平成一二）一二月に「行政改革大綱」を閣議決定し、政府として「合併後の自治体数一〇〇〇」を目標として明確化した。この数値は、自民党行財政改革推進協議会の数値目標を受けいれたものである。従って、数値目標としては遠く及ばず、大合併が成功したとはいい難い側面はある。

だが、合併時期を詳細に検討すると、政府の企図が着実な遂行を遂げていたことが判明する。大合併は〇五年度末（〇六年三月末）までに集中して実行され、一四一一団体がこの時期までに消滅した。〇六年以降は新法の期限切れである一〇年までに合併した自治体はわずかに九一団体にとどまっている。つまり、「平成の大合併」は、旧法である市町村合併特例法の期限切れである〇六年三月以前に集中しているのだ。

団体数の年次的な減少推移を見てみよう。一九九九年（平成一一）三月時点において、三二三二団体あった市町村数は二〇〇〇年（平成一二）度末では三二二七団体、〇一年度末に三二二三団体、〇二年度末に三二一二団体、〇三年度末では三一三二団体となっており、この五年間の自治体減少数はわずか一〇〇団体に過ぎない。それが〇四年度（平成一七）末には二五二一団体となって、減少数は六一一団体と飛躍的に増加した。〇五年度末にはついに一八二一団体となり、減少自治体は前年比で七〇〇団体、両年（〇四・〇五）度では一三一一団体を数えた。

この様に合併は、合併特例法（旧法）の期限切れ直前の〇四〜〇五年度の二年間に集中したことが特徴の一つとなっている。〇五年度以降では、〇五年度末に一八〇四団体、〇六年度末では一七九三団体、〇七年度末には一七七三団体にまで減少した（データは総務省レポートを参照）。

その理由は明白である。旧の合併特例法では、合併市町村に対し、合併関連事業経費のほとんどの財源に地方債を充当でき、その七割を普通交付税で措置できる。また、合併後の地方交付税を今後一〇年間減額しないとするアメの政策が用意されたからである。

その一方、ムチとしては三位一体改革によって地方交付税の大幅な削減が実施され、さらには小泉首相（当時）の諮問機関である地方制度調査会（二〇〇二年／第二六地制調次）からは、人口三五〇〇人満の小規模自治体の実施事務を窓口業務程度に限定させることで、近隣都市との合併をなかば強制的に促進させる検討案も浮上した。

この恫喝ともいえる検討案によって、将来の財政運営への不安から合併への選択を余儀なくされる小規模自治体も少なからず上った。「平成の大合併」がアメとムチによる合併推進策だと揶揄される所以である。いづれにしても住民自治による合併の是非の判断に先行する形で合併が推進されたことは、地方自治の本旨にもとるとの批判はまぬがれえない。

日本における変革は、古くは明治維新、財閥解体や農地改革・労働の民主化といった戦後改革の例をひくまでもなく、その原動力となったのは外圧であった。あるいは、お上＝支配層からの強制であることが多く、下層からの改革は見あたらないのが実情である。

地方自治制も然りであった。明治政府は明治二二年大日本帝国憲法発布の年に市町村制を定め、これまでの自然村落を中央集権国家の行政機構に編成し直し、これを「地方自治制」と称したが、主要業務は中央政府の委任事務がほとんどであった。

地方行政の担い手となったのは、地主や豪農といった地方名望家たちだった。今回の住民の内発性を欠いた大合併と、明治黎明期における自治制度の誕生とは本質的にどれほどのちがいはなく、日本の社会構造は幕末・明治維新期と同様な構造を保ち続けている。

第三次合併が始まる

このように「三位一体改革」は政府による合併推進策として重宝な政治手法、ツールとして使用された。従って、「平成の大合併」の当初目標一〇〇〇自治体の実現に向けた、第三次改革シナリオが近い将来に提唱される可能性は排除できない。なぜならば、地方自治制度は合併によって強化拡充されずに、むしろ以前から存在した構造的な欠陥を暴露し、甚だしい機能低下に陥ったからだ。それ故にこそ、都道府県制を超える広域行政への模索が求められているのだ。

第三次行革審最終答申では、今後の分権改革の方途を市町村と都道府県の二層に求めたが、その理由は改革論議が拡散し焦点を失うことを怖れたためであった。

この時期には道州制の導入の是非をめぐる論議が巻き起こっていた。道州制を巡るこれまでの論議は、国や経済界の視点に立った都道府県の再編成が中心議題となっており、再編で求められた機能とは、合併によって広域化した基礎自治体を補完することのできる広域的自治権・経済圏をつくることにあった。

二〇〇六年（平成一八）二月に第二八次地方制度調査会『最終答申』では、現行の四七都道府県を廃止し、それに代わる広域自治体として九～一三の道または州を置くことが提案された。〇七年四月に設置された地方分権改革推進委員会でも道州制の導入は改革の柱となっていた。道州制を含めた広域行政の構築、あるいは都道府県の再編成は分権改革の本丸と位置づけられていたのだ。

第三次行革審最終答申は、いわゆる道州制を検討課題として先送りしたが、「平成の大合併」は府県制度とその機能の空洞化を著しくさせ、その結果として基礎自治体のさらなる機能強化・拡充、及び道州制を含めた広域行政を求める再論議の声が高まってきたのだ。

都道府県の空洞化の典型例を静岡県に見ることができる。まず、静岡県の合併状況を同じ時期で比較すると、自治体数は合併前の七四団体から三五団体（二三市一二町）となった。三九団体が減少し、減少率は五三％となった。団体別の内訳では、市が二一団体から二三団体へと二団体増加し、町は四九団体あったものが一二団体へと七六％もの減少をみた。減少数は三七団体である。村は以前には四団体あったがゼロとなった。中でも特徴といえるのが静岡市と浜松市の事例である。

合併前の静岡市は人口約四七万二〇〇〇人、総面積は一一四六㎢であった。清水市と蒲原町との合併によってできた新しい静岡市は人口約七〇万二〇〇〇人（二〇一六年一〇月現在）、総面積は一四一一・九㎢となった。浜松市は合併前の人口約五五万五〇〇〇人、総面積二五七㎢であったものが、近隣の二市八町一村との合併後には人口が七九万七〇〇〇人（二〇一六年現在）を超え、総面積は一五五八㎢と一挙に広がった。

両市を合わせた人口は一四九万九〇〇〇人を超え、総面積は約三〇〇〇㎢となって、人口では県民人口約三六八万七〇〇〇人の四割強を占め、総面積では三八・五％と四割弱を占めるに至った。両市は大都市特例制度の適用を受けることで、静岡市は〇五年四月に、浜松市は〇七年四月に政令指定都市に昇格した。いわば、静岡県は人口・総面積もふくめた行政規模と機能は六割程度に縮小されたといえる。

このように、都道府県の空洞化は大都市の成長・発展と表裏の関係にある。合併以前に我が国の人口三〇万人以上の都市は六四団体、その総人口は四一一三万超であった。それが二〇一〇年（平成二二）には七二団体を数え、日本国土わずか八・二％の面積上に四七七四万人を超える人口を抱えて、我が国人口の四〇・〇％を占めるに至っている。

一方で総務省の前掲レポート『「平成の合併」について』では、次の認識が示されていた。現在（二〇一〇年）においても、合併特例法で特例的に市の要件とした人口三万人以上という基準を満たさない自治体は九二六団体と半数以上あり、その中でも一万人未満が四五九団体と約半分を占めた。さらに地方自治法による本来の市の人口要件五万人以上を満たしていない自治体は未だに一一八五団体と、全体の約七割を占める状況にあるという。そして人口一万人未満の市町村は今回の合併の進捗率が低い都道府県に多く所在すると指摘し、今後の合併への期待を強くにじませたものとなっていた。

五万人未満自治体の総人口は、二〇八九万人未満であるが、地域面積では日本の六〇・四％を占めている。つまり、我が国の地方制度は、国土の六割に自治法上の市に該当しない七割を超える自治体がひしめき、隣接する地域には都道府県と同等レベルの権限を有する大都市がこれらの地域とは何らの連携も役割分担もなく併存している。そして、従来の六割程度の行政規模と権能しかもたない都道府県がその上に位置するという非常にいびつな構造となっているのだ。

今や空洞化した都道府県の機能強化は、喫緊の課題となっている。そのうえで、中小自治体との協働連携や役割・機能分担をふくめた新しい大都市制度の設計を早急に手掛けなければならない。従来からの上下主従関係であるタテ型行政関係から、平等な自治体同士が連携するヨコ型行政関係を基軸とした自治組織への転換といえる。

第三次改革シナリオが現実性を帯びるもう一つの理由は、小規模且つ財政力が脆弱な自治体改革は大きな課題として依然として残されたままだからだ。二〇〇五年（平成一七）から小規模町村にさらなる合併を求める新特例法が施行されたが、〇五年度末に一八二一団体であった自治体数は三年後の〇八年度末においても一七七七団体が存在し、減少数は四四団体に過ぎない。合併を地域類型別に見た前掲レポートは、「平地及び中山間の7割弱が合併したのに対し、都市で合併したのは4割にとどまっている。また、中山間で合併したもののうち半数以上は、中山間同士の合併であった。」と述べ、合併による都市レベルの自治体創設に失敗したことが伺える。

先の合併評価では、財政基盤強化策の寄与分が大きいことを述べたが、注意すべきは財政効果は短期的だということだ。地方交付税の優遇措置も特例債も対象期間は一〇年間に限定され、財政効果は急速に低減する。

財政力が弱い地方にとって、特例債発行による新たな債務発生により財政基盤はさらに脆弱化することは必至である。つまり、地方交付税や国庫補助を操作して合併のインセンティブを引き出す手法は、合併の実施如何に関わらず自治体改革にメリットをもたらしていない。

例えば、前掲レポートは合併のデメリットとして以下の三点を上げた。

①住民の声が届きにくくなった。役場への事実上の距離が遠くなるばかりではなく、公共施設利用の困難も増加している。市職員の減少も住民との距離感の広がりにつながっている。

②スーパーの撤退や路線バス廃止などに伴う周辺部のさ

びれ、及び中心部との格差の広がり。
③住民サービス向上の評価がある半面、個人・団体への補助制度の見直しによって住民サービスが低下したとの意見が強いと述べている。

レポートでは、デメリットの記述はわずかにふれられただけであるが、これらは住民主導ではない合併がもたらす典型的な事例として、当初から危惧されていたものだ。いわば、以前から存在した地方自治の様々な問題点や課題、不安や不満、そして日本の地方自治が抱える構造的な弱点や欠陥は、依然として払拭できない状態にあることを再証明したに過ぎない。

このことは、日本の自治制度の構造的な欠陥や問題解決に合併手法は答えられていないことの証左となる。国民の不安・不満の解消にもつながらず、むしろ自治体の財政的疲弊は国民の不安・不満を増大させる可能性は高くなっているといわざるを得ない。

私たちの歩むべき道

二〇一〇年（平成二二）の合併特例法改正によって、いわゆる政府主導の合併推進運動は終了したといわれる。しかし、総務省レポートに見られるように、合併の功績は国の財政面に限定されており、地方自治体はほとんどその恩恵に預かっていないし、仮に預かったとしても持続的効果はなく、遠からず地方自治体は財政的困難に直面することになろう。合併による基礎的自治体の財政面も含めた強化拡充の実現化が図られていないからだ。

前掲レポートにおいても、率直にこれらの事実を認めたうえで、五章「基礎自治体に係る今後の課題」では、筆頭に行財政基盤強化をあげ次のように述べた。

「平成の合併は、全体としては大きく進展したものの、地域ごとには大きな差異があり、特に大都市部を抱える都道府県や面積の広大な北海道などはあまり進んでいない。また、人口一万未満の市町村が４５９存在し、特に市町村合併の進捗率の低い都道府県に数多く存在している。――略――こうした観点に立つと、市町村の行財政基盤の強化を図り、よる一層の効率化を図るべき存在していると考えられる。多様な取組みにより、地域主権を担う市町村の行財政基盤を強化することが課題となっている」

まさに驚くべき指摘だ。「平成の大合併」は自律した行財政基盤をもつ基礎自治体の創設が目的であったにもかかわらず、合併後の今日においてさえ、行財政基盤の強化が最優先課題とされているのだ。

日本経済は一九九〇年代初頭にバブル経済が崩壊して以降、わずかな景気回復の期間を除いて長期停滞に苦しんできた。今日においてさえ、日本経済の足取りは依然として弱く、膨大な国家債務に伴う財政危機は解決に至らず、「失われた一〇年」とか、あるいは「失われた二〇年」と称されるデフレ不況からの脱却はできていない。安倍第二次内閣が掲げる経済政策、いわゆるアベノミクスもデフレ長期不況からの脱却をその中心課題にしている。だが、政権発足時に公約した「二年以内のデフレ脱却」は果たせないでいる。

日銀は二〇一五年（平成二七）五月に開催した金融政策決定会合で、二％の物価上昇率の達成目標時期を一年間先送り、「一六年度前半ごろ」とした。黒田東彦総裁が唱える「異次元金融緩和」を支える重要施策であるインフレ・ターゲット論が現実に効果を及ぼしていないことが理由である。東京新聞は五月一日付けの解説で、『政府の成長戦略などの改革が進まない中で金融政策による「時間かせぎ」の限界は見え始めている』と論評は厳しい。

二〇一六年末（平成二八）現在では、日銀は五度目の先送りと経済見通しの修正を発表した。こうした状況は平成の大合併時と酷似している。赤字国債は一〇〇〇兆円を超えて積み上がり、国債リスクは膨らむばかりでデフレ不況の出口も見えないとなれば、財政破綻を避けるための新たな合併政策が提唱されるは必定である。

今後の地方自治の展開については、二つの見解が対立している。一つは短・中期的に見て第二次の大合併はないとする立場である。第二九次地方制度調査会は政府主導による合併推進を終了する旨の答申を決定している。合併市町村の間にも地域住民の間にも合併疲れが見られ、新たな統合・再編より各自治体は平成大合併でも積み残された諸課題の解決、解消を目指すとともに、合併後の自治体住民と地域の統合融和図りながら新しい基礎自治体の形成に努め、行財政基盤の確立と、新しい地域共同社会の実現に努力すべきとする考え方である。

二つ目の見解は合併運動の波が再来することは必至として、日本の構造変革は国民が予期しない形で強圧的に実施されるであろうとする立場をとる。理由は日本の財政危機はかつてないほど深刻化しており、その解決策として再び地方財政制度に手をつけざるを得ないとする。

最近隆盛している少子高齢化論を発展させた「地方消滅」、「東京消滅」論などは、少子化社会の到来を必然とみなし、所与の要件とすることで財政削減やむなしの風潮を作り出そうとしているのではないかとの見解をとっている。筆者もこの立場をとる。

確かに日本の社会構造上の変化も、地域社会に大きな影を落としていることも見逃せない。少子・高齢化社会から人口減少社会への変化は、大きな構造転換となって地方を襲うことは必定であり、看過して通ることはできない。高齢化率は平成二七年一〇月現在では二六・七％に達しているが、この高齢者層はやがて消失していく運命にある。人口減少社会が地方にもたらす衝撃によって、地方が如何なる変容を余儀なくされるのか、そのインパクトの広さや深刻さを想定し、対策を講じる必要があることも事実である。

『地方消滅』（増田寛也著／中公新書）が発表された以降、政府系学者や評論家による同様の趣旨の出版物が数多く発刊された。何らかの意図が働いていることは想像に難くない。何よりも第二七次地方制度調査会（以下／二七次地制調）の中間報告を想起せずにはおられない。

同中間報告は、二〇〇三年（平成一五）の時点で、つまり平成の大合併を促進させた合併特例法の失効以前に、人口減少による小規模自治体への影響を次のように公表した。

「少子高齢化の進行により、2030年には人口5千人未満の市町村が現在の約700団体から1200団体近くに増加し、特に小規模な市町村についてより深刻な影響を与え、これまでのような職員や財政基盤を維持できない状態に陥ることが予想される」。まさに「地方消滅」が同様の状況認識にたっていることが理解できる。同報告書は小規模自治体を合併に駆り立てるに十分な恫喝として作用した。

だが、地方消滅論が描く人口減少社会の恐怖は幻像であり、政府の経済失政・労働政策の失政を覆い隠す狙いがあるといってよい。ニッセイ基礎研究所の井上智紀氏は、朝日新聞社が行なった日銀の経済見通しの下方修正と目標達成の先送りについてのインタビューに応えて、「世代を問わず将来不安が強く、自己防衛で消費を抑えているためだ」（朝日新聞・一六年一一月二日付）と指摘した。生活防衛と将来不安に脅かされる国民は、過剰なまでに貯蓄に励むことで国民の購買力は抑制され、景気回復から景気循環への好サイクルは望めない。人生における病気、障害、介護、失業など様々なリスクを自己責任論や家族の自助努力に任せるのではなく、私たちが収めた税金が必要なときに財やサービスとして享受できる社会システムの構築が今こそ望まれている。

一九九〇年（平成二）に八八一万人だった日本の非正規労働者数は、二〇一四年（平成二六）には一九六二万人に及んだ。厚生労働省の「就業形態調査」（一五年一二月発表）によれば、民間事業者に勤めるパート、アルバイト、フリーター、業務請負、労働者派遣などの就業形態をとる非正規雇用者はついに全労働者の四割を超え、四〇・五％に達したという調査結果が出た。

総務省「労働力調査」では、一九八四年（昭和五九）に一五・三％だった非正規雇用率は、九四年に二〇・三％となって二割を超え、〇四年には三割を超えて三一・四％を記録した。非正規雇用率はその後も次第に上昇を続けて一四年には三七・四％を示している。実に労働者の三人に一人が非正規雇用の状態にあり、しかも自ら望んで非正規雇用を選択したのではない。非正規雇用者の七割が正社員を希望していることからもほかに選択肢がなかったことが伺える。

彼らは低賃金ばかりかボーナス・退職金もなく、各種社会保険の加入へも事実上拒まれていてほぼ無権利状態にある人々なのだ。非正規雇用率が四割にまで至れば、もはや自己責任論は破綻し、最近では公然と語られることは少なくなった。むしろ、政府の無策あるいは意図的な誘導策と断ぜざるを得ない環境下にあるといえる。

彼らの所得額は正規雇用者の六割程度に抑えられて、年収二〇〇万円台の低所得者層となっている。日本の相対的貧困率は厚生労働省の「国民生活基礎調査」（一四年七月発表）によれば一六・一％に達しており、その貧困線（国民の等価可処分所得の中央値の半分未満）は一二二万円であった。ここから推定しても、非正規労働者の年収は二五〇万円前後が多数を占めると思われる。これでは結婚して家族をつくり、家庭生活を営むことがどうやって可能になるのだろうか。

二〇〇八年（平成二〇）当時の福田康夫内閣の下で社会保障国民会議は中間報告を発表し、年金制度改革問題にふれ、現行制度への不信は制度運営に関わる国（社会保険庁／厚生労働省）への不信であるとの認識を示した。そのうえで「非正規雇用者・非適用事業所雇用者については、厚生年金の適用を拡大する」との方向性を打ち出したが、その後の歴代政府は具体的な方策を示さないでいる。

二〇一四年（平成二六）の企業の内部留保は三二四兆円（財務省法人企業統計）と過去最高を示した。その一％でも課税し、非正規雇用者の救済財源にあてたならば、ワーキングプア問題は一挙に解決となろう。

年収でいえば、低くなったのは非正規労働者ばかりではない。国税庁「民間給与実態統計調査」によれば、一九九九年（平成一一）に四六一万三千円だったサラリーマンの平均給与は、〇一年に四五四万円となり、〇五年には四三六万八千円、〇八年には四二九万六千円と、一〇年にわたって下がり続けた。給与の低下傾向はいまだに続いており、さらには長時間労働とそれに伴う過労死・過労自殺の問題がサラリーマン世界にはご丁寧にも付随している。サラリーマンもまた、安定的な将来設計を描くことができないでいる。

人口減少社会の現象を固定化して捉えるべきではない。人口減少対策が無用だというのではない。人口減少社会を到来させる原因はいくつかあるが、女性の場合では出産育児によってキャリアダウンし、生涯賃金に大きな差を生じさせる。子どもをもつコスト上昇による生活変化へのリスク意識と不安。命や子どもに対する価値観の変化などが主なものといわれる。だが、短期的には経済・社会政策的結果である貧困によるものとされる。

つまり、日本経済がデフレから脱却できない経済的要因と重なるのだ。といっても、経済政策としてのデフレ脱却策はある程度の即効性が期待できるにしても、人口減少は長期にわたる施策の結果なのであるから、要因を除去すればただちに人口が回復傾向に向かうものではない。当面の施策としての雇用と所得環境整備という短期的な経済政策を除いた長期的な人口減少対策は、経済政策とは別に講じなくてはならない。

では、人口減少対策における経済政策とはどのようなものか。結論をいえばこれまで有効とされてきたデフレ脱却政策を逆転させたものとなる。優先すべき今後における短期的な政策課題は、マクロ経済運営及び財政力を強化するため小さな政府論から脱却し、財政基盤強化に努めなくてはならない。さらには雇用労働政策も重要である。これまでの繰り返しになるが、労働環境を整備して労働規制緩和策を縮小・撤回することで非正規労働者のこれ以上の増加を阻止し、賃金所得環境の整備として同一労働同一賃金を早急に実現させ、全国の最低賃金を一六〇〇円以上（これでようやく一日一万円となる）とするための法整備など、構造改革や環境改善が必要となる。

国の財政力基盤強化では、消費税増税の公約を守り、社会保険制度への信認を高めたうえで、社会保障の財源の確保するための税制改革として、富裕層優遇を改め個人・法人所得税への累進課税の強化、消費税の輸出還付金の廃止、法人税への外形標準課税の強化、企業の内部留保への課税などが望まれる。

財政の再配分機能の強化も重要課題となる。社会保障（年金・医療・介護）の財政的脆弱性を克服しその拡充強化を図ることは、国民のワークライフバランス（仕事と生活の調和）を適正に保ち、国民生活の安定と将来不安の除去に重大な効果をもたらすと考える。これだけの改革でも相当な非正規雇用者の救済となることはまちがいない。

第二七次地方制度調査会から学ぶもの

現在において私たちがなすべきことは、政府の発表するデータに右顧左眄し、国の財政危機キャンペーンに便乗して地方財政の削減を当然のこととして受容するのではなく、『未完の分権改革』（前掲書／西尾勝著）としか捉えられなかったこれまでの地方自治から脱却して、新しい地方自治あるいは地方自治の本旨を具現化していくことにある。参考とすべきは、第二七次地方制度調査会（以下／二七次地制調）の中間答申及び答申を巡る議論である。

第二七次地制調は、会長を諸井虔氏（地方分権推進委員会委員長）、副会長を西尾勝氏として、二〇〇一年（平成一三）から〇三年にかけて活動し、〇三年四月三〇日に『今後の自治制度のあり方についての中間報告』を公表した。この報告書の中で提言されたのが、「新しい公共」、「新しい公共空間」などと呼ばれた公共性概念であった。

公共性概念の転換の試みは、九〇年代後半にはすでにためされており、九七年一二月の行政改革会議最終報告においては次のような論述が見られた。

「まず何よりも、国民の統治客体意識、行政への依存体質を背景に、行政が国民生活の様々な分野に過剰に介入していなかったかに、根本的反省を加える必要がある。徹底的な規制の撤廃と緩和を断行し、民間にゆだねるべきはゆだね、また、地方公共団体の行なう地方自治への国の関与を減らさなければならない。〝公共性の空間〟は、決して中央の独占物ではないということを、改革の最も基本的な前提として再認識しなければならない。」（行政改革会議最終報告／第一章　行政改革の理念と目標）

第二七次地制調中間報告が示した公共性概念の転換は、行政改革会議最終報告を基礎としながら、さらに敷衍《ふえん》化し再定義したものとなった。本稿では六章において新しい公共概念を批判した。その理由は新しい公共概念の転換を哲学的、且つ理想的に語っていても、その実態は行政内部における私的利益の追求でしかなかったからだ。民間企業経営の究極的な目的は私的利益の最大化にあり、それが公共政策となぜ融合化しなければならないのか、果たして融合化は可能なのか、そのメッセージが明確に伝わってこないのだ。

しかし、批判があってもすべてを否定することにはならない。家庭で調理に使用される便利な包丁も悪用されれば凶器になると同様に、公共性概念も活用次第で輝く未来への指針にもなれば、私的利益の道具に悪用され堕落したものにもなるからだ。では以下に第二七次地制調の公共概念の内容を示す。

「我が国の地方自治制度は、平成12年の地方分権一括法の施行により、そのありようを一新し、次なるステージを迎えようとしている。市町村は、基礎自治体として包括的な役割を果たしていくことが期待されており、――中略――地域においては、コミュニティ組織、NPO等のさまざまな団体による活動が活発に展開されており、地方公共団体は、これらの動きと呼応して新しい協働の仕組みを構築することが求められている。」（二七次地制調中間報告・前文）

続いて第一章において「地方分権時代の基礎的自治体の構築」と題し次の認識を示した。

「基礎自治体は、その自主性を高めるため一般的に規模が大きくなることから、後述する地域自治組織を設置することができる途を開くなどさまざまな方策を検討して住民自治の充実を図る必要がある。また、地域における住民サービスを担うのは行政のみではないということが重要な視点であり、住民や、重要なパートナーとしてのコミュニティ組織、NPOそのほか民間セクターとも協働し、相互に連携して新しい公共空間を形成していくことを目指すべきである。」

ここでいう基礎自治体とは、行政区としては市町村であるが、従来の市町村に比べはるかに広域的、総合的、自律的な包括的行政主体として捉えられており、人口規模も二〇万人程度を抱え、豊かな財政基盤と権限を有し、専門的な職員集団によって高度化する行政事務に対処しうる行政組織と想定されていた。

地域自治組織は、基礎自治体の規模が増大化するに従い、内部自治機能の減退や空洞化が予想されるため、その影響を阻止する目的をもって基礎自治体が任意で創設できる地域共同的な事務処理組織とされている。

さて、二七次地制調が提示した新しい公共空間には、三つのキーワードがある。「住民サービス」、「協働」、「パートナー」である。

「住民サービス」には介護・保健医療、障害者福祉、社会教育、子ども健全育成、文化・芸術・スポーツ信仰、災害救助、街づくりなどの様々な分野があるが、その提供する主体は行政に専属していた。提言では自治体以外の民間セクターが住民サービスを行なえるように、視点の転換と連携を促して新しい公共空間を目指すとされた。

「協働」も新しい公共性概念として提言された。これまで行政サービスを民間セクターが実施するにおいては、業務委託などの形をとる場合が多く見られたが、「協働」では行政と一体化し融合化して、共同的に業務遂行にあたるものと考えられている。

「パートナー」は、実施主体が民間セクターである場合においても、その立場は行政と対等・平等であり、業務請負や代理業務のように下位の地位に甘んじるものではないとした。「住民サービス」「協働」「パートナー」の三つのキーワードは、その概念に共通の内容をもちながら、それぞれが相互に連携して新しい公共空間の創出を図るとしている。いわば、地域社会の経営に伝統的な行政サービスという視点を捨て、民間経営のノウハウや経営感覚を導入しながら公共政策を遂行するものといえる。

これだけを述べると、何かよいことだらけに思えるが、むしろ課題に困難性は多く見い出される。かつてのバブル期における第三セクターの事例を引き合いに出すまでもなく、市場原理を導入し民間活力を図ることを期待されたモデルケースであった第三セクターは、意思決定過程の透明性において、意思決定の迅速性において、さらには経済効果（コスト削減）の在り方、組織の柔軟性、最終責任の有無のいずれにおいても、行政に比べ優位性を示すことはできなかった。行政・自治体に限界があることは確かな事実であるが、民間セクターあるいは市場原理にも限界は存在するのだ。おそらく、大多数の国民にとって、行政サービスが民間事業者をパートナーとして提供されることに具体的なイメージとして湧かず、サービスの提供側としても、受給側としての体験も少ないことが一因と思われる。

だが、少なからぬ地方自治体やその関係者は、「協働」に対して思いがけない反応を示した。「協働」の概念を新しい公共空間と位置づけ、自治体経営、とりわけ福祉や街づくりに積極的に活用する試みが全国各地で見られるようになった。ここでは新しい公共空間といえども、「公」と「私」は分離されておらず、むしろ公共とは私的概念を要素として構成される空間・場として認識されていた。

大杉覚・首都大学東京大学院教授は、大森彌氏との共著『実践まちづくり読本』（大森彌・山下茂／他共著・公職研）の中で、「自治創造の可能性への追及」として次の事例を紹介している。

まず新しい公共概念を自治体経営と結びつけた事例として、神奈川県大和市「新しい公共を創造する市民活動推進条例」、東京都の多摩市市民まちづくり協議会の二つがあげられた。

二つの事例は、市民、市民団体、NPO、事業者そして行政が協働・連携し対等なパートナーシップのもとに知恵・時間・資金・場所・情報を出し合い地域サービスをともに担うことが共通とされている。さらには市民参加を権利として制度的に保障する試みも全国各地に散見されるとして、北海道「ニセコ町づくり基本条例」、「西東京市市民参加条例」、東京都狛江市、神奈川県横須賀市、石川金沢市などの先進な取組みが紹介された。もちろん、各地域での新しい取り組みはこれだけにとどまるものではなく、現時点での評価も様々であるにちがいない。

筆者は残念ながら、かような貴重な試みを現地において見聞体験する機会に恵まれず、文献資料での情報知識にとどまっているのが実情である。だが、こうした多様な試みの集積がやがて大樹となって地方自治の姿を大きく転換させることになると期待するものである。もちろん、道は厳しく多難でさえある。海図なき航海でさえある。

首長及び地方議会の役割と責任は、従来に比べ格段に増す。行政庁も従来にない企画力や執行力、調整力などが要請されよう。これは新しき地方政治と行政の出発となる。日本の真の構造改革は地方自治改革にほかならない。自治体改革こそ日本の新しい国づくりが始まるといえる。

主要参考文献

「地方分権改革／平成の大合併関連」
・佐々木信夫『自治体をどう変えるか』ちくま新書（２００６）
・佐々木信夫『自治体政策』日本経済評論社（２００８）
・林宜嗣『新・地方分権の経済学』日本評論社（２００６）
・大森彌／山下茂他共著『実践まちづくり読本』公職研（２００９）
・大森彌共著『自立と協働によるまちづくり読本』ぎょうせい（２００４）
・大森彌『変化に挑戦する自治体』第一法規（２０１０）
・村松岐夫『行政学教科書』有斐閣（１９９７）
・西尾勝編著『分権型社会を創る』ぎょうせい（２００１）
・西尾勝『未完の分権改革』岩波書店（１９９９）
・新藤宗幸『地方分権』岩波書店（１９９９）
・阿部斉／新藤宗幸『概説日本の地方自治』東京大学出版会（１９９９）
・川瀬憲子『「分権改革」と地方財政』自治体研究社（２０１１）
・富田俊基『日本国債の研究』東洋経済新報社（２００１）
・兼子仁『新　地方自治法』岩波新書（１９９９）
・兼子仁『変革期の地方自治法』岩波新書（２０１２）
・坪郷實編著『新しい公共空間をつくる』日本評論社（２００４）
・松本英昭『要説地方自治法』ぎょうせい（２００９）

・増田寛也編著『地方消滅』中公新書（2014）
・増田寛也編著『東京消滅』中公新書（2015）
・山下祐介『限界集落の真実』ちくま新書（2012）
・山下祐介『地方消滅の罠』ちくま新書（2014）
・菅沼栄一郎『村が消えた』祥伝社新書（2005）
・矢作弘『縮小都市の挑戦』岩波新書（2014）
・田島義介『地方分権事始め』岩波新書（1996）
・重森暁『地方分権』丸善ライブラリー（1996）
・藤田孝典『下流老人』朝日新書（2015）
・藤田孝典『続・下流老人』朝日新書（2016）
・日本経済新聞社編『地方崩壊　再生の道はあるか』日本経済新聞社（2007）

「アベノミクス関連」
・岩田規久男『リフレは正しい』ＰＨＰ研究所（2013）
・岩田規久男『デフレの経済学』東洋経済新報社（2002）
・岩田規久男『日本銀行とデフレの番人』日経プレミアシリーズ（2013）
・岩田規久男『日本銀行は信用できるか』講談社現代新書（2009）
・伊藤隆敏『インフレ・ターゲティング』日本経済新聞社（2001）
・植田和男『ゼロ金利との闘い』日本経済新聞社（2006）
・片岡剛士『アベノミクスのゆくえ』光文社新書（2013）

・片岡剛士『日本経済はなぜ浮上しないのか』幻冬舎（2014）
・片岡剛士『円のゆくえを問いなおす』ちくま新書（2012）
・上川龍之進『日本銀行と政治』中公新書（2014）
・小幡績『リフレはやばい』ディスカバー携書（2013）
・大瀧雅之『平成不況の本質』岩波新書（2011）
・井上哲也『異次元緩和』日本経済新聞社（2013）
・三橋貴明『アベノミクスで超大国日本が復活する』徳間書店（2013）
・井堀利宏『日本の財政改革』ちくま新書（1997）
・廣宮孝信『さらば、デフレ不況』彩図社（2010）
・櫨浩一『貯蓄率ゼロ経済』日本経済新聞社（2006）
・湯本雅士『日本の財政』岩波書店（2008）
・野口悠紀雄『日本を破滅から救うための経済学』ダイヤモンド社（2010）
・野口旭『経済論戦』日本評論社（2003）
・竹森俊平『経済論戦は甦る』日経ビジネス文庫（2007）
・朝日新聞社編『経済大論戦』朝日新聞社（2003）
・中野雅至『ニッポンの規制と雇用』光文社新書（2014）
・川北隆雄『日本国はいくら借金できるのか』文春新書（2012）
・深尾光洋『日本破綻』講談社現代新書（2001）
・本田悦郎『アベノミクスの真実』幻冬舎（2013）
・加藤出『日銀は死んだのか』日本経済新聞社（2001）

・加藤出『日銀出口なし』朝日新書（2014）
・苫米地英人『なぜ経済大国なのに貧しいのか』フォレスト出版（2012）
・牧野富夫／村上英吾『貧困と格差がわかる20講』明石書店（2009）
・渡辺孝『不良債権はなぜ消えない』日経BP社（2001）
・高橋乗宣（監修）『日本国債』かんき出版（2002）
・土居丈郎『財政学から見た日本経済』光文社新書（2002）
・吉野俊彦『これがデフレだ』日経ビジネス文庫（2001）
・倉山満『検証　財務省の近現代史』光文社新書（2012）

「金融危機の発生から平成不況関連」

・竹森俊平『1997年―世界を変えた金融危機』朝日新書（2007）
・週間ダイヤモンド編集部『ドキュメント住専崩壊』ダイヤモンド社（1996）
・岩田規久男『「小さな政府」を問いなおす』ちくま新書（2006）
・塩田潮『金融崩壊』日本経済新聞社（1998）
・塩田潮『大蔵省の不覚』日本経済新聞社（1993）
・小此木潔『財政構造改革』岩波新書（1998）
・中谷巌『資本主義以後の世界』徳間書店（2012）
・若田部昌澄『日銀デフレ大不況』講談社（2010）
・吉田和男『平成不況10年史』PHP新書（1998）
・吉田和男『日本再生四つの革命』PHP新書（2003）

・吉田和男『行革と規制緩和の経済学』講談社現代新書（1995）
・菊池英博『日本を滅ぼす消費税増税』講談社現代新書（2012）
・菊池英博『消費税は0％にできる』ダイヤモンド社（2009）
・紺谷典子『平成経済20年史』幻冬舎新書（2008）
・宮崎義一『ドルと円』岩波新書（1988）
・宮崎義一『複合不況』中公新書（1993）
・高尾義一『平成金融不況』中公新書（1995）
・朝日新聞経済部編『円とドル』講談社現代新書（1987）
・浜矩子『恐慌の歴史』宝島社新書（2011）
・浜矩子『ドル終焉』ビジネス社（2010）
・浜矩子『グローバル恐慌』岩波新書（2012）
・田中秀明『日本の財政』中公新書（2013）
・中野剛志『レジームチェンジ』NHK出版新書（2012）
・吉川洋『構造改革と日本経済』岩波書店（2004）
・山田順『円安亡国』文春新書（2015）
・向井壽一『金融ビッグバン』講談社現代新書（1997）
・日本経済新聞社編『検証バブル　犯意なき過ち』日本経済新聞社（2000）
・龍昇吉『日本の金融恐慌は再来するか』学文社（1999）
・井出英策『日本財政　転換の指針』岩波新書（2013）
・西村吉正『金融行政の敗因』文春新書（2000）

・佐藤誠『リゾート列島』岩波新書（１９９０）
・都留重人『地価を考える』岩波新書（１９９０）
・三橋規宏／内田茂男共著『昭和経済史　下』日本経済新聞社（１９９４）
・ラニー・エーベンシュタイン『ミルトン・フリードマン』日経ＢＰ社（２００８）
・カール・シュミット『現代議会主義の精神史的地位』みすず書房（１９７２）
・浪川攻『前川春男「奴雁」の哲学』東洋経済新報社（２００８）

「小泉構造改革関連」

・伊藤元重『日本経済を創造的に破壊せよ』ダイヤモンド社（２０１３）
・吉川洋『転換期の日本経済』岩波書店（１９９９）
・小峰隆夫『日本経済の構造変動』岩波書店（２００６）
・小菅伸彦『日本はデフレではない』ダイヤモンド社（２００３）
・古賀茂明『国家の暴走』角川ＯＮＥテーマ２１（２０１４）
・清水真人『財務省と政治』中公新書（２０１５）
・川北隆雄『失敗の政策史』講談社現代新書（２０１４）
・井村嘉代子『日本経済―混沌のただ中で』勁草書房（２００５）
・小林慶一郎『逃避の代償』日本経済新聞社（２００３）
・小林慶一郎／加藤創太『日本経済の罠』（２００１）
・野口悠紀雄『消費税増税で財政再建はできない』ダイヤモンド社（２０１２）
・佐々木毅共著『ゼミナール現代日本政治』日本経済新聞社（２０１１）

・本田宏『誰が日本の医療を殺すのか』洋泉社（２００７）
・吉川元忠『ＹＥＮは日本人を幸せにするか』ＮＨＫ出版（１９９７）
・柴田徳太郎『資本主義の暴走をいかに抑えるか』ちくま新書（２００９）
・吉岡充／村上正泰『高齢者医療難民』ＰＨＰ新書（２００８）
・鈴木淑夫『日本の金融政策』岩波新書（１９９３）
・軽部謙介／西野智彦『検証　経済失政』岩波書店（１９９９）
・伊東光晴『シュンペーター』岩波新書（１９９３）
・三橋規宏共著『ゼミナール日本経済入門９９年度版』日本経済新聞社（１９９９）
・三橋規宏共著『ゼミナール日本経済入門０５年度版』日本経済新聞社（２００５）

あとがき

地域社会と経済を市民に身近なものにしたいと思い、本書を執筆し始めてから早くも二年一〇か月が過ぎてしまいました。

経済書や経済政策と市民との間の橋渡しをして、私たちの生活や社会環境にどのように反映され、どのような変化を与えるのかを、居酒屋談義を超えるレベルで表現しようとしましたが、その目的が達せられたのか不安でいっぱいです。

二〇一七年一〇月に実施された衆議院総選挙は、安倍首相の圧勝に終わり自公政権は維持されました。アベノミクスは首相自身によって再評価され、今後ともアベノミクスを「再加速」することが公約されています。

選挙期間中においても、アベノミクスの三本の矢によって、「成長と分配の好循環を創り上げていく」ことが強調されましたが、確かに二〇一七年も後半に入り、日本経済は回復基調にあるかに見えます。アベノミクス効果が出始めているとのマスメディアの論調もすでに少なからず出ています。

早期にデフレから脱却して景気の好循環を達成したいと願うのは筆者ばかりではなく、国民の等しく願うところです。筆者の論考の妥当性よりもはるかに重要であると思います。だがしかし、本年の各種経済指標をもってアベノミクスの成果だと断じることはできません。

これまでに筆者が述べてきたことは、我が国の経済は円安・輸出を基調とする大企業頼りの経済成長論のみで、はたしてよいのだろうかという疑念と問題意識です。その疑念は払拭されるどころか、日本経済はますます混迷の度合いを深め、泥沼化しているかにしか見えないのです。

そもそもアベノミクスは、インフレターゲットと言われる金融理論とトリクルダウンなる経済理論の二つに支えられたポリシーミックスですが、すでにインフレターゲット論は理論上の達成時期である二年を超えた時点で破綻しています。デフレ脱却を二年としたのは政策上の目途ではなく、理論上の数値であったはずだからです。ですから、景気回復が軌道に乗ったとするならば、その要因はアベノミクス以外に求めるべきでしょう。マスメディアはアベノミクスの主要著書を読んでいないのでしょうか。さらには、二年以内にデフレから脱却できなければ責任をとると大見得を切った学者・官僚・政治家の誰も責任などとってはいません。

残るのはトリクルダウン理論です。二〇一七年九月に財務省は、一六年度の法人企業統計を公表しました。同統計によれば、内部留保金（利益剰余金）は一五年度の三七七・九兆円よりも二八兆円多い、四〇六兆二三四八億円と過去最高を記録しました。

　一方で、家計収入である雇用者報酬は一九九七年から二〇一四年までの一七年間で二八・五兆円も減少しています。これを経済全体で見ると、国も地方も財政赤字、そして家計も所得の減少傾向が長期にわたって続く中で、大企業の内部留保金だけが蓄積され続ける歪な構造となっていることが解ります。

　日本の国家予算の四年分以上にも相当する過剰な内部留保金はいつになったら勤労者にトリクルダウンするのでしょうか。結論を言えば、海外においても発現することのなかったトリクルダウンが日本において発現する可能性はありません。

　大企業の過剰な内部留保金を還元させる力は、国民世論によって政策転換するしかないのです。四〇〇兆円のわずか一割の四〇兆円でも還元できれば、国民をどれだけ豊かにするのか想像すらつきません。日本国民は経済政策と地域社会の間《はざま》で呻吟しているのが実情です。

　だからこそ、国民世論は私たち自身が政治を政治家に任せるのではなく、経済政策も官僚や専門家に委ねることなく、彼らの発言を注視し、監視する中で国民自らの意見と提言によって形成すべきものでなければと思っています。本書は自分自身に突きつけた課題への私自身なりの回答なのです。

　この三年間、遅々として進まない執筆活動を暖かく見守ってくれた妻彰子に感謝を捧げます。

二〇一八年一月吉日　手塚文雄

手塚 文雄（てづか ふみお）

1949年生まれ。静岡県島田市在住。藤枝東高校卒、拓殖大学政経学部卒。東京の大手特撮映画プロダクションを経て建設組合運動に従事。全建総連中央執行委員、中央建設国保組合理事、静岡建労執行役員として建設産業の発展に関わる。

１９８７年島田市市議会議員に初当選。以後市議を四期務め、島田市監査委員を歴任する。現在は地方政治の研究を続けている。

前著『静岡建労五十年の歩み』（2014年）

『経済政策《けいざいせいさく》と地方自治《ちほうじち》の間《はざま》』

2018年2月26日　　第1刷 ©

著　者　　手塚 文雄
発　行　　東銀座出版社
〒101-0061　東京都千代田区三崎町2-6-8
☎ 03(6256)8918　FAX 03(6256)8919
https://1504240625.jimdo.com

印刷　モリモト印刷株式会社